U0165566

訴訟文書撰寫範例

行政救濟編

吳光陸 主編
簡祥紋、黃明看
胡宜如、凃榆政 著

主編序

　　在法治成熟之國家已不允許人民自力救濟，凡有權利受損者，均應遵從法定程序向國家請求救濟。關於救濟之方式，雖不宜全以書面方式為限，以免不當限制人民救濟權利，但為求明確，使法院或其他國家機關便於審理，仍以書狀為之較妥，法律就此亦設有應以書狀為之之規定，則更應以書狀請求救濟或主張權利。

　　本書編寫，緣起於五南圖書出版公司楊榮川先生，鑑於國內法治日趨成熟，人民透過法定程序亟力主張權利之情形已屬平常，但國內訴狀範例之書仍不多見，完整而兼顧各方面者更少，為使民眾透過相關書籍自我學習或使初為法律實務工作者得以有效率的熟悉書狀撰寫技巧，乃盛情邀約本人，統籌本套書狀範例之編寫。本人為求對國家法治進步有所貢獻，雖自知能力不足，仍勉力承諾為之，幸有學有專精之律師同道及法官熱情力挺，方能順利完成此套書。本書編寫乃針對一般民眾或初為法律實務工作者學習之用，故編寫方式力求格式明確、論理簡明，過於艱澀之法理論述則盡量避免，故每編範例均按「案例事實」、「撰狀說明」、「書狀內容」及「相關法條與裁判」之格式撰寫，希讀者能了解全貌而參考使用。當然，如遇有法律關係複雜者，仍宜委請專業之律師，以免自誤，損及權益。

　　本套書定名為「訴訟文書撰寫範例」，共由十位律師及一位法官合力完成，依法律性質分四冊編寫，由楊盤江律師、黃呈利律師、陳廷献律師、廖瑞鍠律師共同撰寫「民事編」；何志揚律師、何孟育律師共同撰寫「刑事編」；簡祥紋律師、黃明看律師、涂榆政律師及胡宜如法官共同撰寫「行政救濟編」，另由本人撰寫「非訟編」，各冊書內容完整豐富，相信在實務處理上，當有一定之助益。

　　本套書雖由多人分工而成，但從寫作格式之確立到初稿的完成討論均經共同研討，文責共負。編寫本書工程浩大，囿於各人學識經驗有限，缺漏之處在所難免，尚祈各界先進，不吝指正，無任感激。又因近年法律修正頗速，故使用本書應注意本書付印後相關法律是否修正，以靈活運用。

　　本書順利發行，有賴上開諸君之共同努力，尤其學隸簡祥紋律師居中連絡，特此致謝。

吳光陸 律師

民國99年6月30日於精誠法律事務所

序

　　在專制威權的時代裡，國家與人民之關係並不對等，面對國家公權力之不法侵害，縱使心有不甘，亦難以救濟。即使有救濟之管道，亦屬國家恩惠而非基本權利，欠缺制度保障。近年來台灣漸離專制威權，行政法學蓬勃發展，各項規範國家公權力行使之法律不斷的制定，使國家與人民間之權義關係，在制度上有了明文之規範，對人民基本權之保障，實屬一大進步，其中又以「行政救濟制度」之建構最為重要，蓋人權保障之落實繫之於「權利救濟」。只可惜徒法不足以自行，制度再好，如果執法者觀念跟不上，制度就只能算是裝飾品。目前台灣之行政救濟實務，仍存在華而不實及流於形式之缺憾，距離真正人權保障，執法者的觀念還有很大的努力空間。但不論如何，人民在現有的制度下，為維護自己的權益，仍須勉力而為，而如何為之，除了加強法律專業知識的吸收外，即有賴於書狀之撰寫。蓋書狀之撰寫有一定之格式，而格式之要求並非只是為使受理機關閱讀上之方便，更重要的是權利具體主張之表現，例如起訴狀必須有「訴之聲明」，且聲明必須明確，否則法院難以依當事人請求而為判決，故行政救濟之方法雖不宜全面限制需以書面為之，但以書狀為之，仍屬較佳之方式。

　　本書內容以行政救濟中最主要之行政訴訟為主，並佐以訴願書撰寫及坊間較少論及之行政執行案件之處理。在撰寫方式上除了先以導論概括介紹行政救濟整體輪廓外，每一書狀均以個案為基礎，期能使讀者易於理解。但本書乃撰狀之入門書，僅介紹行政救濟中常見各類書狀應備之法定要件及基本格式，個案中之法律主張或訴訟技巧，涉及較深之法律專業及經驗，受限於編幅，僅能稍微提示，無法細細詳述，此部分仍須藉由有豐富訴訟實務經驗之律師指導，故若有涉及複雜實務個案時，仍建議向專業有經驗之律師諮詢。

　　本書為五南圖書出版（股）公司「訴訟文書撰寫範例」系列之一，由胡宜如法官、涂榆政律師、黃明看律師及本人共同合作撰寫而成，並由本人負責居中協調及彙整。但因筆者本身工作忙碌，加以撰寫過程適逢行政訴訟法大幅度修法，故而一再延遲完稿日期，影響本書出版時程，實感抱歉。今日終能出版，使系列書歸於完整，功德圓滿。並期能藉此書為促進台灣法治進步，奉獻棉薄之力，則我願足矣。本書撰寫過程筆者雖已力求完美，但受限於時間及個

人能力均屬有限，難免仍有疏漏之處，但請各方讀者及法律前輩，不吝指教。

簡祥紋

2013.02于彰化

藍海法律事務所

作者簡介

簡祥紋

現職：藍海法律事務所主持律師

　　　私立靜宜大學法律學系兼任講師（主授強制執行法及破產法）

　　　律師研習所講座

經歷：法務部行政執行署台南分署行政執行官

　　　法務部行政執行署彰化分署行政執行官

　　　精誠法律事務所律師

　　　誠品商務法律事務所

　　　彰化縣政府教師申訴評議委員

　　　財政部財稅人員訓練所講座

　　　司法院司法知識庫99年強制執行法精選裁判整編計畫專案研究員

　　　法務部行政執行署台南分署國家賠償事件處理小組委員

學歷：國立台北大學法律系（司法組）畢業

　　　國立高雄大學法律學系碩士班畢業

　　　國立中正大學法研所博士生

著作：1.「論企業結合與債權人及少數股東之保護－以金融控股公司型態為中心」，國立高雄大學法律研究所碩士論文，2005.07

　　　2.「公司重整時債權實現之研究─以租稅債權為例」，法令月刊56卷第11期，2005.11

　　　3.「法人格否定論之初探－兼論揭開公司面紗原則」，法令月刊57卷第3期，2006.03

　　　4.不當得利與強制執行法第三四條適用之檢討─兼評台灣高等法院台中分院九五年上易字第一八一號判決，中律會訊雜誌，第9卷第2期，2006.11

　　　5.行政執行制度之簡介，月旦法學教室第51期，2007.01

　　　6.公法上金錢給付義務執行概況與爭議問題研究，月旦法學教室第54期，2007.04

　　　7.淺談行為與不行為義務之行政執行，月旦法學教室第55期，2007.05

8. 淺談偵查不公開與刑法第一三二條第三項之適用關係，中律會訊雜誌第10卷第3期，2008.01
9. 淺談動產強制執行實務問題，中律會訊雜誌第10卷第4期，2008.03

黃明看

現職：執業律師、執業會計師
經歷：國小教師
　　　審計部審計員
　　　大學兼任講師
　　　律師
　　　會計師
學歷：國立中正大學法律研究所
著作：1. 明日看我
　　　2. 我國審計法制之研究

胡宜如

現職：臺中地方法院法官調司法院辦事
經歷：高雄地方法院法官
　　　彰化地方法院法官
　　　逢甲大學財經法律研究所兼任助理教授
學歷：國立台灣大學法律系財經法學組學士
　　　高雄第一科技大學企業管理碩士
　　　英國劍橋大學法學碩士
著作：1.「獨立董事之理論與實務」（高雄第一科技大學企業管理碩士論文）
　　　2.「建立刑事判決量刑準據之研究」（司法院研究年報）
　　　3.「法官倫理規範之研究」（司法院專題研究報告）
　　　4.「提審制度之研究」（司法院專題研究報告）

凃榆政

現職：理律法律事務所合夥律師
　　　臺中市政府採購申訴審議委員會委員
　　　中華民國仲裁協會仲裁人／調解中心調解人

萬國法律事務所律師

理律法律事務所律師

經歷：台中律師公會常務監事。

學歷：輔仁大學法律系財經法學組學士。

　　　紐約市立大學刑事司法研究所碩士。

著作：1.「由英國律師養成制度及經驗看台灣律師教育制度的改革」，中律會
　　　　訊

　　　2.「債務人對於法院誤認支付命令合法送達而核發確定證明書救濟途徑
　　　　之探討」，中律會訊第七卷第四期

　　　3.「回銷行為與侵害商標專用權構成要件之探討」，智慧財產權第15期

　　　4.「商標專用權受侵害時之損害賠償計算－商標法第六十六條適用問題
　　　　初探」，智慧財產權創刊號

　　　5.「淺釋美國商業間諜法與我國營業秘密之刑罰規定」（合著），萬國
　　　　法律第98期

　　　6.「公共工程爭議處理之現況與展望」，萬國法律第95期

　　　7.「我國刑法中有關電腦犯罪之修正」，全國律師

　　　8.「工程與法律的對話」（合著），三民書局，2010年1月

　　　9.「訴訟外紛爭解決機制」（合著），三民書局，2012年2月

目 錄
CONTENTS

壹、導論

貳、訴願程序

參、行政訴訟

肆、特殊類型行政救濟程序

伍、行政執行事件

壹、導論

一、行政救濟體系

所謂行政救濟範圍甚廣，凡對於國家機關之作為或不作為，為求權利保障或確保國家權力行使之合法性，得依法為之的權利救濟方式均屬之。目前的行政救濟體系，以訴願及行政訴訟為基本架構，但亦有毋庸先踐行訴願程序者，例如交通裁決事件（行政訴訟法第237條之3規定參照）。所謂「訴願」程序係指依訴願法規定所為之救濟程序，為提起撤銷訴訟及課予義務訴訟之前提要件。但亦有相當於「訴願」，卻不適用訴願法規定者，例如公務人員保障法之復審程序、會計師法之會計師懲戒程序（參照司法院大法官釋字第295號解釋）。「行政訴訟」一般係由行政法院管轄，但亦有性質上屬行政法上之爭議事件，而屬其他審判機關掌理者，如公務員懲戒歸屬公務人員懲戒委員會；選舉訴訟及國家賠償事件歸屬民事法院；情節重大之違反社會秩序維護法案件，則歸屬刑事法院管轄。但行政救濟的範圍不僅於此，包括訴願前之先行程序，例如稅捐稽徵法的「複查」、商標法及專利法之「異議」、「評定」、「再審查」、教師法與公務人員保障法之「申訴」。國家賠償及行政上損失補償亦可歸入行政救濟體系。甚至陳情、請願均可謂廣義行政救濟方式。較為特別者為行政執行程序中之救濟，對於執行措施之救濟亦可謂係廣義的行政救濟，行政執行措施除拘提、管收程序因係法院裁定後，由執行員執行之，故其救濟方法依一般民事抗告程序，對於其他執行措施或程序之違法，其救濟方法則為聲明異議。對於聲明異議決定如有不服，早期行政法院之見解認為不得再提起訴願或行政訴訟，但近來最高行政法院已經改變見解，對於聲明異議決定如有不服仍得依法提起行政訴訟，至何種執行行為可以提起行政訴訟或提起何種類型之行政訴訟，應依執行行為之性質及行政訴訟法相關規定，個案認定。其具行政處分之性質者，應依法踐行訴願程序（最高行政法院97年12月份第3次庭長法官聯席會議 (三) 參照）。所以，整個行政救濟體系約可歸納為：1.陳情或請願。2.訴願先行程序；3.訴願及相當訴願程序；4.行政訴訟或特殊訴訟。5.國家賠償及行政損失補償（第二次權利救濟）。因目前行政救濟體系以訴願及行政訴訟為基本架構，有學者稱之為「行政爭訟法」，即指最終審級歸行政法院之公法爭議事件的審理程序。本書所擬書狀，亦以此類程序者為主，尤其是行政訴訟，蓋訴願程序較為固定簡單，所需書狀種類較少。

二、行政爭訟程序類型與要件

(一) 訴願程序

　　訴願程序乃僅限對行政處分不服或請求作成之救濟方式，其情形有三：「人民對於中央或地方機關之行政處分，認為違法或不當，致損害其權利或利益者」、「各級地方自治團體或其他公法人對上級監督機關之行政處分，認為違法或不當，致侵害其權利或利益者」、「人民因中央或地方機關對其依法申請之案件，於法定期間內應作為而不作為，認為損害其權利或利益者」。所以訴願主體，以人民（包括自然人、法人或非法人團體）及公法人為原則，例外及於行政機關。不服行政處分之訴願應在行政處分送達或公告期滿翌日起三十日內提起，若提起訴願者為有利害關係之第三人，應自其知悉時起算。但自行政處分達到或公告期滿後，已逾三年者，不得提起。提起訴願如有先行程序之規定者，例如稅捐稽徵法之「複查」、專利法之「再審查」、商標法之「異議或評定」，應先踐行該程序。

(二) 行政訴訟

　　行政訴訟依現行法之規定可分為，主要類型「撤銷訴訟」、「給付訴訟」（可分「課予義務訴訟」及「一般給付訴訟」）、「確認訴訟」、；其他類型：「合併請求財產上給付之訴訟」、「維護公益訴訟」、「選舉罷免訴訟」。合併請求訴訟，本質上為合併提起一般給付訴訟，「維護公益訴訟」及「選舉罷免訴訟」，依行政訴訟法第11條規定，準用撤銷、確認或給付訴訟之規定。又公益訴訟以法律有特別規定者始得提起，現行法關於此類訴訟之規定不多，主要集中在環境法規，例如環境影響評估法第23條第8項、環境基本法第34條、空氣污染防制法第81條、水污染防治法第72條、土壤及地下水污染整治法第49條、廢棄物清理法第72條、海洋污染防治法第59條。「選舉罷免訴訟」，係指因依法辦理之公法上選舉罷免事件所生之爭議，包括選舉或罷免無效、當選無效、罷免案通過及否決無效等訴訟。依現行法之特別規定，此類訴訟均專屬普通法院管轄並準用民事訴訟法規定審理，故實務上尚無提起此類行政訴訟者，本書擬不列入此類訴訟書狀。綜上所述，所謂「其他類型訴訟」其訴訟要件仍不脫「主要類型訴訟」，故有必要就各類主要訴訟類型之訴訟要件，簡要說明。

1. 撤銷訴訟

係指請求法院撤銷違法行政處分之訴訟類型，其訴訟要件為：

(1) 採訴願前置主義，提起訴訟前應先踐行訴願程序，如有訴願先行程序之規定，例如稅捐稽徵法第35條規定之「複查」，亦應先為之。

(2) 起訴期間之限制，依行政訴訟法第106條第1項規定定之，原則上應於訴願決定書送達後二個月之不變期間內為之。二個月期間之計算自收受訴願決定書翌日起算，當事人不在行政法院所在地居住者，並應扣除在途期間。交通裁決事件，毋庸經訴願程序即得提起撤銷訴訟，起訴期間為裁決書送達後30日內。

(3) 訴訟對象（即被告），如為行政處分之相對人，訴願決定機關縱予維持原處分，仍以原處分機關為被告。訴願決定變更原處分者，因此受有不利益之第三人，提起本訴時，則以訴願決定機關為被告。

2. 課予義務訴訟

此類訴訟系行政機關對人民依法申請之案件，怠為或為否准之行政處分，致人民之權利受損害，得提起之行政訴訟。此類訴訟亦採訴願前置主義，至於起訴期間，立法之初本無明文，但因本類訴訟具有撤銷訴訟及給付訴訟之性質，故新修正行政訴訟法第106條關於起訴期間之規定，已將課予義務之訴納入，即與撤銷之訴同。並增訂第4項規定「不經訴願程序即得提起第五條第一項之訴訟者，於應作為期間屆滿後，始得為之。但於期間屆滿後，已逾三年者，不得提起。」。訴訟對象則為應作成處分之行政機關。可提起課予義務之訴之情形有二，一是行政機關怠於為處分；一是行政機關作成拒絕人民申請之處分。第一類情形，因行政機關並未作成任何處分，故訴之聲明毋須請求撤銷原處分，僅須請求撤銷訴願決定。第二類情形，因有作成拒絕之行政處分，故訴之聲明須一併請求撤銷原處分及訴願決定。但本類訴訟之目的在命行政機關作成行政處分，僅請求撤銷原處分或訴願決定尚不足實現權利，故均必須另請求命被告作成特定行政處分。

3. 確認訴訟

此類訴訟雖無起訴期間之限制。但必須不能提起撤銷訴訟時，始能提起，且須先向原處分機關請求確認，並有即受確認判決之法律上利益。可提起確認訴訟客體有三：「行政處分無效」、「已消滅行政處分違法」、「公法上法律關係成立或不成立」。其共同訴訟要件為「有即受確認判決之法律上利益

者」，其個別訴訟要件為：

(1) 確認行政處分無效，須先向原處分機關請求確認而未被允許或請求後30日內不為確達者。

(2) 確認公法上關係成立或不成立之訴訟，於原告得提起撤銷訴訟者，不得提起之。

4. 一般給付訴訟

除請求行政機關作成行政處分之課予義務之訴外，凡請求行政機關為一定給付之訴訟，均屬一般給付訴訟，包括財產上及非財產之給付。基於公法上契約所生之給付義務爭執，亦適用此類訴訟。

本書所舉書類，為符實際需求，以主要類型之行政訴訟為主，嚴選常見但不同案由之訴訟類型。至於行政訴訟中不分訴訟類型之通用性書狀，例如聲請移送管轄狀、聲請法官迴避狀、聲請告知訴訟參加、公示送達聲請狀、聲請閱卷狀、聲請訴訟救助狀、聲請停止訴訟狀、聲請承受訴訟等。由於行政訴訟大量準用民事訴訟法規定，故一般類書狀本書僅例舉行政訴訟中所特有之一般類書狀，其餘與民事訴訟共同適用者，則不贅舉。

三、訴願程序

訴願應繕具訴願書向原處分（或應作成行政處分）之機關為之，便於原處分機關自我審查及撰書答辯意見書，但逕向訴願受理機關為之亦屬合法。另訴願並無需繳納任何費用。訴願書應記載訴願人及代理人年籍資料、原行政處分機關及受理訴願機關、訴願請求事項、事實及理由、收受或知悉原行政處分之年、月、日、證據。並檢附證據之繕本或影本及原行政處分之影本（訴願法第56條參照）。如時間急迫，亦得不具訴願書，而於訴願法定期間內先向原行政處分機關或訴願受理機關為不服原行政處分之表示。但應於不服之表示後30日內補送訴願書。

四、行政訴訟程序

(一) 法院及審級

行政訴訟原採二級二審制，第一審為高等行政法院，審理程序為事實審，目前全台僅設三個高等行政法院，分別為台北、台中、高雄。第二審為終審法院，設有唯一之最高行政法院，審理程序採法律審。但民國101年9月6日後有重

大變革，行政訴訟制度改爲「三級二審」，原有之最高行政法院及三個高等行政法院，並未改變，但在各地方法院增設行政訴訟庭。將原本簡易案件（行政訴訟法第229條規定參照）及交通裁決案件（行政訴訟法第237條之1規定參照）歸屬地方法院行政訴訟庭爲第一審管轄，高等行政法院則爲此類案件終審管轄，並爲法律審（行政訴訟法第235條規定參照），但高等行政法院認爲有確保裁判見解統一之必要者，應以裁定移送最高行政法院裁判之（行政訴訟法第235條之1規定參照）。

(二) 裁判費與訴訟費用

1. 裁判費

提起行政訴訟應繳納裁判費。但裁判費繳納標準，不似民事財產權訴訟是依照訴訟標的之金額或價額計算，而是類似於非財產權訴訟採定額方式徵收。普通案件徵收新台幣（下同）4000元，簡易案件則爲2000元。上訴審則加收百分之五十，即分別爲6000元及3000元。交通裁決案件，起訴時按件徵收300元，上訴時則按件徵收750元（行政訴訟法第237條之5規定參照）。

2. 訴訟費用

裁判費加上證人旅費、鑑定費、地政機關的複丈測量費等因訴訟所支出之必要費用，即是訴訟費用。因強制代理委任訴訟代理人而支出之費用，亦得列爲訴訟必要費用。

3. 訴訟費用之繳納與分擔

法院於裁判時會在主文記載訴訟費用由原告或被告（上訴人或被上訴人）負擔，如一造非全部勝訴，通常會按勝訴的比例判決兩造各負擔多少比例。如無能力負擔訴訟費用，亦得聲請法院准予訴訟救助。

(三) 管轄

行政訴訟管轄權分配，除了不動產徵收、徵用或撥用之訴訟，專屬不動產所在地之行政法院管轄，原則上亦採「以原就被」，但其他有關不動產之公法上權利或法律關係涉訟者，得由不動產所在地之行政法院管轄。關於公務員職務關係之訴訟，得由其職務所在地之行政法院管轄，公法上保險事件涉訟，如原告爲人民時，亦得例外以原告住居所或主事務所或營業所在地之行政法院管轄。

五、行政訴訟與政府採購、民事訴訟

(一) 行政訴訟與民事訴訟

　　行政訴訟最主要的類型是撤銷訴訟，亦即人民因中央或地方機關之違法行政處分，認為損害其權利或法律上的利益，經提起訴願而不服其決定者，得向高等行政法院或地方法院行政訴訟庭提起行政訴訟。行政訴訟還有確認訴訟、給付訴訟（一般給付訴訟及課予義務訴訟）等類型。

　　就理論言之，行政訴訟是解決人民因政府行使公權力所生的糾紛，而民事訴訟則是解決私權的糾紛，應該不發生重複的情形。但公、私法或公、私權有時區分不易，政府機關所為的行為究屬公法行為或私法行為，常有爭論，例如行政官署依台灣省放領公有耕地扶植自耕農實施辦法，將公有耕地放領於人民，其因放領之撤銷或解除所生之爭議，應由普通法院管轄（司法院大法官會議50年2月10日釋字第87號解釋）；政府依實施耕者有其田條例所為之耕地徵收與放領，人民僅得依行政救濟程序請求救濟，不得以其權利受有損害為理由，提起民事訴訟，請求返還土地，普通法院對此事件所為相反判決不得執行（司法院大法官會議解釋55年9月16日釋字第115號解釋）。

　　較特殊的是國家賠償訴訟。公務員執行職務行使公權力時，因故意或過失不法侵害人民之自由或權利，或公有公共設施之設置或管理有欠缺，致人民之生命、身體或財產受損害，國家應負損害賠償責任。國家賠償訴訟本來應屬行政訴訟，但國家賠償法規定應適用民事訴訟程序（國家賠償法第12條參照）。另一方面，提起行政訴訟，得於同一程序中，合併請求損害賠償或其他財產上給付（行政訴訟法第7條），故人民因公務員故意或過失違法行使公權力致其權益受損害時，除得提起行政訴訟請求撤銷違法之行政處分外，亦得一併請求國家賠償。所以如發生國家賠償的情形，可以選擇提起民事訴訟或經訴願後提起行政訴訟。但如涉及行政處分，即使提起民事國家賠償訴訟，還是要等到行政訴訟確定才能進行（行政訴訟法第12條參照）。單獨提起民事國家賠償訴訟，與一般民事訴訟相同，應繳納裁判費；與其他行政訴訟一併請求國家賠償，也是要繳裁判費，但比照行政訴訟裁判費標準，第一審祇有4000元，如果是簡易訴訟，則祇需繳納2000元。

(二) 行政訴訟與政府採購

　　政府機關、公立學校、公營事業（以下合稱機關）辦理工程之定作、財物

之買受、定製、承租及勞務之委任或僱傭等，即所謂政府採購，依實務上目前的見解，認為是私法上的行為，所以如果因政府採購而發生機關與廠商間的糾紛，要透過民事訴訟解決。不過，廠商如對於招標、審標及決標提出異議，而機關認為異議無理由，且採購金額達公告金額（100萬元）以上，廠商得向採購申訴審議委員會提出申訴，採購申訴審議委員會的審議判斷視同訴願決定，如廠商不服，可以提出行政訴訟。這可以看出政府採購實務上雖認為私法行為，但對於招標、審標及決標的爭議，卻以行政爭訟的救濟途徑解決。

此外，廠商與機關間如因履約爭議未能達成協議，得向採購申訴審議委員會申請調解，機關不得拒絕。其中關於工程採購（不含財物及勞務採購）之履約爭議調解，如經採購申訴審議委員會提出調解建議或調解方案，因機關不同意致調解不成立者，廠商得提付仲裁，機關不得拒絕（政府採購法第85條之1第2項），此即強制仲裁。另機關如發現廠商有政府採購法第101條所定違法違約等情形，應將其事實及理由通知廠商，並附記如未提出異議，將刊登政府採購公報，廠商提出異議如被認為無理由，不論是否屬公告金額（100萬元）以上的採購，均得向採購申訴審議委員會申訴，如申訴結果無理由，即會被刊登政府公報並視情形停權一年或三年，即一年或三年內不得參加投標或作為決標對象或分包廠商。採購申訴審議委員會的審議判斷視同訴願決定，得提起行政訴訟。

(三) 行政訴訟與智慧財產權訴訟

自96年7月1日起，依專利法、商標法、著作權法、光碟管理條例、營業秘密法、積體電路布局保護法、植物品種及種苗法或公平交易法所保護之智慧財產權益所生之行政訴訟、民事訴訟事件，由智慧財產法院優先管轄（目前設在板橋），但並非專屬管轄，行政法院就實質上應屬智慧財產行政訴訟事件而實體裁判者，上級法院不得以管轄錯誤為由廢棄原裁判。

六、行政訴訟書狀

以下分別就行政訴訟書狀所用的紙張、書寫（打字）方式及各欄予以說明。

(一) 紙張及格式

行政訴訟書狀要用A4紙張從左到右橫式書寫或打字。左邊留白要大些，以

便法院及自己裝釘成冊。

　　A4紙可以用空白紙，也可以劃橫線，但切記字體不要太小，行與行之間要留些空隙，以免法官閱覽不便。

(二) 書狀類別

　　最上一行是書狀類別，例如行政訴訟「起訴」狀、行政訴訟「答辯」狀、行政訴訟「準備書」狀、行政訴訟「調查證據聲請」狀及行政訴訟「辯論意旨」狀等。

(三) 訴訟標的價額及裁判費

　　行政訴訟因有涉及應適用普通程序或簡易程序及應繳多少裁判費之問題，故應寫明訴訟標的金額或價額及裁判費，否則法院還要裁定命補繳，訴訟的進行會受延宕。

(四) 案號

　　起訴狀因法院還沒有分案沒有案號，第一審的其餘書狀應寫上案號，以利法院迅速送到承辦法官手中，例如98年度訴字第8××號、98年易字第3××號等。上訴狀則寫上「原審法院案號」。

(五) 股別

　　每一個法官負責一股，例如甲股、乙股、速股、誠股等。用股別代替特定的法官，其好處是法官異動之後，股別不變，變的祇有法官而已。

(六) 案由

　　起訴時視請求的事實理由及法律關係而寫明案由是「綜合所得稅事件」、「水土保持法事件」、「全民健康保險法事件」等。於起訴後法院的開庭通知上會記載案由，祇要照著寫即可。

(七) 當事人欄

　　即原告、被告、法定代理人（原、被告為未成年人之情形）、代表人（原、被告為法人、非法人團體或行政機關之情形），並寫上地址。通常法定代理人的地址寫「同上」即可，亦即與原告、被告的地址相同。

(八) 訴之聲明及答辯聲明

　　訴之聲明為原告「應受判決事項之聲明」的簡稱，即請求法院如何判決，

例如「一、原處分及訴願決定均撤銷。二、訴訟費用由被告負擔。」。

答辯聲明為被告請求決院如何判決,例如「一、原告之訴駁回。二、訴訟費用由原告負擔。」。行政訴訟並無假執行制度之適用,故如原告訴之聲明無載明「願供擔保請准宣告假執行」之問題。

(九) 事實及理由

這是書狀的重點。主要是寫明事實的經過、證明事實的證據以及據以請求的法律依據。事實經過最好是照時間順序分段落書寫,並在每段落之前寫上標題(該段落的要旨),讓法官方便掌握重點。證據要附在敘述事實的相關位置,以證明所述的事實,並標明證物編號,例如原證1、原證2(原告的證據編號),被證1、被證2(被告的證據編號),上證1、上證2(上訴人的證據編號),被上證1、被上證2(被上訴人的證據編號)。有些證明事實存在或不存在的證據,當事人並未持有或需傳訊證人,此時應聲請法院調查證據。調查證據可以列在事實及理由欄,也可以另外單獨寫1份書狀。聲請調查證據宜載明:(一) 證據方法,即請求法院如何調查,例如請求傳喚某人作證(寫明其地址),或請求向某機關團體調閱何種文書資料(例如向某行政機關調閱某日會議紀錄影本)或答覆某一詢問的事項(例如某一巷道是否為既成道路);(二)應證事實(或待證事實),即所聲請調查的證據要證明什麼事實,例如證明兩造有訂立行政契約之合意。(三) 聲請理由,即為什麼證據方法可以證明應證事實,例如會議紀錄有兩造同意訂立行政契約之記載及代理人簽名。

(十) 管轄法院

原告提起的訴訟由那一個法院管轄要寫明,即「謹狀 台中高等行政法院」。如果狀紙送錯法院,法院會移送到有管轄的法院;但時間都已受到延宕。上訴狀應先向原裁判法院提出,故應載明「謹狀 台中高等行政法院 轉呈 最高行政法院」

(十一) 證據

證物要按順序編號,且將明細寫清楚,例如原證1:原處分書影本1份,原證2:訴願決定書影本1紙。如證物較多,最好在旁邊貼上標籤以利翻閱。

至於證人的姓名地址,因事實及理由欄已寫明,可以不必重列。

(十二) 日期

書狀是以法院收到的日期而不是以付郵日期為準,所以書狀上的日期僅供

參考。如能親自或託人送到法院收狀,應多準備一份給法院收發單位蓋章作爲收據,收狀戳上有日期。如果用郵寄,最好用雙掛號,才會有回證證明法院收受的日期。

(十三) 具狀人及撰狀人

具狀人即寫上原告或被告、上訴人或被上訴人的姓名,並簽名或蓋章。撰狀人則是指實際上撰寫書狀的人,通常不會寫出來。如果由訴訟代理人撰狀,因訴訟代理人本來即代理當事人爲訴訟行爲,也可列爲具狀人。

(十四) 份數

書狀及證物除給法院正本外,應按他造人數提出繕本。例如原告甲以乙、丙爲被告,應提出1份正本給法院,另2份繕本給被告。

因爲法院已不收郵資,故除了起訴狀及上訴狀,應將正本及繕本全部送給法院外,其餘的書狀應直接將繕本送給他造當事人,以加速書狀交換的速度並節省法院的人力資源。爲避免發生爭執,自行送給對造的書狀,最好以雙掛號寄出,或親自送達並由他造簽收。行政訴訟書狀提出於法院者亦可以傳眞或電子郵件爲之,甚至依法得在書記官前以言詞爲之,並作成筆錄後代替書狀(行政訴訟法第60條參照)。

貳、訴願程序

一、訴願書(一)（行政程序法申請閱覽卷宗事件）

案例事實

訴願人甲之土地週遭經基隆市政府公告准予設立攤販，導致其土地之使用受到影響，難以自由進出，土地之經濟價值受到損害，為能瞭解市政府准予設立攤販之決策過程是否有違法之處，以利提出法律上之救濟，訴願人乃向市政府申請閱覽相關決策之卷宗資料，惟市政府竟以訴願人非本人亦非利害關係人而駁回閱覽卷宗之申請，甲不服故而提起本件訴願。

撰狀說明

(1) 依行政程序法第46條第1項規定申請閱覽卷宗遭駁回，原屬對行政程序中所為決定，如為行政程序之當事人有所不服，應依行政程序法第174條規定為救濟。但本件行政程序已終結，且申請閱覽卷宗者非行政程序之當事人，其所主張受損者乃獨立之實體上權利，非附隨於行政程序之程序利益。故應得對於申請閱覽卷宗之駁回處分，視為獨立之行政處分而提起訴願。

(2) 訴願書之撰寫，最基本應注意之事項，必須符合法定格式及應記載事項，若有漏載之事項，訴願管轄機關會限期補正，造成時間之浪費。就實質內容而言，首應注意訴願請求事項之記載，如原處分為單純不利益處分，只須請求撤銷原處分，如是針對訴願人之請求而為拒絕處分，除應請求撤銷原處分外，尚須請求做成特定處分。至於訴願書理由部分之記載，則應扼要記載事實經過並明確指出原處分違反何種法律或法律原則。

(3) 有關訴願之管轄、期限及訴願書應記載事項則分別規定於訴願法第4條、第14條及第56條規定。又訴願書之提出，應先向原處分機關提出（訴願法第58條規定參照），以便其提出答辯書，但逕向訴願受理機關直接提出亦屬合法。

書狀內容

訴願人　甲　　○○年○月○日生　S○○○○○○○○　住○○○○○

原行政處分機關　　基隆市政府　設基隆市○○○○

代表人　乙　　　　　　　住同上

為不服原處分機關民國○○年○月○日基府產場壹字第○○○○號函之行政處分，提起訴願事：

訴願請求事項

一、原處分機關民國○○年○月○日基府產場壹字第○○○○號函之行政處分。

二、原處分機關應作成准予訴願人閱覽、複印「基隆市○○路○○號至○○號前道路暫准設攤」乙案相關卷宗資料之行政處分。

事實及理由

一、訴願人為基隆市○○區○○段○○地號所有權人（證物1），因原處分機關於基隆市○○路○○號至○○號前道路暫准設攤，以致攤商占用訴願人上開土地前道路（即國有同地段○○地號土地，證物2），影響訴願人法律上權益，訴願人為維護自身權益，乃向原處分機關依行政程序法第46條第1項規定，提出閱覽及複印卷宗之申請（證物3），但旋即於○○年○月○日接獲原處分機關民國○○年○月○日基府產場壹字第○○○○號函通知，以訴願人並非當事人或利害關係人，駁回訴願人閱覽、複印卷宗之申請（證物4）。

二、原處分機關上開准予設攤之行政作為，使訴願人上開所有之土地無法連接道路使用，嚴重減損土地之使用價值，對訴願人權益之影響甚鉅，訴願人縱非該行政作為之當事人，至少亦有法律上之利害關係，當有權亦有必要依行政程序法第46條第1項規定，提出閱覽及複印卷宗之申請，以瞭解原處分機關核准道路設攤所據為何？何時核准？核准範圍及內容如何？有無違法？進而得為有利於訴願人之法律上主張。然原處分機關竟對此昭然若揭之利害關係視若無睹，而拒絕訴願人之申請，其作成拒絕之行政處分認事用法顯有違法及不當之處，且已致訴願人法律上權益嚴重之損害，爰依訴願法第1條1項及第2條規定提起訴願。

此　　致

基隆市政府　轉呈

　　　　　行政院經濟部訴願審議委員會

證物1：基隆市○○區○○段○○號土地謄本影本2件。

證物2：基隆市○○區○○段○○及○○地號地籍圖影本乙件。

證物3：行政聲請閱卷狀及送達回證影本各乙件。

證物4：基隆市政府函影本乙件。（即原行政處分書）

```
┌─────────────────────────────────────────────────────────────┐
│                                                                 │
│  中 華 民 國 ○ ○ 年 ○ ○ 月 ○ ○ 日              │
│                                                                 │
│  訴願人　甲                                                    │
│                                                                 │
└─────────────────────────────────────────────────────────────┘
```

相關法條及裁判要旨

■ 訴願法第4條：

訴願之管轄如左：

一、不服鄉（鎮、市）公所之行政處分者，向縣（市）政府提起訴願。

二、不服縣（市）政府所屬各級機關之行政處分者，向縣（市）政府提起訴願。

三、不服縣（市）政府之行政處分者，向中央主管部、會、行、處、局、署提起訴願。

四、不服直轄市政府所屬各級機關之行政處分者，向直轄市政府提起訴願。

五、不服直轄市政府之行政處分者，向中央主管部、會、行、處、局、署提起訴願。

六、不服中央各部、會、行、處、局、署所屬機關之行政處分者，向各部、會、行、處、局、署提起訴願。

七、不服中央各部、會、行、處、局、署之行政處分者，向主管院提起訴願。

八、不服中央各院之行政處分者，向原院提起訴願。

■ 訴願法第14條：

訴願之提起，應自行政處分達到或公告期滿之次日起三十日內為之。

利害關係人提起訴願者，前項期間自知悉時起算。但自行政處分達到或公告期滿後，已逾三年者，不得提起。

訴願之提起，以原行政處分機關或受理訴願機關收受訴願書之日期為準。

訴願人誤向原行政處分機關或受理訴願機關以外之機關提起訴願者，以該機關收受之日，視為提起訴願之日。

■ 訴願法第58條：

訴願人應繕具訴願書經由原行政處分機關向訴願管轄機關提起訴願。

原行政處分機關對於前項訴願應先行重新審查原處分是否合法妥當，其認訴願為有理由者，得自行撤銷或變更原行政處分，並陳報訴願管轄機關。

原行政處分機關不依訴願人之請求撤銷或變更原行政處分者，應儘速附具答辯書，並將必要之關係文件，送於訴願管轄機關。

原行政處分機關檢卷答辯時，應將前項答辯書抄送訴願人。

二、訴願書(二)（公有市場管理條例事件，含申請停止執行）

案例事實

甲原經○○縣○○鎮公所同意使用其所有公有市場第○店舖，約定使用期限為4年。甲均有按期繳納使用費，且無違規使用之事由，於使用期限即將屆至時，甲依零售市場管理條例規定，向○○縣○○鎮公所申請核准繼續使用，竟遭拒絕，並命甲於使用期限屆至後立即搬遷，甲因而提起訴願，又因使用期限即將屆至，訴願決定前，甲恐需面臨○○鎮公所以公權力強制搬離，故同時向訴願管轄機關申請停止原處分之效力。

撰狀說明

(1) 關於公有市場之使用，為公法關係抑或私法關係向有爭議，參酌最高行政法院91年7月份庭長法官聯席會議(一)決議「參酌屬營造物之公有市場，有關機關原以租賃方式，出租與民眾使用，改制前行政法院五十五年判字第十號判例，即認其利用關係純屬私法上之權利義務關係，嗣有關機關於六十九年間將營造物利用規則即市場管理規則，予以修改以核准使用代替承租，以核准許可書代替租約，不收租金而徵收年費，採撤銷使用許可，而非解除契約作為終止利用關係，則公有市場與利用人間變更為公法關係，改制前行政法院七十年度判字第八五五號判決，亦認可此項利用關係為公法關係，因而如有爭執自可依法提起行政訴訟。」見解，似應視個案使用關係之規範模式以決定之。如為公法上使用關係，原使用人申請繼續使用而遭拒絕時，自可提起訴願。參酌釋字第695號解釋理由書，本件應屬公法案件。

(2) 公有市場之使用關係如為公法關係，則行政機關拒絕原使用人之申請，並命其於使用期限屆至後，需自行搬遷，則若不為搬遷，行政機關得依行政執行法之規定，使用公權力強制原使用人搬遷，故在提起訴願期間，有使原處分停止執行之必要。訴願人得於訴願提起後，在訴願決定前申請停止執行或於提起訴願時，同時申請停止執行，均無不可。

書狀內容

```
訴願人　甲　　○○年○月○日生　S○○○○○○○　住○○○○○
送達代收人　　○○○　律師
```

送達地址　　○○縣○○市○○街○號
原處分機關　　○○縣○○鎮公所
　　　　　　　設○○縣○○鎮○○街○號
代　表　人　乙
爲不服原處分機關民國○○年○月○日○○○字第○○○號函之行政處分，
提起訴願事：

訴願請求事項

原處分機關民國○○年○月○日○○○字第○○○號函之行政處分應予撤
銷。

原處分機關應就所屬「○○縣○○鎮公所第○公有零售市場」第○號店舖作
成准予訴願人甲繼續使用之行政處分。

事實及理由

一、原處分機關前就所屬「○○縣○○鎮公所第○公有零售市場」第○店舖
　　（下稱系爭店舖），分別作成准予訴願人甲使用之行政處分，，使用期
　　間均自民國○年○月○日起至民國○年○月○日止。按零售市場管理條
　　例（下稱系爭條例）第11條規定，公有零售市場之店舖使用期限最長爲4
　　年，原使用人得於期滿六個月前申請繼續使用。訴願人於民國○年11月
　　間，依系爭條例第11條規定向原處分機關申請繼續使用。孰料，原處分
　　機關竟以民國○年○月○日○○字第○○○○號函（證物1）（下稱系爭
　　處分），拒絕訴願人繼續使用系爭店舖之請求，並限期原使用期限屆滿
　　後一個月內遷讓原處分機關違法作成系爭處分，使訴願人對系爭店舖之
　　優先使用權受到不利益侵害，爰依訴願法第1條規定提起訴願。

二、依系爭條例第9條第1項第1款規定「公有市場之攤（舖）位使用優先順
　　序如下：原與設立公有市場之主管機關訂有使用市場攤（舖）位契約
　　者。……設立公有市場之主管機關公開招攬者。」、同條例第11條第2
　　項規定「前項使用期限屆滿時，原使用人得於期滿六個月前申請繼續使
　　用；設立公有市場之主管機關應在使用期限屆滿前爲准否繼續使用之決
　　定。」、同條例第12條第1項「公有市場攤（舖）位使用人應按期繳納
　　使用費及自治組織管理費。使用期限屆滿尚未繳清者，不得申請或繼續

使用。」暨○○縣零售市場攤（舖）位設置及管理辦法（下稱系爭管理辦法）第○條第○項規定「已開始營業之公有市場及改建之公有市場攤（舖）位，除由原攤（舖）位使用人優先承租外，如有賸餘空攤（舖）位，比照前項規定辦理。」（證物2），足見訴願人就系爭店位應有「優先使用權」。

三、依上開規定，訴願人既得優先使用系爭店位，則除有法定不得繼續使用原因外，訴願人應有請求原處分機關核准訴願人繼續使用系爭店舖之公法上請求權，原處分機關不得恣意拒絕。而觀之系爭條例第12條第1項規定「公有市場攤（舖）位使用人應按期繳納使用費及自治組織管理費。使用期限屆滿尚未繳清者，不得申請或繼續使用。」，訴願人等既未積欠使用費或其他費用，原處分機關自應依法准予訴願人繼續使用系爭店舖，然原處分機關竟未附任何理由，駁回訴願人之申請，顯然於法無據，亦違反系爭條例及系爭管理辦法，保障訴願人優先使用系爭店舖之權利之規定。又原處分機關准予同一公有市場其他店舖使用人得繼續使用（證物3），惟獨對訴願人等作成否准繼續使用之處分，顯然於平等原則亦有違背，系爭駁回處分自屬違法，爰依法提起訴願，請求撤銷系爭駁回處分並命原處分機關作成如「訴願請求事項」所載之行政處分，以符法制。

四、「原行政處分之合法性顯有疑義者，或原行政處分之執行將發生難以回復之損害，且有急迫情事，並非為維護重大公共利益所必要者，受理訴願機關或原行政處分機關得依職權或依申請，就原行政處分之全部或一部，停止執行」訴願法第93條第2項訂有明文，就本件而論，確實有將系爭處分停止執行之必要，法定要件上亦有具備，蓋：

(一)依系爭條例及管理辦法之規定，訴願人對原使用之店舖享有優先使用權，原處分機關豈可不附任何理由否准訴願人繼續使用系爭店位，故系爭處分之「合法性顯有疑義」。

(二)訴願人對系爭店舖之使用期限即將於民國○年○月○日屆至，如不停止系爭處分之效力，縱然提起行政救濟，於行政救濟確定前，訴願人恐需被迫強制遷讓，蓋期限僅剩1個月就屆滿，但訴願決定時間原則上為3個月。屆時訴願人恐受有不可回復之損害，故就時間上而言亦確實具有「急迫性」。

(三)原處分機關否准由訴願人等繼續使用，其目的僅在於企求以公開招標方式決定得使用系爭店鋪之人，並藉此增加鎮庫收入，此觀原處分機關民國○年○月○日○○○字第○○○○號函（同證物2）即可明知，系爭店鋪每月使用費已有3萬餘元，均高於同一市場其他店位數十倍（證物4），若採公開招標，是否得收取更高使用費，實有疑慮。縱可之，於鎮庫收入之增加，恐係杯水車薪，對鎮庫之影響無關緊要，故停止系爭處分之效力自「與維護重大公共利益無關」。綜論之，系爭處分實有停止執行之必要，爰依訴願法第93條第2項申請停止執行。

此　　致

○○縣○○鎮公所　轉呈

○○縣政府訴願審議委員會

證物1：公函影本乙件。

證物2：零售市場管理條例及○○縣零售市場攤（鋪）位設置及管理辦法影本各乙件。

證物3：公函影本乙件。

證物4：公有市場使用費收入表影本乙件。

中　華　民　國　○　○　年　○　○　月　○　○　日

訴願人：甲

相關法條及裁判要旨

■零售市場管理條例第9條：

公有市場之攤（鋪）位使用優先順序如下：

一、原與設立公有市場之主管機關訂有使用市場攤（鋪）位契約者。

二、基於特殊需要經直轄市、縣（市）或鄉（鎮、市）主管機關輔導安置者。

三、取得一般性攤販營業許可者。

四、設立公有市場之主管機關公開招攬者。

前項使用人，自收受取得使用資格通知之次日起十五日內，未辦理簽訂契約手續者，視同放棄使用資格。

■零售市場管理條例第11條：
公有市場攤（鋪）位之使用期限，以四年為限。
前項使用期限屆滿時，原使用人得於期滿六個月前申請繼續使用；設立公有市場之主管機關應在使用期限屆滿前為准否繼續使用之決定。
■零售市場管理條例第12條第1項：
公有市場攤（鋪）位使用人應按期繳納使用費及自治組織管理費。使用期限屆滿尚未繳清者，不得申請或繼續使用。
■最高法院75年台抗字第153號民事裁定：
依債務人蔣某與相對人所訂租約第二條暨台灣省公有市場管理規則第十二條、第十四條規定，凡欲承租公有零售市場攤鋪位經營者，須依台灣省公有市場管理規則呈請當地市場主管機關核准，經核准並訂立租約後，始得進入市場營業，且承租者，應自行經營，不得轉租、分租或轉讓，否則終止租約，該租賃權之發生，以經行政機關之核准為前提，其性質兼私法上財產權及公法上特許權之性質，該權利不得任意移轉於第三人，不適為強制執行之標的。相對人既已聲明終止對債務人之租約，且不同意轉讓他人經營，執行法院即不得就該鋪位承租權查封拍賣。
■最高行政法院91年7月份庭長法官聯席會議(一)
本件應屬公法爭議事件，受訴法院應為實體判決。
按市有道路屬於公有土地，甲公司使用該道路埋設管線，與公眾依一般方式使用該市有道路（例如道路通行）之情形不同，而應屬「特許使用」，惟公物使用關係之性質，縱有收取費用之情事，亦非必然屬私經濟關係；凡地方政府機關核准公營事業使用公有土地，其核准行為究係基於公權力作用所為之行政行為，抑係本於雙方意思合致所為之私經濟行為，應視個案內容及所依據之法令而定。本件高雄市政府前訂有「高雄市市有財產管理規則」，該規則第六十三條規定：「凡利用公有土地，道路……裝置油管、瓦斯管、電纜、電訊……，除法令另有規定外，應計收使用費。前項使用費應比照租金標準並解繳市庫。」惟高雄市政府當時係依首揭行政院函釋予以免收甲公司土地使用費，是高雄市政府核准甲公司挖掘公路埋設管線之許可行為，性質上顯非基於與甲公司意思合致之私法上行為，而係本於行政主體之公權力，就具體事件所為對外直接發生法律效果之單方行政行為，自屬行政處分。則高雄市政府嗣於八十六年間依前揭管理規則第六十三條之規定，另訂頒「高雄市市有地裝置埋設管線計收使用費作業原則」，並據以發函向甲公司徵收自八十七年一月一日起之土

地使用費，亦為單方之意思決定，而未容許相對人任何意思之參與，自屬就本件具體事實為另一對外發生法律效果之行政行為，性質上即為訴願法第三條第一項之行政處分。甲公司對上揭處分如有不服，自得對之提起訴願及行政訴訟，以謀救濟，受訴法院即應為實體上審理（最高行政法院九十一年度裁字第三三四號裁定參照）。另基於對道路之公共用物，依公物之性質開放通行，固為行政程序法第九十二條第二項之一般處分；如屬應經主管機關許可，人民得作特殊使用者，則為同法條第一項之普通行政處分，亦即公物管理機關以特許方式核准特殊使用，其間之公物利用關係，應歸於公法關係。**再者公物利用關係與營造物利用關係間，有頗多相似之處，參酌屬營造物之公有市場，有關機關原以租賃方式，出租與民眾使用，改制前行政法院五十五年判字第十號判例，即認其利用關係純屬私法上之權利義務關係，嗣有關機關於六十九年間將營造物利用規則即市場管理規則，予以修改以核准使用代替承租，以核准許可書代替租約，不收租金而徵收年費，採撤銷使用許可，而非解除契約作為終止利用關係，則公有市場與利用人間變更為公法關係，改制前行政法院七十年度判字第八五五號判決，亦認可此項利用關係為公法關係，因而如有爭執自可依法提起行政訴訟。**綜上，本件事實應認為屬公法關係，較符合行政法之理論與實務。

■ 釋字695號解釋理由書

我國關於民事訴訟與行政訴訟之審判，依現行法律之規定，分由不同性質之法院審理。除法律別有規定外，關於因私法關係所生之爭執，由普通法院審判；因公法關係所生之爭議，則由行政法院審判之（本院釋字第四四八號、第四六六號解釋參照）。至於人民依行政法規向主管機關為訂約之申請，若主管機關依相關法規須基於公益之考量而為是否准許之決定，其因未准許致不能進入訂約程序者，此等申請人如有不服，應依法提起行政爭訟（本院釋字第五四○號解釋參照）。

行政院農業委員會為接續清理前依臺灣省政府中華民國五十八年五月二十七日農秘字第三五八七六號令公告「臺灣省國有林事業區內濫墾地清理計畫」，尚未完成清理之舊有濫墾地，於九十七年四月二十三日訂定發布國有林地濫墾地補辦清理作業要點（下稱系爭要點）暨國有林地濫墾地補辦清理實施計畫，將違法墾植者導正納入管理，以進行復育造林，提高林地國土保安等公益功能。行政院農業委員會林務局所屬各林區管理處（下稱林區管理處）於人民依據系爭要點申請訂立租地契約時，經審查確認合於系爭要點及相關規定，始得與申

請人辦理訂約。

按補辦清理之目的在於解決國有林地遭人民濫墾之問題，涉及國土保安長遠利益（森林法第五條規定參照）。故林區管理處於審查時，縱已確認占用事實及占用人身分與系爭要點及有關規定相符，如其訂約有違林地永續經營或國土保安等重大公益時，仍得不予出租。是林區管理處之決定，為是否與人民訂立國有林地租賃契約之前，基於公權力行使職權之行為，仍屬公法性質，如有不服，自應提起行政爭訟以為救濟，其訴訟應由行政法院審判。

參、行政訴訟

一、撤銷訴訟

(一) 限制出境事件（起訴狀）

案例事實

　　原告甲本為A股份有限公司（下稱A公司）之董事長，嗣因公司滯欠營利事業所得稅千萬元，甲引咎辭去董事長職位。甲辭職後國稅局將A公司之欠稅案移送行政執行分署強制執行，該分署以甲為A公司之前負責人，依行政執行法第26條準用強制執行法第25條第3項規定，命甲到場報告A公司之財務狀況，甲認為自己已非A公司之董事長，並無向行政執行分署報告A公司財產狀況之義務而拒絕到場。行政執行處遂以甲無正當理由拒絕到場為由，行文移民署將甲限制出境，甲不服因而提出聲明異議，亦遭駁回，提起訴願後，經法務部以對聲明異議決定不服者，不得再提起行政救濟為由，程序上駁回甲之訴願，甲乃提起本件撤銷訴訟。

撰狀說明

　　對於行政執行分署之執行命令或程序等，認其違法而不服者，得依行政執行法第9條第1項規定聲明異議，對法務部行政執行署之聲明異議決定不服者，得否再提起行政救濟，早期法務部及行政法院均認為，聲明異議乃針對行政執行所設計之特殊救濟程序，屬訴願法第1條第1項但書所稱之「法律另有規定者」，故對聲明異議不服者，不得再提起訴願，亦不得直接提起行政訴訟。但最高行政法院已變更見解，認為對於聲明異議不服者，得提起行政訴訟，至於是否應先踐行訴願程序，則視行政執行措施是否具備行政處分之性質而定。

　　以本件而論，行政執行分署之限制出境處分，具有行政處分之性質，故對法務部行政執行署聲明異議決定不服者，應先向法務部訴願，如仍遭駁回時，自得提起撤銷訴訟。本件限制處分之相對人為甲，故甲應以自己的名義為原告。

書狀內容

狀別：行政訴訟起訴狀

原　告　甲

被　告　法務部行政執行署○○分署

代表人　○○○

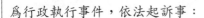

爲行政執行事件，依法起訴事：

訴之聲明

一、原處分、聲明異議決定及訴願決定均應撤銷。

二、訴訟費用由被告負擔。

事實及理由

壹、程序部分

　　行政執行法第9條規定「義務人或利害關係人對執行命令、執行方法、應遵守之程序或其他侵害利益之情事，得於執行程序終結前，向執行機關聲明異議。前項聲明異議，執行機關認其有理由者，應即停止執行，並撤銷或更正已爲之執行行爲；認其無理由者，應於十日內加具意見，送直接上級主管機關於三十日內決定之。行政執行，除法律另有規定外，不因聲明異議而停止執行。但執行機關因必要情形，得依職權或申請停止之。」旨在明定義務人或利害關係人對於執行命令、執行方法、應遵守之程序或其他侵害利益之情事，如何向執行機關聲明異議，以及執行機關如何處理異議案件之程序，並無禁止義務人或利害關係人於聲明異議而未獲救濟後向法院聲明不服之明文規定，自不得以該條規定作爲限制義務人或利害關係人訴訟權之法律依據，是在法律明定行政執行行爲之特別司法救程序之前，義務人或利害關係人如不服該直接上級主管機關所爲異議決定者，仍得依法提起行政訴訟，至何種執行行爲可以提起行政訴訟或提起何種類型之行政訴訟，應依執行行爲之性質及行政訴訟法相關規定，個案認定。其具行政處分之性質者，應依法踐行訴願程序，自不待言。有最高行政法院97年12月份第3次庭長法官聯席會議(三)決議可資參照。本件原告已向法務部踐行訴願程序而遭駁回，自得依法提起本件撤銷訴訟（原證1）。基此，法務部以不得對聲明異議決定不服爲由，駁回原告之訴願，自屬違法，合先敘明。

貳、實體部分

　　被告依行政執行法第26條準用強制執行法第25條第3項規定「前項各款之人，<u>於喪失資格或解任前，具有報告義務</u>或拘提、管收、限制住居之原因者，在喪失資格或解任後，於執行必要範圍內，仍得命其報告或予拘提、管收、限制住居。」，認原告如有行政執行法第17條第1項規定之

情事，亦得限制住居，因而以原告無正當理由拒不到場而將原告限制出境。但查：

一、就強制執行法第25條第3項規定之法條文義觀之，本條之適用必以原告擔任A股份有限公司（下稱A公司）之負責人職務期間（按：即條文所指「於喪失資格或解任前」）已具有報告義務為適用前提。另就其立法理由觀之「第二項各款之人，係基於一定之資格或職務為債務人履行義務之人，為防止其於資格或職務存在期間有第二十二條第一項各款情事，或以喪失資格及解任之手段，規避其義務或脫免拘提、管收之裁判，爰增訂第三項，以貫徹第二項規定之目的。」，亦可知本條項之規範目的在於防止在具資格或職務期間有報告義務者，藉喪失資格或解任之手段規避其義務。基此，解任前既無義務，當無藉由解任或喪失資格以規避義務之問題，則如解任前（按：即在任期間）並無報告義務，豈可能因解任後而反負有報告義務。

二、又所謂「報告義務」係指「報告（義務人）財產義務」，法源依據為行政執行法第14條規定，此由被告命原告到場之執行命所引法律依據可知（原證2）。但原告擔任A公司之負責人當時，本案尚未移送被告執行，而被告受理本案執行時，原告已解任義務人之負責人職務，則原告何來「依行政執行法第14條規定，向被告報告A公司財產狀況」之義務。又原告擔任負責人當時既本無報告義務，參酌上開強制執行法第25條第3項之規定意旨，解任後當不應負有報告義務。

三、綜上，原告既無向被告報告A公司財產狀況之義務，則被告以原告無正當理由拒絕到場，將原告限制出境即於法無據，應予撤銷。

　　謹　　狀
台北高等行政法院　　公鑒
證據：
原證1：訴願決定書影本乙件。
原證2：法務部行政執行署○○分署○○年○月○日稅執特專字第○○號執行命令影本乙件。

中　華　民　國　○　○　年　○　○　月　○　○　日
具狀人　甲印

相關法條及裁判要旨

■ 最高行政法院97年12月份第3次庭長法官聯席會議(三)

法律問題：義務人或利害關係人不服執行機關所為行政執行措施時，是否因行政執行法第9條聲明異議程序之規定，而不得提起行政爭訟？

甲說：義務人或利害關係人不服行政執行措施時，僅得依行政執行法第9條規定加以救濟，不得提起行政爭訟，理由如下：

一、原行政執行法修正草案於第9條第2項規定：「前項聲明異議……異議人對之不得再聲明不服。」並於草案說明及修正理由說明，行政執行法第9條所定聲明異議有別於一般行政救濟程序，而屬法定之特別救濟程序，故異議人對執行機關就聲明異議所為決定不得聲明不服。上開草案規定雖未經通過，惟其修正理由並未刪除，因此不能以上開草案規定遭刪除，即認對聲明異議所為之決定，不准提起行政救濟，於法有違。

二、行政執行貴在迅速有效，故立法者基於行政執行程序爭訟非涉實體法判斷之特性，為達訴訟經濟之立法目的，適用「效率」法律原則，而採簡明之聲明異議制度設計，為其特別救濟程序，並不違反憲法第16條、第23條規定。且關於行政執行之執行名義既為行政機關行政處分或法院裁定，可依通常之行政爭訟程序請求救濟以獲得保障，已符合司法院釋字第423號解釋就行政處分應保障人民訴願及訴訟權益之意旨，如許就該執行名義所為各執行措施再經由冗長之訴願、行政訴訟程序為救濟，其保障有過當之嫌。

三、執行行為多係事實行為或屬程序爭議，縱認屬廣義之行政處分，惟其實質上係執行程序之決定，究非訴願法或行政訴訟法所指行政處分。且因行政執行法對具有行政處分性質之執行措施（如命提供相當擔保、限制住居），並無排除適用聲明異議程序之特別規定，故依訴願法第1條第1項但書規定，自仍應一體適用聲明異議之程序救濟。

四、關於行政執行之聲明異議，與涉及行政實體法上判斷之爭議不同，

　　異議人如就執行名義實體法事項有所爭執，亦得提債務人異議之訴，由高等行政法院受理以資救濟（行政訴訟法第307條參照），期臻妥慎。

五、綜上所述，行政執行法第9條之聲明異議程序乃法定特別救濟程序，而排除行政爭訟程序之適用。

乙說：對行政執行措施能否提起行政爭訟，應視該行政執行措施是否符合行政爭訟相關法令得提起行政爭訟之規定定之，並不受行政執行法第9條規定之影響，理由如下：

一、行政執行法雖於修正草案第9條第2項後段規定：「異議人對之不得再聲明不服」，惟該規定既已於立法時遭刪除，顯見立法者之意思係不願對異議人就聲明異議決定之再不服為限制規定。且上開草案規定既經刪除，其草案說明即難認係立法理由。

二、行政救濟程序可分為法院外救濟程序（即行政體系內部救濟程序）與法院內救濟程序（即行政訴訟程序），二者功能有別，無從互相代替。行政執行法第9條之聲明異議程序係屬法院外救濟程序，不能據以認為無需行政訴訟之救濟程序。且執行雖貴在迅速，然為使執行爭議之救濟程序不過於冗長，爭議早日決定，解釋上就對具行政處分性質執行措施之聲明異議，應認行政執行法第9條所定之聲明異議程序實質上與訴願程序相當，義務人經此異議程序，如有不服，得逕行提起行政訴訟，而非曲解行政執行法第9條規定，認立法者有限制提起行政爭訟之意。

三、訴願法第1條第1項但書規定係針對訴願程序而言，與司法救濟程序無關，故縱認行政執行措施之異議程序屬訴願法第1條第1項但書規定之情形，亦與是否能提起司法救濟無涉，不能因此排除其司法救濟管道。

四、行政執行措施對執行債務人或其他利害關係人權益之侵害，與為執行名義之基礎處分對執行債務人權益之侵害，係各別發生，能否及如何提起行政爭訟，亦應各別看待，且其有各自之功能，不能互相取代。況不服行政執行措施所主張之事由往往存在於執行措施本身，故有討論是否能對執行措施提起行政爭訟之實益。

五、司法院釋字第384號解釋認民國81年7月29日修正公布之檢肅流氓條例第5條關於警察機關認定為流氓並予告誡之處分，人民除向內政

部警政署聲明異議外，不得提起訴願及行政訴訟，與憲法第16條規定意旨相違。該條例法有明文經聲明異議後不得提起訴願及行政訴訟，尚且為大法官認為違憲，行政執行法並沒有明文規定經聲明異議後不得提起訴願及行政訴訟，又何能認為該法第9條聲明異議之規定，有限制異議人不得提起訴願及行政訴訟之效果？

六、綜上所述，得否對行政執行措施提起行政爭訟，與行政執行法第9條異議程序規定無涉，而應依行政爭訟相關法令規定，判斷得否提起行政爭訟。

決議：採乙說。

行政執行法第9條規定：「義務人或利害關係人對執行命令、執行方法、應遵守之程序或其他侵害利益之情事，得於執行程序終結前，向執行機關聲明異議。前項聲明異議，執行機關認其有理由者，應即停止執行，並撤銷或更正已為之執行行為；認其無理由者，應於十日內加具意見，送直接上級主管機關於三十日內決定之。行政執行，除法律另有規定外，不因聲明異議而停止執行。但執行機關因必要情形，得依職權或申請停止之。」旨在明定義務人或利害關係人對於執行命令、執行方法、應遵守之程序或其他侵害利益之情事，如何向執行機關聲明異議，以及執行機關如何處理異議案件之程序，並無禁止義務人或利害關係人於聲明異議而未獲救濟後向法院聲明不服之明文規定，自不得以該條規定作為限制義務人或利害關係人訴訟權之法律依據，是在法律明定行政執行行為之特別司法救濟程序之前，義務人或利害關係人如不服該直接上級主管機關所為異議決定者，仍得依法提起行政訴訟，至何種執行行為可以提起行政訴訟或提起何種類型之行政訴訟，應依執行行為之性質及行政訴訟法相關規定，個案認定。其具行政處分之性質者，應依法踐行訴願程序，自不待言。

■強制執行法第25條規定：

債務人履行債務之義務，不因債務人或依本法得管收之人被管收而免除。

關於債務人拘提、管收、限制住居及應負義務之規定，於左列各款之人亦適用之：

一、債務人為無行為能力人或限制行為能力人者，其法定代理人。

二、債務人失蹤者，其財產管理人。

三、債務人死亡者，其繼承人、遺產管理人、遺囑執行人或特別代理人。

四、法人或非法人團體之負責人、獨資商號之經理人。

前項各款之人，於喪失資格或解任前，具有報告之義務或拘提、管收、限制住居之原因者，在喪失資格或解任後，於執行必要範圍內，仍得命其報告或予拘提、管收、限制住居。

(二) 公平交易法事件

案例事實

　　本件被上訴人行政院公平交易委員會以上訴人甲所使用之「授信約定書」，其中某些條款之規定，違反公平交易法第24條之規定，遂處以罰鍰之行政處分。經上訴人訴願但遭駁回後，向高等行政法院提起撤銷行政處分之行政訴訟（撤銷之訴）仍遭駁回，遂向最高行政法院提起上訴。

撰狀說明

　　本狀係上訴最高行政法院之「上訴理由狀」，若未先以「聲明上訴狀」，聲明上訴者，應於此「上訴理由狀」中一併為「上訴聲明」。撰狀時宜先將原行政處分依據之事實及處分內容略述，並表明已歷經訴願程序及向高等行政法院提起撤銷之訴，仍有不服之意。其次，應將在原審中所為聲明及主張與原審被告之答辯摘要陳述，及原審判決之理由為何？以使上訴審較易瞭解兩造間之爭點所在及原審是否有就該爭點，依兩造當事人之聲明及主張依法審判。

　　由於最高行政法院為法律審，其裁判係以高等行政法院所認定之事實為基礎，上訴人僅能就原審之判決有無違背法令為爭執。故本狀之重點均集中在原審判決是否違背法令，不再就原審提出之事實為爭執或再提出新的事實主張。所謂「違背法令」，係指判決不適用法規或適用不當者。在目前實務上，欲說服上訴審法院認定原審判決「判決不適用法規或適用不當」，並不容易。故應盡力尋求原審判決有無「當然違背法令」之情事，其中又以「判決不備理由或理由矛盾」最為常見。故若欲思考上訴理由，不妨由此方向著手。又現行法規定上訴最高行政法院原則上須委任律師為訴訟代理人，應予注意。

書狀內容

狀別：行政訴訟上訴理由狀
原審案號：台北高等行政法院
案號：96年度訴字第××××號
股別：○股

上訴人　　甲人壽保險股份有　　詳卷
　　　　　限公司
代表人　　乙

訴訟代理人　　○○○律師

被上訴人　　行政院公平交易委員會　設○○○

代表人　　丙　　　　　　　　　　住同上

爲因公平交易法事件，不服民國九十七年○月○日台北高等行政法院○○年度訴字第○×××○號判決，依法聲明上訴事：

上訴聲明

一、原判決廢棄。

二、原行政處分及訴願決定均撤銷或發回台北高等行政法院更爲審理。

三、第一審及上訴審訴訟費用由被上訴人負擔。

理由

　　緣被上訴人以上訴人「於授信約定書第9條約定概括加速債務到期之事由及第12條約定借款發生第12條第1款、第5款（即強制執行、假扣押及假處分）及第8款債信不足事由時，無須通知或催告借款人，即得逕行行使加速條款，剝奪借款人事前補救之機會，契約雙方權益顯屬失衡，本件被處分人利用交易相對人資訊不對等之弱勢地位，爲足以影響交易秩序之顯失公平行爲，核已違反公平交易法（下稱公平法）第24條規定。」爲由，依公平法第41條規定處以上訴人新台幣○○萬元罰鍰，並命停止所稱之違法行爲，上訴人不服，認該處分違法，經向行政院提起訴願，仍遭駁回，乃於法定期間內向台北高等行政法院提起撤銷原處分及訴願決定之訴。

　　上訴人於原審主張，依最高行政法院89年判字第3830號判決見解，所謂利用相對優勢所爲不公平交易，應指該相對優勢地位於爲交易時已存在，並以之爲促成交易之手段。原處分書所稱之上訴人優勢地位乃存在於交易後，被上訴人認爲上訴人以交易行爲後始可能存在之優勢地位，作爲從事不公平交易之方法，顯已倒果爲因，有論理上之謬誤。縱使，契約條款於雙方權益縱有失衡之處，亦僅屬定型化契約條款內容對於消費者是否有顯失公平而應否無效之問題，與交易之成立過程是否公平無涉。被上訴人擴張解釋「顯失公平」之概念，已逾越公平法第24條規範之意旨，其所爲之判斷已超過判斷餘地所容許之範圍，應屬違法。縱認被上訴人所爲處分未超過判斷餘地，但公平法第24條既以「影響交易秩序」爲構成要件，被上訴人於處分書並未載明上訴人系爭授信約定書何以足致影響交易秩序，亦有違行政程序法第96條第1項第2款之規定，本件原處分仍屬違法。上訴人另主張行政規則並無直接對外之效力，本於法律保留原則，不得作爲限制人民權利之依據（此爲行政

程序法第159條第1項所明文）。然被上訴人卻依「行政院公平交易委員會對於金融業經營行為之規範說明」（下稱「金融經營行為之規範說明」）規定，課予上訴人對借款人負有「通知義務」及「給予合理處理期間」之義務，惟此義務並未明訂於任一法律或法規命令，被上訴人逕以僅屬行政規則之「金融經營行為之規範說明」，課予人民上開義務，實已增加法律所無之限制，有違法律保留原則。被上訴人先以行政規則增加法律所無之義務，再以此義務是否違反，作為判斷上訴人行為是否違反公平法第24條，本於法律保留原則之精神，其所為之判斷顯已超過「判斷餘地」所容許之範圍，應屬違法。且依第24條及第41條規定立法理由觀之，被上訴人對於違反公平法第24條規定之行為，應先依同法第41條規定命上訴人停止、改正或採取必要更正措施，縱認被上訴人於處罰緩前是否先命行為人停止或改正行有政裁量權，但以本案所涉行為，並無立即有實際危害之情事，何況上訴人於被上訴人依職權調查後處分前，已主動改正，被上訴人仍執意處分上訴人，實有違行政程序法第7條所定「比例原則」之意涵，被上訴人之裁量權行使，即有濫用之虞，其所為本件原處分自屬違法，應予撤銷。更退一步言之，縱認被上訴人之處罰於法有據，但訴外人○○人壽保險股份有限公司（下稱○○人壽）違法情節與上訴人相近（均有被上訴人所稱之「約定概括加速債務到期之事由」及「無須通知或催告借款人，即得逕行行使加速條款」），卻僅遭處50萬元之罰緩，而以上訴人之資本規模及市佔率遠低於○○人壽，卻受處罰○○萬，實有違比例原則及平等原則。

　　被上訴人則以：「原告於定型化授信約定書內約定概括條款，利用交易相對人資訊不對等之弱勢地位，核已構成公平交易法第24條所稱足以影響交易秩序之顯失公平行為。」、「公平交易法之立法目的，乃在於維護交易秩序及確保公平競爭，此與民法之立法目的係規範人民私法上之權利義務關係顯然不同。更何況民法第247條之1僅規定個別契約效力之問題，而公平交易法第24條規定係就事業是否有足以影響交易秩序之欺罔或顯失公平行為論處，兩者之構成要件及法律效果均不相同，是原告依法認定原告系爭借貸契約違反公平法第24條規定，並無任何違誤。」、「上開約款除明確違反前揭規範說明應事先以合理期間通知或催告立約人之債信不足事由，且約定無須事先以合理期間通知或催告即得逕行行使加速條款，無異係利用定型化契約條款剝奪借款人事前知悉補救之機會，對於借款人權益之保障顯失公平。」、「是原告實務上是否踐行內部之催收程序，與本案係屬二事未可混

爲一談，亦不影響本案違法事實之認定。」、「原告逕以被告就違法情節不同之他案所處罰鍰金額，作爲本案中裁處罰鍰金額類比之標準，訴稱原處分違反平等原則，所辯實屬無由而不足採。」、「又公平交易法第24條係強調事業與交易相對人間之相對地位不對等，至於事業市場占有率之絕對高低，尚非該條之構成要件，是原告訴稱其市場占有率低於其他金融業，裁罰顯有疏失云云，顯對公平交易法規有所誤解，所訴並無足採。」等語資爲抗辯。

原審判決以「按『主管機關基於職權因執行特定法律之規定，得爲必要之釋示，以供本機關或下級機關所屬公務員行使職權時之依據。司法院釋字第548號解釋在案。』查被告制定系爭規範說明，係被告基於公平交易法中央主管機關之職權，臚列金融業者可能違反公平交易法之行爲態樣，旨在具體化公平交易法第24條規定內涵，俾供被告處理相關案件之參考，同時讓業者有所遵循，其性質爲公平交易法第24條規定之解釋性行政規則，屬主管機關基於職權對公平交易法第24條所爲之補充性解釋，此與行政指導係行政機關爲實現一定行政目的，以輔導、建議等方法，促使特定人爲一定行爲，於該特定人拒絕指導時，不得據爲不利處置之性質不同。復參照系爭規範說明第3點第4項第2款第2目規定，該第6項至第9項事由，金融業者應踐行事前合理期間通知之義務，蓋因後4項事由，借款人倘受有通知，於金融業者行使加速條款前仍有補救之機會，俾衡平借款雙方權利義務，充分保障借款人權益，自屬合乎公平交易法第24條之規範意旨。並未對人民權利之行使增加法律所無之限制，而有逾越母法之情事，尚難認有違憲之虞。」、「契約自由雖爲私法自治之一環，惟其所稱自由實非全無限制，尤以現今之交易型態而言，無論大、小交易，均大量使用定型化契約方式，以降低交易成本並加速交易過程。針對此類締約前預擬之定型化契約條款，因交易相對人喪失事前參與磋商議定的機會，且以金融市場爲例，一般消費大眾或中小企業，在面對具有經濟、法律專業優勢與交易資訊優勢的金融業者，多僅存締約與否之自由，而喪失對於契約條款內容決定之自由，考量金融業與一般消費者或中小企業間具有相對市場優勢地位，倘其契約內容有顯失公平之情事，足以影響整體交易秩序，即該當公平交易法第24條構成要件。」、「查本件原告既有利用定型化契約約定加速條款事由，對不特定大眾行使，於系爭授信約定書第9條約定僅概括賦予原告單方加速債務到期之權限，且概括條款之文義抽象，倘透過片面對於契約內容之解釋或適用，將使交易相對人隨時陷於義務不明確之狀態，衡諸契約雙方間之權益，顯有失衡之虞。另系爭授信約定書第12條

約定……，並無事先以合理期間通知或催告之明文約定，即無須事前通知或催告借款人，原告即得逕行行使加速條款，行使加速債務期限到期，倘日後借款人發生各該款債信不足情事，已立於須聽憑原告片面決定通知與否之弱勢地位，且剝奪借款人事前知悉補救之機會，對於借款人權益之保障有失公平，茲以上揭契約條款乃借貸雙方權利義務之規範依據，不論有無行使，對借款人已具法律上之拘束力，原告相對於一般借款人而言，乃屬資訊優勢地位，衡諸上揭加速條款內容，雙方權益顯屬失衡，原告顯係利用交易相對人資訊不對等之弱勢地位，為足以影響交易秩序之顯失公平行為，違反公平交易法第24條規定，縱原告主張其未曾向借款人行使該加速約款，不符合公平交易法第24條所定『顯失公平之行為』構成要件云云，惟不論原告有無行使，借款人於簽約後即受契約條款所拘束，依系爭規範說明意旨，並不影響其違法行為之存在，原告自不得以其實際上並無行使予以卸責。」「次按公平交易法第24條規定係有關事業不得為足以影響交易秩序之欺罔或顯失公平行為之論處規範，而民法第247條之1則僅係針對個別契約條款所為之效力問題之規定，其構成要件及法律效果各不相同。……。至系爭授信約定書之約款是否有違反民法第247條之1等規定而歸無效之情形，則屬具體個案之民事契約爭議問題，非屬被告之職掌所得認定，原告援引民法第247條之1規定，率指本件原處分忽視私法自治下契約自由原則之檢視過程云云，顯係混淆公平交易法與民法等不同規範間之構成要件及法律效果，並對不同法規之解釋適用關係有所誤解，核無足採。至消費者保護法規定定型化契約中之條款違反誠實信用原則，對消費者顯失公平者無效，該規定係就契約效力所為之規範，然本案係對於定型化契約內容是否有足以影響交易秩序之欺罔或顯失公平行為論處，與消費者保護法並無競合或有互斥之處，原告此部分主張亦顯係誤解。」駁回上訴人之訴。

　　按對於高等行政法院判決之上訴，非以其違背法令為理由，不得為之，行政訴訟法第242條定有明文，經查原審判決有下列違背法令情事：

一、有判決不備理由及理由矛盾之處：

　　按判決不備理由或理由矛盾者，其判決當然為違背法令，行政訴訟法第243條第2項第6款定有明文。參照最高法院29年上字第842號判例「判決書理由項下，應記載關於攻擊或防禦方法之意見，民事訴訟法第226條第3項定有明文，法院為原告敗訴之判決，而其關於攻擊方法之意見有未

記載於判決理由項下者，即爲同法第466條第6款所謂判決不備理由。」
及最高法院53年台上字第3571號判例「民事訴訟法第466條第6款（舊）
所謂判決理由矛盾，係指其理由前後牴觸，或判決主文與理由不符之情
形而言，有一於此，均足爲發回更審之原因。」，是判決有此等情事，
即屬判決不備理由或理由矛盾。本件有下列判決不備理由及矛盾情事：
（略）

二、有判決不適用法規或適用不當之違背法令

依行政訴訟法第243條第1項規定：「判決不適用法規或適用不當者，爲
違背法令。」經查原審判決有以下違背法令之情事：
（略）

是原審判決違背法令，請判決如聲明。

謹　呈

台北高等行政法院　轉呈
　　　　　　　最高行政法院　公鑒

中　華　民　國　○　○　年　○　○　月　○　○　日

具狀人　甲人壽保險股份有限公司
代表人　乙 印
訴訟代理人　○○○律師

相關法條及裁判要旨

■公平交易法第24條：

除本法另有規定者外，事業亦不得爲其他足以影響交易秩序之欺罔或顯失公平
之行爲。

■行政訴訟法第4條：

人民因中央或地方機關之違法行政處分，認爲損害其權利或法律上之利益，經
依訴願法提起訴願而不服其決定，或提起訴願逾三個月不爲決定，或延長訴願
決定期間逾二個月不爲決定者，得向高等行政法院提起撤銷訴訟。

逾越權限或濫用權力之行政處分，以違法論。

訴願人以外之利害關係人，認爲第一項訴願決定，損害其權利或法律上之利益

者，得向高等行政法院提起撤銷訴訟。

■行政訴訟法第238條：

對於高等行政法院之終局判決，除法律別有規定外，得上訴於最高行政法院。

於上訴審程序，不得為訴之變更、追加或提起反訴。

■行政訴訟法第242條：

對於高等行政法院判決之上訴，非以其違背法令為理由，不得為之。

二、課予義務訴訟

(一) 怠於處分者

工商登記事件

案例事實

　　原告於○○年5月1日向被告申請○○電子遊戲場之營利事業登記證，被告受理後，函請原告依規定補正有關文件，原告已於期限內補正，被告仍未就原告之申請作成同意之處分，經向經濟部訴願後仍遭駁回，遂提起本訴。

撰狀說明

　　本件案例類型為關於工商登記之課予義務訴訟，此類於起訴前仍應向原處分機關提起訴願。訴願前提要件為依法申請之案件，行政機關於法令所定期間內應作為而不作為或駁回申請，申請人認為其權利或法律上利益受損害。因此可提起課予義務之訴之情形有二，一是行政機關怠於為處分；一是行政機關作成拒絕人民申請之處分。本件屬第一類情形，此類訴訟與撤銷訴訟不同在於，因行政機關並未作成任何處分，故訴之聲明毋須請求撤銷原處分，僅須請求撤銷訴願決定，但必須另請求命被告作成特定行政處分。

書狀內容

狀別：起訴狀

原　告　甲　　　　　　住○○○
被　告　桃園縣政府　　設○○○
代表人　乙　　　　　　住○○○

為工商登記事件，依法提出起訴狀事：

訴之聲明

一、訴願決定應予撤銷。

二、被告對於原告於○○年○月○日申請核發○○○電子遊戲場之營利事業登記證事件，應作成准予核發之行政處分。

三、訴訟費用由被告負擔。

事實及理由

一、按人民因中央或地方機關對其依法申請之案件，於法令所定期間內應作為而不作，認為其權利或法律上利益受損害者，經依訴願程序後，得向高等行政法院提起請求該機關應為行政處分或應為特定內容之行政處分之訴訟，行政訴訟法第5條第1項定有明文。另經營電子遊戲場業，應依公司法或商業登記法辦理公司或商業登記，電子遊戲場業管理條例第10條第1項定有明文。主管機關對於商業登記之申請，認為有違反法令或不合法定程式者，應於收文後5日內通知補正，其應行補正事項，應一次通知之。主管機關辦理商業登記案件之期間，自收件之日起至核准登記之日止，不得逾7日。但依前條規定通知補正期間，不計在內，商業登記法第21、22條定有明文。另行政機關對於人民依法規之申請，除法規另有規定外，應按各事項類別，訂定處理期間公告之。未依前項規定訂定處理期間者，其處理期間為2個月。行政機關未能於前2項所定期間內處理終結者，得於原處理期間之限度內延長之，但以一次為限。前項情形，應於原處理期間屆滿前，將延長之事由通知申請人，行政程序法第51條第1、2項定有明文。

二、原告於○○年5月1日即已依電子遊戲場業管理條例第10條規定向被告送件申請營利事業登記，依電子遊戲場業管理條例、商業登記法規定，被告既未認為有違反法令或不合法定程式而於收件後5日內通知原告補正情事，即應於收件後7日內核准登記，惟被告自○○年5月1日收件（原證1）迄今仍未為准否之處分，已損害原告之權利。退而言之，依行政程序法相關規定，被告依法亦應於2個月處理期間內為准否之處分，惟被告收件後迄今已逾2個月，仍未為適法之處分，已逾越法律所規定應作為之時限，有怠為處分之情事，原告之財產權權利遭受損害，蓋原告於申請營利事業登記之前，須依電子遊戲場業管理條例相關規定就該場所先行辦理用途變更，符合都市計劃法、建築法及消防法相關規定，並就該場所欲申請之級別購買機具，檢附相關文件、相片、經衛生單位之檢驗，投保公共意外責任險，完成市招裝潢等相關營業前之準備，始可提出申請，且須經辦理會勘等嚴格審查程序，原告於申請營利事業登記前即已投入大量時間、金錢。現被告遲未依法為准否之處分，縱依行政程序法第51條第3項規定得於原處理期間之限度內延長一次，亦未見被告於原處

理期間2個月屆滿前將延長之事由通知原告，被告怠為處分至為顯然，已損害原告之權利，經原告訴願後仍遭駁回（原證2），依行政訴訟法第5條第1項規定，原告得提起課予義務訴訟，命被告作成原告請求之處分。

　　　謹　狀

台北高等行政法院　　公鑒

原證1：申請書影本乙件。
原證2：訴願決定書影本乙件。

中　華　民　國　　○　○　年　　○　○　月　　○　○　日

具狀人：甲 印

相關法條及裁判要旨

■電子遊戲場業管理條例第10條：

經營電子遊戲場業，應辦理公司或商業登記；其公司或商號之名稱及營業項目，應列明為電子遊戲場業。

前項名稱規定，於公司或商號申請增加電子遊戲場業之營業項目變更登記時，亦適用之。

■訴願法第2條：

人民因中央或地方機關對其依法申請之案件，於法定期間內應作為而不作為，認為損害其權利或利益者，亦得提起訴願。

前項期間，法令未規定者，自機關受理申請之日起為二個月。

■行政訴訟法第5條：

人民因中央或地方機關對其依法申請之案件，於法令所定期間內應作為而不作為，認為其權利或法律上利益受損害者，經依訴願程序後，得向高等行政法院提起請求該機關應為行政處分或應為特定內容之行政處分之訴訟。

人民因中央或地方機關對其依法申請之案件，予以駁回，認為其權利或法律上利益受違法損害者，經依訴願程序後，得向高等行政法院提起請求該機關應為行政處分或應為特定內容之行政處分之訴訟。

(二) 拒絕處分者

土地登記事件（起訴狀）

案例事實

　　本件原告甲主張就坐落桃園縣○○鄉○○段○○地號土地時效取得地上權，案經被告審核，認「…二、…依時效取得地上權登記審查要點第3 點規定…查本案占有之土地部分屬非都市土地之特定農業區水利用地，部分屬特定農業區特定目的事業用地，經現場勘查現況為建築、盆栽及竹木使用，惟是否符合前開規定，仍請依補正事項檢附主管機關認定不違反土地使用管制法令之證明文件辦理。」，主張原告所附資料不齊全，乃以補正通知書通知原告於十五日內，補正主張時效取得地上權之理由書、登記清冊並填明地上權範圍、占有目的之證明文件、主管機關認定不違反土地使用管制法令之證明文件及占有土地四鄰證明或其他足資證明開始占有至申請登記時繼續占有事實之文件等事項，逾期不補正即依土地登記規則第57條規定駁回。嗣因原告逾15日未補正完成，被告乃依土地登記規則第57條第1項第4款規定，原告仍不服，遂提起行政訴訟。

撰狀說明

　　本件案例類型為關於土地登記之課予義務訴訟，此類於起訴前仍應向原處分機關提起訴願。訴願前提要件為依法申請之案件，行政機關於法令所定期間內應作為而不作為或駁回申請，申請人認為其權利或法律上利益受損害。因此可提起課予義務之訴之情形有二，一是行政機關怠於為處分；一是行政機關作成拒絕人民申請之處分。本件屬第二類情形，此類訴訟與撤銷訴訟不同在於，訴之聲明不能僅請求撤銷原處分及訴願決定，尚必須請求命被告作成特定行政處分。

書狀內容

```
狀別：起訴狀
訴訟標的金額：○○元
原　告　甲　　　　　　　　　住○○○
被　告　桃園縣○○地政事務所　設○○○
代表人　乙　　　　　　　　　住○○○
```

為土地登記事件，依法提出起訴狀事：

訴之聲明

一、原處分及訴願決定均撤銷。

二、被告應就原告○○年○月○日○登字第○○○號申請案作成准許登記時效取得地上權之行政處分。

三、訴訟費用由被告負擔。

事實及理由

原告向被告申請時效取得地上權之登記，遭被告以所附文件不足且逾期未補正而駁回申請（原證1），原告不服，向桃園縣政府提起訴願仍遭駁回（原證2），遂提起本訴。查被告所為拒絕處分有以下違法之處，應予撤銷並應依法作成同意原告申請之處分。理由詳述如下：

一、依民法第769條規定「以所有之意思，二十年間和平、公然、繼續占有他人未登記之不動產者，得請求登記為所有人。」，同法第772條規定「前五條之規定，於所有權以外財產權之取得，準用之。於已登記之不動產，亦同。」，原告既已於桃園縣○○鄉○○段○○地號之他人土地，以和平公然方式，占有並蓋建房屋及栽種竹木超過20年，顯已符合民法第769、772條，應得主張於上開土地時效取得地上權，自得依土地登記規則第27條第15款規定向被告聲請取得地上權之登記。

二、被告固以原告逾期未補正「主管機關認定不違反土地使用管制法令之證明文件」而駁回原告地上權登記之請求。但查：

(一)「非都市土地經劃定使用分區並編定使用地類別，應依其容許使用之項目及許可使用細目使用。但中央目的事業主管機關認定為重大建設計畫所需之臨時性設施，經徵得使用地之中央主管機關及有關機關同意後，得核准為臨時使用。」、「各種使用地容許使用之項目、許可使用細目及其附帶條件如附表一。」、「土地使用編定後，其原有使用或原有建築物不合土地使用分區規定者，在政府令其變更使用或拆除建築物前，得為從來之使用。原有建築物除准修繕外，不得增建或改建。」內政部依區域計畫法第15條授權訂定之非都市土地使用管制規則第6條第1項、第4項、第8條第1項分別定有明文。而依前開管制規則附表一各種使用地容許使用項目及許可使用細目表之規定，水利用地容許按現況使用。則為使用編定後，苟

土地使用人按編定時之現況使用，或使用其上原有建築物，並無違反土地使用管制法令之可言。原告於上開土地為現行編定時，即已蓋建房屋及栽種竹木，故無違反土地管制之問題，自無需補正「主管機關認定不違反土地使用管制法令之證明文件」。

(二)再者，「有下列各款情形之一者，登記機關應以書面敘明理由或法令依據，通知申請人於接到通知書之日起十五日內補正：……二、登記申請書不合程式，或應提出之文件不符或欠缺者。……」、「有下列各款情形之一者，登記機關應以書面敘明理由及法令依據，駁回登記之申請：……四、逾期未補正或未照補正事項完全補正者。」為土地登記規則第56條第2款、第57條第4款分所明文。前開規定之15日補正期間，並非強行而不得予以延長，苟依事件之性質，15日之補正期間為過短，登記申請人無於15日內將應補正事項完成補正之可能者；或登記機關就應補正之原因原有可歸責事由，或就為補正之相關行為有作為義務，而未能配合於15日內完成者，登記機關應得酌予延長補正期間，不受土地登記規則第56條所定15日之限制。又若有上述情形，登記機關未予延長補正期間，而登記申請人未能於所定15日期間內為補正，登記機關亦不得依土地登記規則第57條第4款規定駁回登記申請。被告命原告補正之期間過短，卻未酌予延長即駁回原告之申請，自屬違法。原告提起訴願後仍遭駁回，遂依行政訴訟法第5條第2項規定提起本訴。

　　謹　狀
○○高等行政法院　公鑒

原證1：桃園縣○○地政事務所○○年○月○日○登字第○○○號影本乙件。
原證2：訴願決定書影本乙件。

中　華　民　國　○　○　年　○　○　月　○　○　日
具狀人：甲印

相關法條及裁判要旨

■ 土地登記規則第27條第15款：

下列登記由權利人或登記名義人單獨申請之：一、……。二、……。
十五、依民法第七百六十九條、第七百七十條或第七百七十二條規定因時效完
成之登記。十六、……。

■ 釋字451號解釋：

時效制度係為公益而設，依取得時效制度取得之財產權應為憲法所保障，業經
本院釋字第二九一號解釋釋示在案。地上權係以在他人土地上有建築物，或
其他工作物，或竹木為目的而使用其土地之權，故地上權為使用他人土地之
權利，屬於用益物權之一種。土地之共有人按其應有部分，本於其所有權之
作用，對於共有物之全部雖有使用收益之權，惟共有人對共有物之特定部分
使用收益，仍須徵得他共有人全體之同意。共有物亦得因共有人全體之同意而
設定負擔，自得為共有人之一人或數人設定地上權。於公同共有之土地上為
公同共有人之一人或數人設定地上權者亦同。是共有人或公同共有人之一人或
數人以在他人之土地上行使地上權之意思而占有共有或公同共有之土地者，自
得依民法第七百七十二條準用同法第七百六十九條及第七百七十條取得時效之
規定，請求登記為地上權人。內政部中華民國七十七年八月十七日台內地字第
六二一四六四號函發布時效取得地上權登記審查要點第三點第五款規定，共有
人不得就共有土地申請時效取得地上權登記，與上開意旨不符，有違憲法保障
人民財產權之本旨，應不予適用。

三、一般給付訴訟

(一) 財產上給付訴訟

返還公法上不當得利事件（答辯狀）

請求徵收土地事件

案例事實

　　本件為○○縣政府為辦理區段徵收，因地上物查估作業，誤將受徵收土地之民眾甲所有坐落徵收範圍外土地，一併予以查估，並據以作成補償費處分，造成溢領補償費之爭執，故而起訴主張甲應返還溢領之補償費。

撰狀說明

(1) 一般給付訴訟與課予義務訴訟均屬給付訴訟，但後者僅限於請求行政機關做成特定行政處分，除此之外之行政行為及財產給付，均屬一般給付訴訟之範圍。行政訴訟法第8條第1項規定「人民與中央機關或地方機關間，因公法上原因發生財產上之給付或請求作成行政處分以外之其他非財產上之給付，得提起給付訴訟。因公法上契約發生之給付，亦同。」，故一般給付訴訟可分「財產上給付訴訟」及「非財產上給付訴訟」。又公法上請求權之依據主要源自「法令」或「行政處分」，但亦可基於公法上契約。

(2) 關於金錢請求給付事件，提起一般給付訴訟者，限於請求金額已獲准或已確定之金錢給付。如必須先經行政機關確定其給付請求權者，則於提起一般給付訴訟之前，理論上應先提起請求為行政處分訴訟。但實務上則允許可以合併提起二種訴訟，並僅聲明「命被告給付原告若干金額」而毋須再命被告作成准予給付之行政處分。

(3) 本案案例類型為公法上不當得利返還訴訟，此類訴訟不同於一般行政訴訟。比較特殊之處在於，行政訴訟通常是「民告官」，而公法上不當得利返還訴訟，請求之主體除人民外，經常可能係行政主體向人民請求，本件即為「官告民」，此乃本類訴訟之特色，故藉本案例作為如何撰寫答辯狀之範例。

(4) 按行政程序法第131條第2項規定「公法上請求權，因時效完成而當然消滅。」，故公法上請求權如已逾時效，該請求權即為消滅，與民法採抗辯主意不同。有關公法上請求權時效期間，於公法上請求權發生在行政程序法施行後者，如請求權人為行政機關原則上為五年（行政程序法第131條第1項規

定參照）。如該公法上請求權發生於行政程序法90年1月1日施行前，關於公法上不當得利返還請求權之時效期間，基於實體從舊原則，固無行政程序法第131條第1項規定之適用，並因公法無性質相類之規定，而應類推適用民法第125條一般時效即15年之規定。惟此類推適用之時效期間，若自行政程序法施行日起算，其殘餘期間較行政程序法第131條第1項所定5年時效期間為長者，參諸民法總則施行法第18條規定意旨，即應自行政程序法施行日起，適用行政程序法第131條第1項關於5年時效期間之規定，俾得兼顧行政程序法規定時效期間為5年之目的，以使法律秩序趨於一致（最高行政法院96年度判字第914號判決意旨參照）。

(5) 行政程序法第131條第1項，原規定公法上請求權時效一律5年，民國102年5月22日修正為，如請求權人為行政機關，原則上仍為5年，但請求權人為人民時，已改為原則上10年。本件案例請求權人為行政機關，不受修法影響，故修法前之相關實務裁判見解，應仍得適用，特予說明。

書狀內容

```
狀別：答辯狀
股別：○
案號：○○年度○○字第○○號


被　告　甲　　　　　　住○○○
原　告　○○縣政府　設○○○
代表人　乙　　　　　　住○○○
為返還不當得利事件，依法提出答辯狀事：

答辯聲明
一、原告之訴駁回。
二、訴訟費用由原告負擔。

事實及理由
一、按行政程序法第131條第2項規定「公法上請求權，因時效完成而當然消
　　滅。」，公法上請求權如已逾時效，該請求權即為消滅。有關公法上請
　　求權時效期間，於公法上請求權發生在行政程序法施行後者，請求權人
　　為行政機關原則上為五年（行政程序法第131條第1項規定參照）。如該
```

公法上請求權發生於行政程序法90年1月1日施行前，關於公法上不當得利返還請求權之時效期間，基於實體從舊原則，固無行政程序法第131條第1項規定之適用，並因公法無性質相類之規定，而應類推適用民法第125條一般時效即15年之規定；惟此類推適用之時效期間，若自行政程序法施行日起算，其殘餘期間較行政程序法第131條第1項所定5年時效期間為長者，參諸民法總則施行法第18條規定意旨，即應自行政程序法施行日起，適用行政程序法第131條第1項關於5年時效期間之規定，俾得兼顧行政程序法規定時效期間為5年之目的，以使法律秩序趨於一致，有最高行政法院96年度判字第914號判決意旨可參（被證1）。

二、依原告起訴狀所載，原告撤銷○○縣○○鄉○○段○○地號土地之徵收處分後，並於89年○月○日以89府地區徵字第14○○○○號函，通知被告於89年○月○日前返還溢領之補償金，故本件為請求返還公法上之不當得利。則原告之請求權，自上開繳回期限翌日起即得開始行使。參照上開判決要旨，本件原告請求權之時效應自89年○月○日之翌日起算，但因行政程序法自90年1月1日開始施行，則本件之時效，參照行政程序法之規定，自應於94年12月31日即因5年不行使而消滅，原告於98年始起訴主張，自已罹於時效，請求權消滅，本件請求自無理由。至原告主張其曾經提起民事訴訟、移送行政執行署執行等等程序，既非依行政程序法、行政訴訟法所為之合法起訴，自不生與起訴相同之效力，亦不生時效中斷之效果。

三、如上所述，原告主張之公法上請求權，應已逾時效而消滅，原告請求自無理由，懇請鈞院詳查，賜判如答辯聲明，以維權益。

　　　　　謹　狀

○○高等行政法院　公鑒

證據：

被證1：最高行政法院96年度判字第914號判決影本乙件。

中　華　民　國　○　○　年　○　○　月　○　○　日

具狀人：甲印

相關法條及裁判要旨

■ 行政程序法第131條：

公法上之請求權，於請求權人為行政機關時，除法律另有規定外，因五年間不行使而消滅；於請求權人為人民時，除法律另有規定外，因十年間不行使而消滅。

公法上請求權，因時效完成而當然消滅。

前項時效，因行政機關為實現該權利所作成之行政處分而中斷。

■ 最高行政法院96年度判字第914號判決：

『按「（第1項）公法上之請求權，除法律有特別規定外，因5年間不行使而消滅。（第2項）公法上請求權，因時效完成而當然消滅。（第3項）前項時效，因行政機關為實現該權利所作成之行政處分而中斷。」『民法總則施行前之法定消滅時效已完成者，其時效為完成。民法總則施行前之法定消滅時效，其期間較民法總則所定為長者，適用舊法，但其殘餘期間，自民法總則施行日起算較民法總則所定時效期間為長者，應自施行日起，適用民法總則。』行政程序法第131條及民法總則施行法第18條分別定有明文。查於行政程序法90年1月1日施行前，關於公法上不當得利返還請求權之時效期間，基於實體從舊原則，固無行政程序法第131條第1項規定之適用，並因公法無性質相類之規定，而應類推適用民法第125條一般時效即15年之規定；惟此類推適用之時效期間，若自行政程序法施行日起算，其殘餘期間較行政程序法第131條第1項所定5年時效期間為長者，參諸前述民法總則施行法第18條規定意旨，即應自行政程序法施行日起，適用行政程序法第131條第1項關於5年時效期間之規定，俾得兼顧行政程序法規定時效期間為5年之目的，以使法律秩序趨於一致。

■ 最高行政法院93年度判字第604號判決：

上訴人請求被上訴人返還一定之溢領金額，亦非依法令之直接規定，不合行政執行法第11條第1項所稱依法令負有公法上之金錢給付義務之要件，上訴人亦不得經以書面通知限期履行，逾期不履行而逕行移送執行。又無經法院裁定命被上訴人返還而合於行政執行法第11條第1項所定義務人依法院之裁定，負有公法上金錢給付義務之要件，得據以移送執行之情形，被上訴人如拒不返還，上訴人依行政訴訟法第8條第1項規定，提起一般給付訴訟，請求裁判以取得執行名義，難謂無其必要而起訴欠缺權利保護必要之要件。

(二) 非財產上給付訴訟

請求通知塗銷登記事件（起訴狀）

案例事實

　　本件被告○○縣政府徵收原告土地以興建河岸綠化工程，但○○縣政府以經費不足爲由，於核准徵收案公告後逾十五日，仍遲未給付徵收補償金。按土地徵收條例第20條第1項本文規定「徵收土地或土地改良物應發給之補償費，應於公告期滿後十五日內發給之。」，逾期未發放者，依土地徵收條例第20條第2項本文規定，徵收案失其效力。原告遂主張徵收案已失其效力，請求○○縣政府應通知○○地政事務所將○○年○月○日就系爭土地以徵收爲原因，所有人爲○○縣，管理機關爲○○縣政府之徵收登記予以塗銷，縣政府對逾期未發放補償金乙事並不爭執，僅以徵收經費尚未到位爲由，悉求原告暫待數月，但遲未通知地政事務所塗銷登記，原告乃依行政訴訟法第8條第1項規定提起本件行政訴訟，請求被告○○縣政府應通知○○地政事務所塗銷系爭土地徵收登記。

撰狀說明

(1) 一般給付訴訟中，請求給付之內容非屬財產上給付，即所謂「非財產上給付訴訟」。

(2) 請求「通知」地政事務所塗銷徵收登記，係以「通知」爲請求給付之內容，此「通知」之性質，並非「行政處分」，亦非財產上之給付。又本件請求權之基礎並非源自行政契約關係，故本件應屬行政訴訟法第8條第1項所規定「請求作成行政處分以外之其他非財產上之給付」。

(3) 逾期未徵收而使徵收案失其效力時，需用地人將無法取得土地所有權，故應由其「通知」地政機關辦理徵收登記塗銷，如其不爲「通知」，自應以需用地人爲被告。

書狀內容

```
狀別：起訴狀
原　告　甲　　　　　住○○○
被　告　○○縣政府　設○○○
代表人　乙　　　　　住○○○
爲請求通知塗銷登記事件，依法提出起訴狀事：
```

訴之聲明

一、被告應通知○○地政事務所，將坐落○○縣○○鄉○○段○○地號、面積○○○平方公尺、權利範圍全部之土地，於○○年○月○日就系爭土地以徵收為原因，所有人為○○縣，管理機關為○○縣政府之徵收登記予以塗銷。

二、訴訟費用由被告負擔。

事實及理由

一、原告所有坐落○○縣○○鄉○○段○○地號、面積 ○○○平方公尺、權利範圍全部之土地，固於○○年○月○日經內政部核准徵收在案，被告即需用地人於○○年○月○日公告上開核准徵收案，原告並已於○○年○月○日接獲被告之通知（原證1）。但被告於上開公告期滿後逾十五日仍未將徵收補償金給付原告，即通知○○地政事務所就原告上開土地辦理為「所有人為○○縣，管理機關為○○縣政府」之徵收登記。

二、按土地徵收條例第20條第1項本文規定「徵收土地或土地改良物應發給之補償費，應於公告期滿後十五日內發給之。」，逾期未發放者，依土地徵收條例第20條第2項本文規定「需用土地人未於公告期滿十五日內將應補償地價及其他補償費額繳交該管直轄市或縣（市）主管機關發給完竣者，該部分土地或改良物之徵收從此失其效力。」。被告乃系爭遭徵收土地之需用地人，其既未於核准徵收案公告期滿後十五日內發放補償金與原告，則系爭徵收案應已失其效力，則○○地政事務所所為之徵收登記應已失所附麗，被告即有義務通知地政事務所辦理塗銷徵收登記，以維原告之所有權。被告經原告請求後，並無法律上正當理由，而遲未通知地政事務所辦理塗銷登記，故原告乃依行政訴訟法第8條第1項規定提起本訴，請鈞院判決如聲明，以維原告權益。

　　　謹　狀

○○高等行政法院　公鑒

證據：

原證1：○○縣政府○○年○月○日○○字第○○號函影本乙件。

中　華　民　國　○○　年　○　○　月　○　○　日

具狀人：甲 印

相關法條及裁判要旨

■土地徵收條例第20條：

徵收土地或土地改良物應發給之補償費，應於公告期滿後十五日內發給之。但依第二十二條第五項規定發給應補償價額之差額者，不在此限。

需用土地人未於公告期滿十五日內將應發給之補償費繳交該管直轄市或縣（市）主管機關發給完竣者，該部分土地或土地改良物之徵收從此失其效力。但有下列各款情形之一者，不在此限：

一、於公告期間內因對補償之估定有異議，而由該管直轄市或縣（市）主管機關依第二十二條規定提交地價評議委員會復議。

二、經應受補償人以書面同意延期或分期發給。

三、應受補償人拒絕受領或不能受領。

四、應受補償人所在地不明。

■行政訴訟法第8條第1項：

人民與中央或地方機關間，因公法上原因發生財產上之給付或請求作成行政處分以外之其他非財產上之給付，得提起給付訴訟。因公法上契約發生之給付，亦同。

(三) 公法契約所生之給付訴訟

1. 全民健保法事件（起訴狀）

全民健保法事件

案例事實

　　緣原告為某醫院之負責醫師，並具有中、西醫師資格，於民國92年○月○日與衛生福利部中央健康保險署簽訂「全民健康保險特約醫事服務機構合約」。嗣原告於93年6月○日向被告申報93年5月份之醫療費用，經被告審查結果，以其未辦理中醫執業登錄為由，核扣其所申報之中醫科門診醫療費用各新台幣（下同）○○元。原告不服，向被告提出申復，仍遭被告函覆原告不同意給付。

撰狀說明

　　中央健康保險署與醫療機構所簽訂之「全民健康保險特約醫事服務機構合約」，依大法官會議第533號解釋見解，其性質為行政契約。故醫療機構依約提供醫療給付後，自得依約向健保署請求醫療費用給付，健保署如不給付，醫療機構得不經訴願程序，直接以契約為據，依行政訴訟法第8條第1項後段規定，提起給付訴訟。

書狀內容

> 狀別：行政訴訟起訴狀
>
> 訴訟標的的金額：新台幣○○○元
>
> 原　　　告　甲　　　　　　　　　　　　住○○○
>
> 被　　　告　衛生福利部中央健康保險署　　設○○○
>
> 代 表 人　○○○　　　　　　　　　　　住○○○
>
> 訴訟代理人　○○○律師　　　　　　　　　住○○○
>
>
> 為全民健康保險法事件，依法起訴事：
>
> **訴之聲明**
>
> 一、被告應給付原告醫療費用○○元（以上金額係依被告核減之系爭醫療費用點數，以1點折算為1元之點值計算）及自○○年○月○日起至清償日止，按週年利率5%計算之利息。

二、訴訟費用由被告負擔。

事實及理由

壹、程序部分

　　按中央健康保險局依其組織法規係國家機關，爲執行其法定之職權，就辦理全民健康保險醫療服務有關事項，與各醫事服務機構締結全民健康保險特約醫事服務機構合約，約定由特約醫事服務機構提供被保險人醫療保健服務，再由中央健康保險局支付醫療費用予特約醫事服務機構，以達促進國民健康、增進公共利益之行政目的，故此項合約具有行政契約之性質（司法院釋字第533號解釋意旨參照）。按「人民與中央或地方機關間，因公法上原因發生財產上之給付或請求作成行政處分以外之其他非財產上之給付，得提起給付訴訟。因公法上契約發生之給付，亦同。」行政訴訟法第8條第1項定有明文，故原告得不經訴願程序，逕爲提起本訴，合先敘明。

貳、實體部分

　　一、原告爲○○醫院之負責醫師，並具有中、西醫師資格，於91年○月○日與中央健康保險署簽訂全民健康保險特約醫事服務機構合約，有效期間至93年○月○日。原告能否對被告請求給付系爭醫療費用，乃屬該醫療費用是否爲渠等簽訂之上開合約規定所應給付範圍，故應以上開合約及該合約所援引之健保相關法令之規定爲準。又本於憲法第15條規定保障人民工作自由之精神，具有多重醫事人員資格者，如本件系爭行政契約並無特別約定，亦無法律或其授權制定之法規命令限制，本於憲法第23條之規定，原告自得同時執行多種醫療行爲業務，被告並應依約給付醫療費用。

　　二、被告固於函覆原告時主張「原告雖兼具中西醫師資格，惟被告依行爲時全民健康保險醫療辦法第23條及第24條對醫院及中醫醫院與診所門診所提供之服務項目有明確劃分，故雖兼具中西醫師資格者得併用不同醫療方式爲病患診斷處方，但僅得依其登記及特約之執業科別申報醫療費用，不得同時申請中西醫之醫療費用。」（原證1），但原告行爲時全民健康保險醫療辦法第23條及第24條僅對醫療項目爲劃分，並未限定僅能依已登記之執業科別申報醫療費用，被

告援引上開規定而以原告未辦理中醫執業登錄為由，核扣其所申報之中醫科門診醫療費用○○元，自屬於法無據，有違法律保留原則，何況被告自陳「兼具中西醫師資格者得併用不同醫療方式為病患診斷處方」。則原告依法同時執行中西醫業務，被告自應給付二種醫療業務得申報之醫療費用，被告拒絕給付並無法律依據，自屬無理由，請　鈞院判決如聲明。

　　謹　狀
台北高等行政法院　公鑑

證據：
原證1：中央健康保險署○年○月○日影本乙件。
中　華　民　國　○　○　年　○　○　月　○　○　日
具狀人：甲

相關法條及裁判要旨

■ 釋字533號解釋：

憲法第十六條規定，人民之訴訟權應予保障，旨在確保人民於其權利受侵害時，得依法定程序提起訴訟以求救濟。中央健康保險局依其組織法規係國家機關，為執行其法定之職權，就辦理全民健康保險醫療服務有關事項，與各醫事服務機構締結全民健康保險特約醫事服務機構合約，約定由特約醫事服務機構提供被保險人醫療保健服務，以達促進國民健康、增進公共利益之行政目的，故此項合約具有行政契約之性質。締約雙方如對契約內容發生爭議，屬於公法上爭訟事件，依中華民國八十七年十月二十八日修正公布之行政訴訟法第二條：『公法上之爭議，除法律別有規定外，得依本法提起行政訴訟。』、第八條第一項：『人民與中央或地方機關間，因公法上原因發生財產上之給付或請求作成行政處分以外之其他非財產上之給付，得提起給付訴訟。因公法上契約發生之給付，亦同。』規定，應循行政訴訟途徑尋求救濟。保險醫事服務機構與中央健康保險局締結前述合約，如因而發生履約爭議，經該醫事服務機構依全民健康保險法第五條第一項所定程序提請審議，對審議結果仍有不服，自得依法提起行政爭訟。（解釋文）

■行政訴訟法第8條第1項：

人民與中央或地方機關間，因公法上原因發生財產上之給付或請求作成行政處分以外之其他非財產上之給付，得提起給付訴訟。因公法上契約發生之給付，亦同。

2. 償還公費事件（答辯狀）

償還公費事件

案例事實

　　訴外人丙於85年○月○日入學就讀原告中正國防幹部預備學校高級部，於86年○月○日因成績未達學年評定標準而退學，並經原告86年○月○日（86）尚忍字第○○○○號令核定在案。被告甲於入學時簽訂入學保證書，如丙因意志不堅或其他原因開除學籍時，願賠償其在校期間一切費用之責。原告遂依行為時國軍各軍事學校退學開除學生賠償費用辦法第1條之規定，向被告甲請求賠償丙在校期間之各項費用，共計為新臺幣（下同）○○元。原告幾經催討，被告迄未履行其賠償責任，原告遂提起本件行政訴訟。

撰狀說明

　　本案係因行政機關與人民訂有行政契約關係，因人民未依約履行而遭起訴請求履行義務，訴訟類型應採行政訴訟法第8條之「一般給付之訴」。行政機關不得以作成行政處分方式命負義務之人民履行，即使形式上以行政處分方式為之，亦不得以該行政處分作為執行名義，直接移送行政執行署各地分署強制執行。但若行政契約約定自願接受強制執行，債務人不為給付時，依行政程序法第148條第1項規定，債權人得以該契約為強制執行之執行名義。就被告立場而言，應注意公法上請求權時效之問題。行政程序法第131條第1項雖已於民國102年5月22日修正，但本件請求權人為行政機關故不受修法之影響。

書狀內容

狀別：答辯狀

股別：○

案號：○○年度○○字第○○號

被　告　甲　　　　　　　　住○○○

原　告　中正國防幹部預備學校　設○○○

代表人　乙　　　　　　　　住○○○

為請求返還公費事件，依法提出答辯狀事：

答辯聲明

一、原告之訴駁回。

二、訴訟費用由原告負擔。

事實及理由

緣訴外人丙於85年○月○日入學就讀原告中正國防幹部預備學校高級部，被告於入學時簽訂入學保證書，如丙因意志不堅或其他原因開除學籍時，願賠償其在校期間一切費用之責。嗣於86年○月○日丙因成績未達學年評定標準而退學，並經原告86年○月○日（86）尚忍字第○○○○號令核定在案。原告遂依行為時國軍各軍事學校退學開除學生賠償費用辦法第1條之規定，向被告丙○○請求賠償在校期間之各項費用，共計為新臺幣（下同）○○元。但查：

一、原告予被告簽定之保證書固屬行政契約（原證1），但被告依此保證書所生之請求權，仍屬公法上請求權，而應受公法上請求權時效規定之限制。按行政程序法第131條第2項規定「公法上請求權，因時效完成而當然消滅。」，公法上請求權如已逾時效，該請求權即為消滅。有關公法上請求權時效期間，於公法上請求權發生在行政程序法施行後者，如請求權人為行政機關原則上為五年（行政程序法第131條第1項規定參照）。如該公法上請求權發生於行政程序法90年1月1日施行前，關於公法上不當得利返還請求權之時效期間，基於實體從舊原則，固無行政程序法第131條第1項規定之適用，並因公法無性質相類之規定，而應類推適用民法第125條一般時效即15年之規定；惟此類推適用之時效期間，若自行政程序法施行日起算，其殘餘期間較行政程序法第131條第1項所定5年時效期間為長者，參諸民法總則施行法第18條規定意旨，即應自行政程序法施行日起，適用行政程序法第131條第1項關於5年時效期間之規定，俾得兼顧行政程序法規定時效期間為5年之目的，以使法律秩序趨於一致，有最高行政法院96年度判字第914號判決意旨可參（被證1）

二、被告係於86年○月○日遭原告核定退學確定，此有原告86年○月○日（86）尚忍字第○○○號令附卷可憑。是依行為時國軍各軍事學校退學開除學生賠償費用辦法第1條規定，丙之賠償義務即已發生，被告之連帶責任也已發生，原告之請求權自得行使。依前開實務見解，此項公法上保證關係之請求權在可得行使之時，行政程序法尚未制定施行，是該請求權時效應類推適用民法規定之長期時效15年，惟自90年1月1日行政程

序法施行時，本件公法上債權請求權時效之殘餘期間為11年餘，超過該法第131條第1項規定之5年時效期間，自應類推適用民法總則施行法第18條第2項規定，自行政程序法施行起，適用行政程序法之規定以5年為限。故本件公法上債權，因於94年12月31日時效屆滿而告消滅。原告遲至97年○月○日始向起訴請求被告賠償，即屬乏據，應予駁回。

　　　謹　　狀

○○高等行政法院

證據：

原證1：保證書影本乙件。

中　華　民　國　　○　○　　年　　○　○　　月　　○　○　　日

具狀人：甲 印

相關法條及裁判要旨

■ 行政程序法第132條第2項：

公法上請求權，因時效完成而當然消滅。

■ 最高行政法院96年度判字第914號判決：

『按「（第1項）公法上之請求權，除法律有特別規定外，因5年間不行使而消滅。（第2項）公法上請求權，因時效完成而當然消滅。（第3項）前項時效，因行政機關為實現該權利所作成之行政處分而中斷。」』『民法總則施行前之法定消滅時效已完成者，其時效為完成。民法總則施行前之法定消滅時效，其期間較民法總則所定為長者，適用舊法，但其殘餘期間，自民法總則施行日起算較民法總則所定時效期間為長者，應自施行日起，適用民法總則。』行政程序法第131條及民法總則施行法第18條分別定有明文。查於行政程序法90年1月1日施行前，關於公法上不當得利返還請求權之時效期間，基於實體從舊原則，固無行政程序法第131條第1項規定之適用，並因公法無性質相類之規定，而應類推適用民法第125條一般時效即15年之規定；惟此類推適用之時效期間，若自行政程序法施行日起算，其殘餘期間較行政程序法第131條第1項所定5年時效期間為長者，參諸前述民法總則施行法第18條規定意旨，即應自行政程序法施行日起，適用行政程序法第131條第1項關於5年時效期間之規定，俾得兼顧行政程序法規定時效期間為5年之目的，以使法律秩序趨於一致。

四、確認訴訟

(一) 確認行政處分無效之訴 (起訴狀)

土地徵收事件

案例事實

　　○○縣政府徵收原告甲坐落坐落○○縣○○鄉○○段○○地號、面積 ○○○平方公尺、權利範圍全部之土地以關建道路，經被告內政部核准徵收案，○○縣政府並已公告。適有不知情之第三人乙於本件徵收申請案提出前向原告甲表示願高價購買系爭土地。原告甲認為○○縣政府於核准徵收案公告後逾十五日，仍遲未給付徵收補償金於己，按土地徵收條例第20條第1項本文規定「徵收土地或土地改良物應發給之補償費，應於公告期滿後十五日內發給之。」，逾期未發放者，依土地徵收條例第20條第2項本文規定，徵收案失其效力。原告遂與乙簽訂系爭土地買賣契約，事後乙發現系爭土地上有辦理徵收登記，遂向甲請求應善為處理否則將解除買賣契約，甲為求高價出賣土地予乙，乃以逾期未受領補償費為由向內政部請求確認徵收處分已失其效力。然經內政部向○○縣政府調查結果，發現原告之配偶丙曾於核准徵收案公告後第五日（即民國○○年○月○日）到場代為簽領為發放補償款之國庫支票乙張，票載金額○○元，故內政部乃主張已依法發放補償款無誤，原徵收處分並未失其效力。原告認丙無代領補償費之權限，故主張仍逾期未受領補償費，原徵收處分無效，遂依行政訴訟法第6條規定提起本件確認行政處分無效之訴訟。

撰狀說明

(1) 請求確認行政處分無效之訴，依行政訴訟法第6條第2項規定，須已向原處分機關請求確認其無效未被允許或經請求後於三十日內不為確答者，始得提起之。故提起本訴應以原處分機關為被告。

(2) 按土地徵收案件，其辦理程序係由需用地機關擬具徵收計畫（土地徵收條例第13條、第14條規定參照），送請中央主管機關（即內政部）核准之。故作成徵收處分者，實為中央主管機關而非需用地機關，於提起本類訴訟時，自應以內政部為被告。

書狀內容

狀別：起訴狀

原　告　甲　　　　住○○○
被　告　內政部　　設○○○
代表人　丁　　　　住○○○

為請求確認行政處分無效事件，依法提出起訴狀事：

訴之聲明

一、確認被告民國○○年○月○就坐落○○縣○○鄉○○段○○地號、面積
　　○○○平方公尺、權利範圍全部之土地之徵收處分無效。

二、訴訟費用由被告負擔。

事實及理由

一、原告所有坐落○○縣○○鄉○○段○○地號、面積○○○平方公尺、權
　　利範圍全部之土地，固於○○年○月○日經被告核准徵收在案，需用地
　　人○○縣政府於○○年○月○日公告上開核准徵收案，原告並已於○○
　　年○月○日接獲○○縣政府之通知（原證1）。但原告於上開公告期滿
　　後逾十五日仍未受領徵收補償費。按土地徵收條例第20條第1項本文規定
　　「徵收土地或土地改良物應發給之補償費，應於公告期滿後十五日內發
　　給之。」，逾期未發放者，依土地徵收條例第20條第2項本文規定「需用
　　土地人未於公告期滿十五日內將應補償地價及其他補償費額繳交該管直
　　轄市或縣（市）主管機關發給完竣者，該徵收案從此失其效力。」。本
　　件系爭土地需用地人，其既未於核准徵收案公告期滿後十五日內發放補
　　償費予原告，則系爭徵收案依上開規定應已失其效力。經原告向原處分
　　機關即被告請求確認徵收處分無效而未被允許（原證2），因原告已與訴
　　外人乙就系爭土地簽訂買賣契約，如原徵收處分仍有效，原告將無法依
　　約履行義務，而有遭解除買賣契約並負損害賠償責任之虞，故原告確有
　　即受確認判決之法律上利益存在，乃依行政訴訟法第6條第1項規定提起
　　本訴。

二、原告於起訴前已向被告請求確認原徵收處分無效，但被告主原告之配偶
　　丙曾於核准徵收案公告後第五日（即民國○○年○月○日）到場代為簽
　　領為發放補償款之國庫支票乙張，票載金額○○元，故被告抗辯已依法

發放補償款無誤,而拒絕確認系爭徵收處分無效(同原證2)。但原告否認乙有到場簽領補償款,縱有之,但原告並未委任丙或授予其代理權,領取徵收補償款亦難謂日常家務,故丙雖為原告之配偶,但其簽領補償款之效力並不及於原告。需用地機關既未於法定期限內給付原告補償款,依土地徵收條例第20條第2項本文規定,原徵收處分應失其效力,原告請求確認行政處分無效應有理由,請 鈞院判決如聲明。

　　　　謹 狀

台北高等行政法院 公鑒

證據:

原證1:○○縣政府○○年○月○日○○字第○○號函影本乙件。

原證2:內政部○○年○月○日○○字第○○號函影本乙件。

中 華 民 國 ○ ○ 年 ○ ○ 月 ○ ○ 日

具狀人:甲 印

相關法條及裁判要旨

■土地徵收條例第20條:

徵收土地或土地改良物應發給之補償費,應於公告期滿後十五日內發給之。但依第二十二條第五項規定發給應補償價額之差額者,不在此限。

需用土地人未於公告期滿十五日內將應發給之補償費繳交該管直轄市或縣(市)主管機關發給完竣者,該部分土地或土地改良物之徵收從此失其效力。但有下列各款情形之一者,不在此限:

一、於公告期間內因對補償之估定有異議,而由該管直轄市或縣(市)主管機關依第二十二條規定提交地價評議委員會復議。

二、經應受補償人以書面同意延期或分期發給。

三、應受補償人拒絕受領或不能受領。

四、應受補償人所在地不明。

■土地徵收條例第13條第1項:

申請徵收土地或土地改良物,應由需用土地人擬具詳細徵收計畫書,並附具徵收土地圖冊或土地改良物清冊及土地使用計畫圖,送由核准徵收機關核准,並副知該管直轄市或縣(市)主管機關。

■土地徵收條例第14條：

徵收土地或土地改良物，由中央主管機關核准之。

■行政訴訟法第6條第3項：

確認訴訟，於原告得提起或可得提起撤銷訴訟、課予義務訴訟或一般給付訴訟者，不得提起之。但確認行政處分無效之訴訟，不在此限。

(二) 確認公法上法律關係不存在之訴

國軍老舊眷村改建條例事件（起訴狀）

案例事實

　　原告甲自幼隨擔任陸軍軍官之父親受配發國防部眷舍居住，並長期居住至今，且領有前陸軍總司令部所核發中華民國○○年○月○○日（○）○○字第○○號陸軍眷舍居住憑證。後父親再娶大陸籍配偶，但原告之繼母並未居住於眷舍。適逢眷村改建，原告為請領輔助購宅款，向國防部請求確認對現居之眷舍，具有「原眷戶」身分而遭拒，故而提起本件確認訴訟。

撰狀說明

　　本件為確認訴訟，依行政訴訟法第6條規定，確認訴訟之標的僅限於「行政處分無效」、「公法上法律關係成立或不成立」、「已消滅之行政處分違法」。如確認行政處分無效，須先向原處分機關請求確認其無效未被允許或請求後三十日內不為確答者，始得提起。本件為確認「公法上法律關係成立或不成立」，依行政訴訟法第6條第3項，如可提起撤銷訴訟，不可提起確認之訴。本件原告係請求國防部確認身分資格，並非請求作成行政處分或為一定之給付，但國防部確認原告無「原眷戶」資格，有使原告公法上法律地位陷於不安定之虞，故本件應提起確認訴訟而非撤銷訴訟。

書狀內容

狀別：行政訴訟起訴狀

原　告　甲　　　住○○○

被　告　國防部　設○○○

代表人　乙　　　住同上

原告因確認「原眷戶」事件，提起行政訴訟：

一、請求確認原告與被告間就「○○縣○○市○○里○○新村○號眷舍」存
　　在「原眷戶」之公法上法律關係。

二、訴訟費用由被告負擔。

事實及理由

壹、程序部分

　　按國軍老舊眷村改建條例第3條第2項規定「本條例所稱原眷戶，係指領

有主管機關或其所屬權責機關核發之國軍眷舍居住憑證或公文書之國軍老舊眷村住戶。」，原告持有前陸軍總司令部所核發中華民國○○年○月○○日（○）○○字第○○號陸軍眷舍居住憑證，上載「查○○市○○里○○新村○號眷舍已分配陳○○同志眷屬居住」（原證1），並貼有原告之照片，足見上開眷舍乃配予原告居住，原告亦確實於系爭居住憑證發放前（自民國53年起）即已居住於該眷舍至今（原證2），故原告應為系爭眷舍之「原眷戶」。原告所居住○○新村○○號眷舍，現已併入○○市○○村眷村改建，故是否具「原眷戶」身分，攸關原告可否請領輔助購宅款，經原告請求被告確認系爭眷舍「原眷戶」身分遭拒（原證3），故原告對被告公法上之法律關係確有不明，導致原告法律上權益有受損之虞，而有必要依行政訴訟法第6條第1項規定提起確認訴訟，以除去原告公法上法律地位不安之狀態，故原告應有提起本件確認訴訟之法律上利益。

貳、實體部分

一、原告具有國軍老舊眷村改建條例第3條第2項所稱之「原眷戶」身分已如上述。但被告竟以「辦理國軍老舊眷村改建注意事項」貳之二規定：「居住憑證載明核配與原眷戶或其配偶，縱貼有其子女之相片，該子女不因此具有原眷戶之身分，仍應依法辦理權益承受。」認原告並無「原眷戶」之身分（同原證3）。但上開「辦理國軍老舊眷村改建注意事項」之制定未經法律授權，乃被告依其職權所制定規範機關內部業務處理方式之行政規則，依行政程序法第161條規定，僅能拘束被告及其下級機關及屬官，不得作為限制人民權利依據。又查國軍老舊眷村改建條例第3條第2項所稱之「原眷戶」其要件僅規定「領有主管機關或其所屬權責機關核發之國軍眷舍居住憑證或公文書之國軍老舊眷村住戶。」，原告確實符合此要件，為被告所不爭執（同原證3）。最高法院92年台上字第305號判決「又依眷改條例第三條規定，所謂『國軍老舊眷村』，係指於六十九年十二月三十一日以前所興建完成之軍眷住宅；所稱『原眷戶』，則指領有主管機關或其所屬權責機關核發之國軍眷舍居住憑證或公文書之國軍老舊眷村住戶而言，並為原審所是認。準此，認定房屋是否屬『國軍老舊眷村』？住居人是否為『原眷戶』？自應就軍眷住宅之興建完成時間，及住居人是否領有權責機關核發之國軍眷舍

居住憑證或公文書加以判斷，當非以權責機關造冊之資料爲憑。」
（原證4）及台北高等行政法院99年訴字第1198號判決意旨「惟查，
依上引眷改條例第3條2項規定，原眷戶係指領有主管機關或所屬權
責機關核發國軍眷舍居住憑證或公文書之國軍老舊眷村住戶，<u>原眷
戶之資格悉依上開條例之規定，本無待被告作成行政處分或依何種
眷籍登載資料爲據</u>；且被告基於便利所屬人員快速查詢眷戶資料
及眷舍管理之目的，乃本於職權建置上述『眷籍資訊管理系統』，
並非作爲原眷戶身分之認定標準，」（原證5），均採此見解。準
此，原告既持有前陸軍總司令部所核發中華民國○○年○月○○日
（○）○○字第○○號陸軍眷舍居住憑證（同原證1），且被告所屬
陸軍第○軍團林○○少校爲辦理眷村改建而向原告收取上開居住憑
證時簽立之收據亦載稱「本人林○○少校，向當事人陳○收取○○
新村居住憑證正本乙本，辦理眷村改建作業用，並於報請國防部備
案後，交還當事人。」（原證6），顯然被告所屬承辦人員係以原告
爲居住憑證之持有人，被告拒絕確認原告「原眷戶」之身分，顯無
理由。

二、如依被告抗辯，原告之父親始爲「原眷戶」，原告僅屬「原眷戶」
之子女，則依國軍老舊眷村條例第5條第1項後段規定「原眷戶享有
承購依本條例興建之住宅及由政府給與輔助購宅款之權益。原眷戶
死亡者，由配偶優先承受其權益；原眷戶與配偶均死亡者，由其
子女承受其權益，餘均不得承受其權益。」，似將由原告大陸籍繼
母李○○（原證7），優先原告承受原眷戶權益。上開規定既係爲
照顧原眷戶遺族而設，自應使配偶及子女得平等繼受原眷戶權益，
但上開規定使配偶有優先繼受之權利，與平等原則已屬有違。又參
照司法院大法官會議釋字第485號解釋理由書所載（下稱釋字第485
號解釋）「八十六年十一月二十六日修正之同條例第五條第一項後
段『原眷戶死亡者，由配偶優先承受其權益；原眷戶與配偶均死亡
者，由其子女承受其權益，餘均不得承受其權益』之規定，固係以
照顧遺眷爲目的，<u>但不問其子女是否確有由國家照顧以解決居住困
難之必要，均賦與其承購房地並領取與原眷戶相同補助之權利，不
無明顯過度照顧之處。</u>」（原證8），上開規定未區別有無由國家照
顧之必要，一律以配偶得優先子女繼受權益，亦與比例原則有違，

顯有違憲之虞，上開釋字485號解釋已命「立法機關就上開條例與本解釋意旨未盡相符之部分，應通盤檢討改進。」（同原證8）。則於立法機關修法前，上開規定之適用，自應參酌釋字第485號解釋意旨，而採合憲性之解釋。

三、被告所抗辯「辦理國軍老舊眷村改建注意事項」貳之二規定：「居住憑證載明核配與原眷戶或其配偶，縱貼有其子女之相片，該子女不因此具有「原眷戶」之身分，仍應依法辦理權益承受。」，該規定係針對「原眷戶」之子女而設，但原告係主張自己即為「原眷戶」而非「原眷戶」之子女，被告以上開規定拒絕承認原告「原眷戶」之身分，顯有適用法令不當之違誤。依國軍老舊眷村改建條例第3條第2項及上開法院實務見解，是否具「原眷戶」身分，悉依當事人有無持有主管機關或所屬權責機關核發國軍眷舍居住憑證或公文書而定，原告持有合法居住憑證，被告既不否認，原告主張與被告間就○○市○○里○○新村○號眷舍存在「原眷戶」之公法上法律關係，自屬有理由。

　　　　謹　狀
台北高等行政法院　公鑒

證據：
原證1：居住憑證影本乙件。
原證2：戶籍登記簿、門牌證明書及戶口名簿影本各乙件。
原證3：國防部國政眷服字第○○○○號函影本乙件。
原證4：最高法院92年台上字第305號判決影本乙件。
原證5：台北高等行政法院99年訴字第1198號判決影本乙件。
原證6：收據影本乙件。
原證7：結婚公證書影本乙件。
原證8：司法院大法官會議釋字第485號解釋影本乙件。
中　華　民　國　○　○　年　○　○　月　○　○　日
具狀人：甲

相關法條及裁判要旨

■ 國軍老舊眷村改建條例第3條：

本條例所稱國軍老舊眷村，係指於中華民國六十九年十二月三十一日以前興建完成之軍眷住宅，具有下列各款情形之一者：

一、政府興建分配者。

二、中華婦女反共聯合會捐款興建者。

三、政府提供土地由眷戶自費興建者。

四、其他經主管機關認定者。

本條例所稱原眷戶，係指領有主管機關或其所屬權責機關核發之國軍眷舍居住憑證或公文書之國軍老舊眷村住戶。

■ 國軍老舊眷村改建條例第5條：

原眷戶享有承購依本條例興建之住宅及由政府給與輔助購宅款之權益。原眷戶死亡者，由配偶優先承受其權益；原眷戶與配偶均死亡者，由其子女承受其權益，餘均不得承受其權益。

前項子女人數在二人以上者，應於原眷戶與配偶均死亡之日起六個月內，以書面協議向主管機關表示由一人承受權益，逾期均喪失承受之權益。但於中華民國八十五年十一月四日行政院核定國軍老舊眷村改建計畫或於本條例修正施行前，原眷戶與配偶均死亡者，其子女應於本條例修正施行之日起六個月內，以書面協議向主管機關表示由一人承受權益。

本條例修正施行前，已依國軍老舊眷村改建計畫辦理改建之眷村，原眷戶之子女依第二項但書辦理權益承受之相關作業規定，由主管機關定之。

■ 行政訴訟法第6條：

確認行政處分無效及確認公法上法律關係成立或不成立之訴訟，非原告有即受確認判決之法律上利益者，不得提起之。其確認已執行而無回復原狀可能之行政處分或已消滅之行政處分為違法之訴訟，亦同。

確認行政處分無效之訴訟，須已向原處分機關請求確認其無效未被允許，或經請求後於三十日內不為確答者，始得提起之。

確認訴訟，於原告得提起或可得提起撤銷訴訟、課予義務訴訟或一般給付訴訟者，不得提起之。但確認行政處分無效之訴訟，不在此限。

應提起撤銷訴訟、課予義務訴訟，誤為提起確認行政處分無效之訴訟，其未經訴願程序者，行政法院應以裁定將該事件移送於訴願管轄機關，並以行政法院收受訴狀之時，視為提起訴願。

五、合併請求財產上給付之訴訟

行政執行事件（起訴狀）

合併請求財產上給付之訴訟

案例事實

　　原告甲本為A股份有限公司（下稱A公司）之董事長，嗣因公司欠稅千萬元，甲引咎辭去董事長職位。甲辭職後國稅局將A公司之欠稅案移送行政執行分署強制執行，行政執行分署以甲為A公司之前負責人，依行政執行法第26條準用強制執行法第25條第3項規定，命甲到場報告A公司之財務狀況，甲乃以陳報狀向行政執行分署主張，自己已非A公司之董事長，並無向行政執行分署報告A公司財產狀況之義務，而拒絕到場，並表明近日內，將至大陸受聘一年擔任某公司技術顧問，年薪新台幣三百萬元，無法如期到場。行政執行分署以甲無正當理由拒絕到場為由，行文移民署將甲限制出境，甲不服因而提出聲明異議，亦遭駁回，提起訴願後，經法務部以對聲明異議決定不服者，不得再提起行政救濟為由，程序上駁回甲之訴願，甲乃提起本件撤銷訴訟。甲遭被告遭限制出境，因而無法至大陸就職，而遭解除聘用契約，並受有新台幣三百萬元之損害。故於提起撤銷限制出境處分之訴訟時，合併請求損害賠償三百萬元及利息。

撰狀說明

　　行政訴訟法第7條規定「提起行政訴訟，得於同一程序中，合併請求損害賠償或其他財產上給付。」，其中有關「合併請求損害賠償」，係指人民對於國家之違法作為，除依國家賠償法第12條之規定，直接向普通法院民事庭起訴請求國家賠償外，亦得利用提起其他行政訴訟之機會，合併請求國家賠償，以求訴訟經濟。因此提起本訴，須以先提起其他訴訟且為合法為前提，二訴之間應有因果關係，但無須經協議程序。所謂其他訴訟，包含撤銷訴訟、確認訴訟、課予義務訴訟及一般給付訴訟。得合併提起者尚包括「其他財產上給付」，例如溢繳稅款，除提起撤銷訴訟外，尚得合併一般給付訴訟請求返還溢繳之稅款。

書狀內容

狀別：行政訴訟起訴狀

訴訟標的的金額：新台幣○○○元

原　告　甲

被　告　法務部行政執行署○○分署

代表人　○○○

為限制出境事件事件，依法起訴事：

訴之聲明

一、原處分、聲明異議決定及訴願決定應撤銷。

二、被告應給付原告新台幣三百萬元及起訴狀送達翌日起至清償日止按週年
利率5%計算之利息。

三、訴訟費用由被告負擔。

事實及理由

壹、程序部分

一、行政執行法第9條規定：「義務人或利害關係人對執行命令、執行方
法、應遵守之程序或其他侵害利益之情事，得於執行程序終結前，
向執行機關聲明異議。前項聲明異議，執行機關認其有理由者，應
即停止執行，並撤銷或更正已為之執行行為；認其無理由者，應
於10日內加具意見，送直接上級主管機關於30日內決定之。行政執
行，除法律另有規定外，不因聲明異議而停止執行。但執行機關因
必要情形，得依職權或申請停止之。」旨在明定義務人或利害關係
人對於執行命令、執行方法、應遵守之程序或其他侵害利益之情
事，如何向執行機關聲明異議，以及執行機關如何處理異議案件之
程序，並無禁止義務人或利害關係人於聲明異議而未獲救濟後向法
院聲明不服之明文規定，自不得以該條規定作為限制義務人或利害
關係人訴訟權之法律依據，是在法律明定行政執行行為之特別司法
救程序之前，義務人或利害關係人如不服該直接上級主管機關所為
異議決定者，仍得依法提起行政訴訟，至何種執行行為可以提起行
政訴訟或提起何種類型之行政訴訟，應依執行行為之性質及行政訴
訟法相關規定，個案認定。其具行政處分之性質者，應依法踐行訴

願程序，自不待言。有最高行政法院97年12月份第3次庭長法官聯席會議(三)決議可資參照。本件原告已向法務部踐行訴願程序而遭駁回，自得依法提起本件撤銷訴訟。基此，法務部以不得對聲明異議決定不服為由，駁回原告之訴願，自屬違法，合先敘明。

二、原告因被告違法限制出境之處分而導致無法獲得按既定計畫可得之新台幣三百萬元之利益，性質上為民法第216條所稱之「所失利益」，亦屬損害賠償之範圍，二者之間有因果關係，故原告應得於提起本件撤銷訴訟之同時，合併提起請求被告損害賠償之訴訟。

貳、實體部分

被告依行政執行法第26條準用強制執行法第25條第3項規定「前項各款之人，**於喪失資格或解任前，具有報告義務**或拘提、管收、限制住居之原因者，在喪失資格或解任後，於執行必要範圍內，仍得命其報告或予拘提、管收、限制住居。」，認原告如有行政執行法第17條第1項規定之情事，亦得限制住居，因而以原告無正當理由拒不到場而將原告限制出境。但查：

一、就強制執行法第條第3項規定之法條文義觀之，本條之適用必以原告擔任A公司之負責人職務期間（按：即條文所指「**於喪失資格或解任前**」）已具有報告義務為適用前提。另就其立法理由觀之「第二項各款之人，係基於一定之資格或職務為債務人履行義務之人，為**防止其於資格或職務存在期間**有第二十二條第一項各款情事，或以**喪失資格及解任之手段，規避其義務**或脫免拘提、管收之裁判，爰增訂第三項，以貫徹第二項規定之目的。」，亦可知本條項之規範目的在於防止在具資格或職務期間有報告義務者，藉喪失資格或解任之手段規避其義務。基此，解任前既無義務，當無藉由解任或喪失資格以規避義務之問題，則如解任前（按：即在任期間）並無報告義務，豈可能因解任後而反負有報告義務。

二、又所謂「報告義務」係指「報告（義務人）財產義務」，法源依據為行政執行法第14條規定，此由被告命原告到場之執行命所引法律依據可知。但原告擔任A公司之負責人當時，本案尚未移送被告執行，而被告受理本案執行時，原告已解任義務人之負責人職務，則原告何來「依行政執行法第14條規定，向被告報告A公司財產狀況」之義務。又原告擔任負責人當時既本無報告義務，參酌上開強

制執行法第25條第3項之規定意旨，解任後當不應負有報告義務？

三、綜上，原告既無向被告報告A公司財產狀況之義務，則被告以原告無正當理由拒絕到場，將原告限制出境即屬違法，應與撤銷。且被告於遭限制出境前已以陳報狀（證物1）向被告為上開主張，並表明即將出國至大陸受聘擔任A股份有限公司之技術顧問一年，年薪三百萬，無法如期到場。被告仍對原告為限制出境之處分，難謂無故意或過失，被告所屬承辦公務員執行公權力應有不法侵害原告權利之情事，被告應對原告負國家賠償責任，原告於提起本件撤銷訴訟時依行政訴訟法第條規定合併提起請求國家賠償之訴訟應有理由。

　　　謹　狀

台北高等行政法院　公鑒

證物1：陳報狀影本乙紙。

中　華　民　國　○　○　年　○　○　月　○　○　日

具狀人：甲

相關法條及裁判要旨

■ 行政訴訟法第7條：

提起行政訴訟，得於同一程序中，合併請求損害賠償或其他財產上給付。

■ 最高行政法院98年6月份第1次庭長法官聯席會議(二)

法律問題：當事人主張因行政機關之行政行為受有損害，乃循序向行政法院提起行政訴訟救濟，並依行政訴訟法第7條規定於同一程序中，合併依國家賠償法規定請求損害賠償（以下稱國家賠償訴訟）。行政法院審理結果，如認為行政訴訟部分有行政訴訟法第107條第1項第2款至第10款情形應予裁定駁回時，則關於國家賠償訴訟部分，應如何裁判？

甲說：依行政訴訟法第7條規定提起合併請求損害賠償之訴，其立法意旨在於提起行政訴訟之際，利用同一訴訟程序合併請求損害賠償，以達訴訟經濟之利益。故必須所提起之本案訴訟合法存在時，始能合併提起損害賠償，如所提起之本案訴訟不合法而遭駁回，則請求損害賠償部分即失所

附麗。再者，由於行政訴訟法第7條規定，行政法院因此取得原先由普通法院審理國家賠償事件之法定移轉權，是行政法院就損害賠償部分，自始即有審判權；且依同法第12條之1第1項規定，受訴法院於起訴時有審判權者，不因訴訟繫屬後事實及法律狀態變更而變成無審判權。是案件經行政法院審理後，如認本案訴訟部分不合法，此時本案訴訟既經裁定駁回，其依國家賠償法併為提起損害賠償之訴部分，因失所附麗，自得一併駁回。

修正甲說(一)：

行政訴訟法第7條規定，提起行政訴訟，得於同一程序中，「合併」，而非「附帶」提起請求損害賠償之訴，其立法意旨在於提起行政訴訟之際，利用同一訴訟程序合併請求損害賠償，以達訴訟經濟之利益。當事人主張因行政機關之行政行為受有損害，乃循序向行政法院提起行政訴訟，並依行政訴訟法第7條規定於同一程序中，合併依國家賠償法規定請求損害賠償者，因行政法院對於人民依國家賠償法規定請求損害賠償事件，並無審判權，當事人合併提起之二訴並非適用同一訴訟程序故無法合併。是行政法院審理結果，認為本案訴訟部分因不符訴訟程式要件應予裁定駁回時，當事人如拒絕變更其依國家賠償法規定合併提起請求損害賠償事件之聲明為依行政訴訟法相關規定合併請求損害賠償，復拒絕將該合併提起之事件移送民事法院審理者，則當事人依國家賠償法規定合併提起請求損害賠償事件，亦應一併以裁定駁回。

修正甲說(二)：

一、人民請求國家損害賠償，現行法制，係採雙軌制，得循民事訴訟或行政訴訟途徑請求，即行政法院及普通民事法院均有審判權，但僅得選擇其一，且提起之要件、方式有所不同。

二、若選擇依行政訴訟法第7條規定，提起行政訴訟合併請求國家損害賠償，為客觀訴之合併，可同時合併提起，亦可以追加方式為之，依行政訴訟法第115條準用民事訴訟第248條之規定，凡有關客觀訴之合併規定，除部分性質不相容者外，均可準用。

三、提起行政訴訟合併請求國家損害賠償，形式上雖為單一，然實質上為二訴，法院應分別審理，惟就事實認定之心證及法律見解，在合併之二訴間，應歸相同，不能矛盾。經審理認行政訴訟部分為不合法應裁定駁回時，依行政訴訟法第12條之1第1項規定，行政法院就

國家損害賠償之訴部分有審判權並不受影響，自應依法繼續審理並為裁判。

修正甲說(三)：

行政訴訟法第7條規定：「提起行政訴訟，得於同一程序中，合併請求損害賠償或其他財產上給付。」依其文義解釋，近似行政訴訟上之行政行為違法訴訟，與請求同一行政機關為損害賠償或其他財產上給付訴訟之客觀訴之合併。依此一文義解釋，則當事人主張因行政機關之違法行政行為受有損害，循序向行政法院提起行政訴訟，並依行政訴訟法第7條規定於同一程序中，合併依國家賠償法規定請求損害賠償者，因行政法院對於人民依國家賠償法規定請求損害賠償事件，原則上並無審判權，當事人合併提起之二訴並非適用同一訴訟程序而無法合併，故無論本案訴訟部分是否合法，關於依國家賠償法規定請求損害賠償部分，均應依法移送有審判權之機關。

上開文義解釋，實乃行政訴訟法第115條準用民事訴訟法第248條前段規定之當然解釋，無庸行政訴訟法第7條為特別規定。衡諸行政訴訟法第7條規定「提起行政訴訟，得於同一程序中，『合併請求』損害賠償或其他財產上給付。」並未明定「合併提起訴訟」，故其文義上並不僅限於客觀訴之合併之情形，又斟酌該條之立法過程，乃在使當事人於提起行政訴訟時得「附帶」提起不同審判系統之訴訟，以連結行政訴訟與國家賠償訴訟審判權，而達訴訟經濟目的之意旨（司法院行政訴訟制度研究修正委員會第29次、第33次會議紀錄參照，載司法院行政訴訟制度研究修正資料彙編(一)第942-947頁，第1022頁），並參照該條立法理由第三點明文闡述：「向行政法院『附帶』提起損害賠償之訴，自應適用行政訴訟程序，而其實體上之法律關係，仍以民法有關規定為依據……。」是行政訴訟法第7條規定所謂「合併請求」損害賠償或其他財產上給付，其訴訟法上之意義，依行政訴訟法與國家賠償法之規範體系而言，不宜解釋為客觀訴之合併，而係使當事人於提起行政訴訟時，就有牽連關係之國家賠償事件，得適用行政訴訟程序「附帶」提起、「合併請求」損害賠償或其他財產上給付訴訟，行政法院並於此情形取得國家賠償訴訟審判權之意，以符合立法意旨、立法理由，並避免使該條法律明文成為贅文，復可與國家賠償法第11條但書規定：「但已依行政訴訟法規定，『附帶』請求損害賠償者，就同一原事實，不得更行起訴。」配合適

用。是當事人主張因行政機關之違法行為受有損害，循序向行政法院提起行政訴訟，並依行政訴訟法第7條規定於同一程序中，合併依國家賠償法規定請求損害賠償者，因行政法院就損害賠償部分，自當事人依法「附帶」提起、「合併請求」損害賠償時起取得審判權，而案件經行政法院審理後，如認本案訴訟部分不合法，此時本案訴訟既經裁定駁回，其依國家賠償法附帶提起損害賠償之訴部分，因失所附麗，自得一併裁定駁回。

乙說：按「公法上之爭議，除法律別有規定外，得依本法提起行政訴訟」為行政訴訟法第2條所明定。又行政訴訟法第7條固規定提起行政訴訟，得於同一程序中，合併請求損害賠償，然此類損害賠償本質上屬國家賠償事件。茲依據國家賠償法第12條規定：「損害賠償之訴，除依本法規定外，適用民事訴訟法之規定。」是國家賠償事件在現行法採雙軌制下，被害人除於提起行政訴訟時得依行政訴訟法第7條規定一併請求損害賠償外，自應依該法第11條第1項前段之規定，向普通法院提起損害賠償之訴，依循民事訴訟途徑尋求解決。從而，當行政法院以本案訴訟不合法而以裁定駁回時，就其依國家賠償法請求損害賠償部分，自應依行政訴訟法第12條之2第2項規定，依職權一併於主文諭知移送至有管轄權之普通法院審理，而非以一併駁回之方式處理。

修正乙說：

按行政訴訟法第2條規定：「公法上之爭議，除法律別有規定外，得依本法提起行政訴訟」，所謂法律別有規定包括國家賠償法第12條：「損害賠償之訴，除依本法規定外，適用民事訴訟法之規定」，因此行政法院對於國家賠償事件尚無審判權。故依行政訴訟法第8條第2項規定，提起撤銷訴訟時雖然可以合併提起給付訴訟，且依行政訴訟法第115條準用民事訴訟法第248條前段規定，對於同一被告之數宗訴訟，除定有專屬管轄者外，得向就其中一訴訟有管轄權之法院合併提起之，但由於目前國家賠償事件依法應踐行民事訴訟程序，不同於行政訴訟程序，準用民事訴訟法第248條但書之結果，原不得與其他公法爭議合併提起行政訴訟。惟因行政訴訟法第7條規定：「提起行政訴訟，得於同一程序中，合併請求損害賠償或其他財產上給付」，使得行政法院對於利用同一行政訴訟程序，合併請求國家賠償之事件，取得審判權。又依行政訴訟法第7條的立法理由係「因行政機關之違法處分，致人民權利或法律上利益受損

害者，經提起行政訴訟後，其損害有能除去者，有不能除去者。其不能除去者，自應准許人民於提起行政訴訟之際，合併請求損害賠償或其他財產上之給付，以保護人民之權利，並省訴訟手續重複之繁」，可知國家賠償事件與其所合併的行政訴訟，雖非附屬關係，但亦非兩個獨立訴訟的單純合併，而必須是國家賠償事件與其他公法爭議具有牽連關係，始得利用同一行政訴訟程序，合併起訴；且必須所合併的行政訴訟合法存在，始可能藉由同一程序對於國家賠償事件加以審判。故行政法院對於國家賠償事件取得審判權是以其所合併的行政訴訟事件起訴合法為前提，如果該行政訴訟事件於起訴時不具備訴訟程序要件，行政法院自始即無從對準備合併的國家賠償事件取得審判權，自應於裁定駁回本案行政訴訟時，將國家賠償部分依行政訴訟法第12條之2第2項規定，依職權一併於主文諭知移送有管轄權之普通法院民事庭審理。且為維護當事人遵守請求權時效期間之利益，亦以裁定移送為宜。至於國家賠償事件依民事訴訟程序審理時，固須審查其有無先行協議，惟如果被告機關於當事人提起行政救濟（包括訴願及行政訴訟）時，曾答辯否認違法，或拒絕賠償，或對於當事人之訴求不予理會，已經超過30日，即應視同已踐行國家賠償法第10條、第11條第1項前段之先行協議程序，併此明。

決議：採甲說，決議文如下：

行政訴訟法第7條規定「提起行政訴訟，得於同一程序中，『合併請求』損害賠償或其他財產上給付。」並未明定「合併提起訴訟」，故其文義上並不僅限於客觀訴之合併之情形，又斟酌該條之立法過程，乃在使當事人於提起行政訴訟時得「附帶」提起不同審判系統之訴訟，以連結行政訴訟與國家賠償訴訟審判權，而達訴訟經濟目的之意旨，並參照該條立法理由第三點明文闡述：「向行政法院『附帶』提起損害賠償之訴，自應適用行政訴訟程序，而其實體上之法律關係，仍以民法有關規定為依據……。」是行政訴訟法第7條規定所謂「合併請求」損害賠償或其他財產上給付，其訴法上之意義，依行政訴訟法與國家賠償法之規範體系而言，不宜限制解釋為客觀訴之合併，而應包含當事人於提起行政訴訟時，就同一原因事實請求之國家賠償事件，得適用行政訴訟程序「附帶」提起損害賠償或其他財產上給付訴訟，行政法院並於此情形取得國家賠償訴訟審判權之意，以符合立法意旨及立法理由，復可與國家賠償法第11條但書規定：「但已依行政訴訟法規定，『附帶』請求損害賠償

者，就同一原因事實，不得更行起訴。」配合適用。是當事人主張因行政機關之違法行政行為受有損害，循序向行政法院提起行政訴訟，並依行政訴訟法第7條規定於同一程序中，合併依國家賠償法規定請求損害賠償者，因行政法院就國家賠償部分，自當事人依法「附帶」提起國家賠償時起取得審判權，而案件經行政法院審理後，如認行政訴訟部分因有行政訴訟法第107條第1項第2款至第10款情形而不合法者，此時行政訴訟既經裁定駁回，其依國家賠償法附帶提起國家賠償之訴部分，屬附帶請求之性質，非可單獨提起之行政訴訟，因而失所附麗，自得一併裁定駁回。

■最高行政法院93年判字第576號判決：

人民因國家之行政處分而受有損害，請求損害賠償時，現行法制，得依國家賠償法規定向民事法院訴請外，亦得依行政訴訟法第七條規定，於提起其他行政訴訟時合併請求。二者為不同之救濟途徑，各有其程序規定。人民若選擇依國家賠償法請求損害賠償時，應依國家賠償法規定程序請求。若選擇依行政訴訟法第七條規定請求損害賠償時，自僅依行政訴訟法規定程序為之即可。行政訴訟法既未規定依該法第七條規定合併請求損害賠償時，應準用國家賠償法規定，自無須踐行國家賠償法第十條規定以書面向賠償義務機關請求賠償及協議之程序。況國家賠償法第十條規定須先以書面請求及協議，係予行政機關對其所為是否違法有自省機會，減少不必要之訴訟。如人民對行政機關之違法處分，已提起行政救濟（異議、復查、訴願等），行政機關認其處分並無違法而駁回其訴願等，受處分人不服該決定而提起行政訴訟，且合併請求請求損害賠償，若要求其亦應踐行國家賠償法之先議程序，行政機關既認其處分無違誤，協議結果，必係拒絕賠償，起訴前之先行協議顯無實益。是依行政訴訟法第七條合併提起損害賠償之訴，其請求內容縱屬國家賠償範圍，亦無準用國家賠償法踐行該法第十條規定程序之理。

■93年度裁字第675號裁定：

國家賠償法關於請求程序係採雙軌制，當事人得循民事訴訟或行政訴訟途徑請求，其依民事訴訟法請求者，固應先以書面向賠償義務機關請求，協議不成始得提起民事訴訟；惟如依行政訴訟法第七條規定，於行政訴訟之同一程序中，合併請求損害賠償或其他財產上給付者，因該規定屬國家賠償法之特別規定，而在行政訴訟法上並無協議先行之規定，自亦無協議先行原則之適用，原裁定以抗告人未先與賠償義務機關協議即逕行起訴為不合法，其見解自有可議。次

查當事人於行政訴訟程序中附帶提起損害賠償之訴，其實體上之法律關係，仍以民法有關規定為依據，則民法上有關損害賠償之相關規定，亦應準用於公法上之損害賠償，而由行政法院於行政訴訟程序中加以審理裁判，原裁定以抗告人就精神慰藉金之請求部分，認屬於民事訴訟範圍，而不屬行政法院之審理權限，併予駁回，亦有未當。原裁定既有未妥，應由本院將原裁定廢棄，發回原法院與請求撤銷否准登記為沙鹿鎮農會總幹事候選人之行政處分部分一併審理。

六、債務人異議之訴

綜合所得稅事件（起訴狀）

債務人異議之訴

案例事實

　　原告甲積欠83年度綜合所得稅五百萬元，繳納期限為85年1月20日。甲因故逾期未繳納，國稅局因而將甲之欠稅案件移送行政執行處執行，但因承辦人員疏失，遲至85年2月23日始移送執行，甲乃主張本件欠稅已逾徵收期間，不得再為執行，有消滅執行名義之事由而提起債務人異議之訴。

撰狀說明

(1) 依行政訴訟法第307條規定：「債務人異議之訴，依其執行名義係適用簡易訴訟程序或通常訴訟程序，分別由地方法院行政訴訟庭或高等行政法院受理；其餘有關強制執行之訴訟，由普通法院受理。」，蓋此乃涉及公法上債務存在與否之實體爭議，應由行政法院管轄。至於其他有關強制執行之訴訟例如第三人異議之訴，則僅涉及私權爭議，故仍由普通法院管轄。可對之提起債務人異議之訴者，其債權人之執行名義並不以行政訴訟法第305條第1項及第4項者為限。於行政機關以行政處分為執行名義行強制執行時，如於執行名義成立後有消滅或妨礙債權人請求之事由發生，亦得於強制執行程序終結前，向高等行政法院提起債務人異議之訴。

(2) 依稅捐稽徵法第23條第1項規定，稅捐之徵收期間應為自繳款書所訂之繳納期間屆滿翌日起算五年內，如未於該徵收期間內徵收稅款，該稅捐即不得再行徵收，與公法上之消滅時效概念相同，係指請求權於一定之期間內不行使，該請求權即罹於時效而消滅，債務人得拒絕履行，債權人不得再主張及要求清償。故課稅處分生效後，如已於徵收期間，則公法上稅捐債權之請求權即消滅，如原處分機關仍將欠稅案移送行政執行，納稅義務人應得提起債務人異議之訴。

書狀內容

狀別：行政訴訟起訴狀

訴訟標的的金額：新台幣○○○元

原　　告　甲
被　　告　財政部○區國稅局
代表人　○○○
為行政執行事件，依法起訴事：

訴之聲明

一、被告不得以民國○○年○月○日綜合所得稅核課書為執行名義，對原告
　　為強制執行。

二、訴訟費用由被告負擔。

事實及理由

壹、程序部分

　　按「執行名義成立後，如有消滅或妨礙債權人請求之事由發生，債務人
　　得於強制執行程序終結前，向執行法院對債權人提起異議之訴。」強制
　　執行法第14條第1項前段定有明文，此即強制執行法上關於債務人異議之
　　訴之規定。又「債務人異議之訴，由高等行政法院受理；……」則為行
　　政訴訟法第307條前段所明定；此條固為行政訴訟法上關於「債務人異議
　　之訴」之規定，惟因其是規定於行政訴訟法第八編「強制執行」中，故
　　本條所規範之債務人異議之訴，固是指債權人依行政訴訟法第305條第1
　　項或第4項規定之執行名義，聲請高等行政法院強制執行之情況；惟因債
　　務人異議之訴，目的係為排除執行名義之執行力，故法院在此不過是消
　　極性地消滅一個既存的違法執行之法律關係，性質上係屬消極之形成之
　　訴；故於此種訴訟類型，法院並未進一步干涉行政權，是亦不生是否損
　　及權力分立之問題。至於行政訴訟法第2條、第3條固規定：「公法上之
　　爭議，除法律別有規定外，得依本法提起行政訴訟。」「前條所稱之行
　　政訴訟，指撤銷訴訟、確認訴訟及給付訴訟。」然行政訴訟法之訴訟類
　　型是否僅限於行政訴訟法第3條所稱之撤銷訴訟、確認訴訟及給付訴訟，
　　不僅理論上尚有爭議，且自上述行政訴訟法第307條規定，益見行政訴訟
　　法關於訴訟類型之規範並不排斥「債務人異議之訴」之存在；尤其債務
　　人異議之訴，目的係為排除執行名義之執行力，然依行政訴訟法第3條
　　規定之行政訴訟訴訟類型，是否得直接排除執行名義之執行力，亦有疑
　　義，加以行政執行法第26條復規定：「關於本章之執行，除本法另有規
　　定外，準用強制執行法之規定。」故關於行政執行法上公法金錢債權之

行政執行，應認債務人若主張有執行名義成立後消滅或妨礙債權人請求之事由，得依行政訴訟法第307條規定之精神，定法院之管轄，以移送機關為被告，向高等行政法院提起「債務人異議之訴」（最高行政法院93年度裁字第1142號裁定、陳敏著行政法總論第四版第868頁參照）。

貳、實體部分

依稅捐稽徵法第23條第1項規定，稅捐之徵收期間應為自繳款書所訂之繳納期間屆滿翌日起算五年內，如未於該徵收期間內徵收稅款，該稅捐即不得再行徵收，是為「徵收期間」。其概念與公法上之消滅時效相同，係指請求權於一定之期間內不行使，該請求權即罹於時效而消滅（行政程序法第131條第2項規定參照），債務人得拒絕履行。原告固有積欠83年度綜合所得稅五百萬元，但繳納期限為85年1月20日，徵收期間應自翌日起算五年，亦即徵收期間屆滿時應為90年1月20日。但被告90年2月23日始移送執行，已逾徵收期間，被告之請求權應已消滅，原告得拒絕給付。又本件行政執行事件尚未執行終結，原告主張有消滅執行名義之事由而提起債務人異議之訴，應由理由，請鈞院判決如聲明。

　　　　謹　狀

台北高等行政法院　公鑒

中　華　民　國　○　○　年　○　○　月　○　○　日

具狀人：甲

相關法條及裁判要旨

■行政訴訟法第305條：

行政訴訟之裁判命債務人為一定之給付，經裁判確定後，債務人不為給付者，債權人得以之為執行名義，聲請地方法院行政訴訟庭強制執行。

地方法院行政訴訟庭應先定相當期間通知債務人履行；逾期不履行者，強制執行。

債務人為中央或地方機關或其他公法人者，並應通知其上級機關督促其如期履行。

依本法成立之和解，及其他依本法所為之裁定得為強制執行者，或科處罰鍰之裁定，均得為執行名義。

■行政訴訟法第307條：

債務人異議之訴，依其執行名義係適用簡易訴訟程序或通常訴訟程序，分別由地方法院行政訴訟庭或高等行政法院受理；其餘有關強制執行之訴訟，由普通法院受理。

■強制執行法第14條：

執行名義成立後，如有消滅或妨礙債權人請求之事由發生，債務人得於強制執行程序終結前，向執行法院對債權人提起異議之訴。如以裁判為執行名義時，其為異議原因之事實發生在前訴訟言詞辯論終結後者，亦得主張之。

執行名義無確定判決同一之效力者，於執行名義成立前，如有債權不成立或消滅或妨礙債權人請求之事由發生，債務人亦得於強制執行程序終結前提起異議之訴。

依前二項規定起訴，如有多數得主張之異議原因事實，應一併主張之。其未一併主張者，不得再行提起異議之訴。

■最高行政法院97年5月份第1次庭長法官聯席會議(一)

法律問題：行政處分之受處分人，可否於行政機關以該行政處分為執行名義之強制執行程序終結前，以有消滅或妨礙債權人請求之實體事由發生，向高等行政法院提起債務人異議之訴？

甲說：不得提起。

理由一：

行政訴訟法第307條前段所謂「債務人異議之訴」，乃規定於行政訴訟法第8編「強制執行」中，係於債權人依行政訴訟法第305條第1項或第4項規定之執行名義，聲請高等行政法院強制執行，債務人對該執行名義所示之實體請求權有所爭執時，方有其適用。至於行政執行法第26條因僅就公法上金錢給付債務之執行」為準用，故其準用應僅限於執行程序部分，而債務人異議之訴因涉及實體爭議，且其起訴構成要件規定在強制執行法總則中，並非行政執行法第26條準用範圍。故行政處分之受處分人，不得向高等行政法院提起債務人異議之訴。

理由二：

行政訴訟法第307條前段所謂「債務人異議之訴」，乃規定於行政訴訟法第8編「強制執行」中，係於債權人依行政訴訟法第305條第1項或第4項規定之執行名義，聲請高等行政法院強制執行，債務人對該執行名義所示之實體請求權有所爭執時，方有其適用。至於行政執行法第26條因僅

就公法上金錢給付債務之「執行」為準用，故其準用應僅限於執行程序部分，而債務人異議之訴因涉及實體爭議，且其起訴構成要件規定在強制執行法總則中，並非行政執行法第26條準用範圍。故行政處分之受處分人，不得向高等行政法院提起債務人異議之訴，而應循提起行政訴訟法第6條之確認公法上法律關係不存在或第8條結果除去或不作為之一般給付訴訟為救濟。

乙說：不得依行政訴訟法第307條提起債務人異議之訴，但關於公法金錢債權之行政執行得依行政執行法第26條準用強制執行法第14條規定，提起債務人異議之訴。行政訴訟法第307條前段規定之「債務人異議之訴」，因其是規定於行政訴訟法第8編「強制執行」中，故本條所規範之債務人異議之訴，固是指債權人依行政訴訟法第305條第1項或第4項規定之執行名義，聲請高等行政法院強制執行之情況；惟因債務人異議之訴，目的係為排除執行名義之執行力，法院在此不過是消極性地消滅一個既存的違法執行之法律關係，故於此種訴訟類型，法院並未進一步干涉行政權，並不生是否損及權力分立問題；是應認依行政執行法第26條：「關於本章之執行，除本法另有規定外，準用強制執行法之規定。」之規定，關於行政執行法上公法金錢債權之行政執行，債務人得準用強制執行法第14條規定提起債務人異議之訴，並類推適用行政訴訟法第307條規定，向高等行政法院提起之。

丙說：得依行政訴訟法第307條規定提起。

一、按行政訴訟法第8編強制執行主要雖係規範行政法院裁判之強制執行問題，惟同法第2條規定：「公法上之爭議，除法律別有規定外，得依本法提起行政訴訟。」行政法上之執行名義確定後，若因有消滅或妨礙其實體請求權之事由發生而生爭議，自應許其提起行政訴訟。且行政訴訟法第307條規定：「債務人異議之訴，由高等行政法院受理；其餘有關強制執行之訴訟，由普通法院受理。」設有債務人異議之訴，該條既未明定債務人異議之訴之要件，亦未明文以同法第305條之執行名義為限，故宜解為非行政訴訟法第305條之執行名義亦得依同法第307條規定提起債務人異議之訴。

二、依甲說理由一僅行政訴訟法第305條執行名義得提起債務人異議之訴，乙說亦只限於行政訴訟法第305條之執行名義及公法上金錢給付義務之執行得提起債務人異議之訴，其餘執行名義不得提起，有

失公平。另債務人異議之訴，制度上既係針對執行名義所示請求權之存在與內容，與執行時實體法之權利狀態不一致時，爲給予債務人救濟途徑而爲之規範，且因債務人異議之訴，目的係爲排除執行名義之執行力，法院在此不過是消極性地消滅一個既存的違法執行之法律關係，並未進一步干涉行政權，並不生是否損及權力分立問題；故於行政訴訟法第307條已明文爲此訴訟類型之規定下，自應認行政處分之受處分人得逕依該條規定提起債務人異議之訴，而無庸再迂迴提起確認訴訟或一般給付訴訟爲救濟。

決議：如決議文。

按行政執行名義成立後，如有消滅或妨礙債權人請求之事由發生，不論其執行名義爲何，於強制執行程序終結前應許債務人提起異議之訴，以排除強制執行。行政訴訟法第307條前段規定：「債務人異議之訴，由高等行政法院受理」，應認其係屬行政訴訟法關於債務人異議訴訟類型之規定。雖該條係列於同法第8編，但既未明定僅以同法第305條第1項或第4項規定之執行名義爲強制執行者爲限，始有其適用，則行政處分之受處分人，於行政機關以行政處分爲執行名義行強制執行時，如於執行名義成立後有消滅或妨礙債權人請求之事由發生，亦得於強制執行程序終結前，向高等行政法院提起債務人異議之訴。

■院解字2776號解釋：

強制執行法第15條所定第三人異議之訴，以排除執行標的物之強制執行爲目的，故同條所謂強制執行程序終結，係指對於執行標的物之強制執行程序終結而言，對於執行標的物之強制執行程序如已終結，則雖因該執行標的物之賣得價金不足抵償執行名義所載債權之全部，致執行名義之強制執行程序尚未終結，第三人亦不得提起異議之訴，對於執行標的物之強制執行程序，進行至執行名義所載債權之全部或一部，因對於執行標的物之強制執行達其目的時，始爲終結，故執行標的物經拍賣終結而未將其賣得價金交付債權人時，對於該執行標的物之強制執行程序，不得謂已終結，第三人仍得提起異議之訴，但已終結之拍賣程不能依此項異議之訴有理由之判決予以撤銷。故該第三人僅得請求交付賣得價金，不得請求撤銷拍賣程序。同法第14條所定債務人異議之訴以排除執行名義之執行力爲目的，故同條所謂強制執行程序終結，係指執行名義之強制執行程序終結而言，執行名義之強制執行程序，進行至執行名義所載債權全部達其目的時，始爲終結，故執行名義所載債權，未因強制執行全部達其目

的以前，對於某一執行標的物之強制執行程序雖已終結，債務人仍得提起異議之訴，但此項異議之訴有理由之判決，僅就執行名義所載債權未因強制執行達其目的之部分排除其執行力，不能據以撤銷強制執行程序業經終結部分之執行處分。同法第12條第1項所謂強制執行程序終結，究指強制執行程序進行至如何程序而言，應視聲請或聲明異議之內容，分別情形定之，例如以動產及不動產為執行標的物之強制執行，對於動產之強制執行程序已終結，而對於不動產之強制執行程序未終結時，如債務人主張查封拍賣之動產，為法律上禁止查封之物，聲明異議，則同條項所謂強制執行程序終結，係指對於執行標的物之強制執行程序終結而言，如債務人主張，依以強制執行之公證書不備執行名義之要件聲明異議，則同條項所謂強制執行程序終結，係指執行名義之強制執行程序終結而言，但在後之情形，認聲明異議為有理由之裁定，僅得撤銷對於不動產之執行處分，至對於動產之強制執行程序，既經終結，其執行處分即屬無從撤銷。

七、其他一般類書狀

(一) 再審之訴

再審之訴狀

案例事實

　　本件爲政府向人民請求返還公費案件，案經判決被告敗訴確定，但被告主張原審判決所適用之法令違憲，而向司法院大法官會議聲請釋憲，並獲得法令違憲之有利解釋，遂提起再審之訴。

撰狀說明

　　判決確定後，如有行政訴訟法第273條所定各款情形，得向原審法院提起再審之訴。本件係依行政訴訟法第273條第2項規定提起再審之訴。

書狀內容

狀別：行政訴訟再審起訴狀

再審原告　甲　　　　　住○○○
（即被告）

再審被告　○○機關　設○○○
（即原告）

代表人　　乙　　　　　住○○○

爲提起再審之訴事：

訴之聲明

一、原確定判決廢棄。

二、再審被告之訴應予駁回。

三、再審及前審訴訟費用均由再審被告負擔。

事實及理由

一、再審原告前與再審被告間○○○事件，經　鈞院於民國○○年○月○日，以○○年度訴字第○○○號判決確定，並判令被告應返還原告公費新台幣○○元在案。判決理由主要是以國防部所訂○○○辦法第○條的規定爲依據。但此規定，經再審原告向司法院大法官會議聲請釋憲，大

法官會議已於○○年○月○日作成釋字第○○○號解釋，宣告上開規定牴觸憲法而無效。上開規定既已失其效力，再審被告在原審之訴，自無理由，應予駁回。

二、檢附司法院釋字第○○○號解釋文乙件，再審原告現在提起本件再審之訴，在上開解釋公布當日起算之三十日之不變期間內，依行政訴訟法第273條第2項的規定，對於該確定判決提起再審之訴，請求　鈞院判決如訴之聲明所示。

　　　　　謹　狀

○○高等行政法院　公鑒

證物1：司法院釋字第○○○號解釋文乙件（下載自司法院網站）。

中　華　民　國　○　○　年　○　○　月　○　○　日

具狀人：甲印

相關法條及裁判要旨

■ 行政訴訟法第273條：

有下列各款情形之一者，得以再審之訴對於確定終局判決聲明不服。但當事人已依上訴主張其事由或知其事由而不為主張者，不在此限：

一、適用法規顯有錯誤。

二、判決理由與主文顯有矛盾。

三、判決法院之組織不合法。

四、依法律或裁判應迴避之法官參與裁判。

五、當事人於訴訟未經合法代理或代表。

六、當事人知他造之住居所，指為所在不明而與涉訟。但他造已承認其訴訟程序者，不在此限。

七、參與裁判之法官關於該訴訟違背職務，犯刑事上之罪。

八、當事人之代理人、代表人、管理人或他造或其代理人、代表人、管理人關於該訴訟有刑事上應罰之行為，影響於判決。

九、為判決基礎之證物係偽造或變造。

十、證人、鑑定人或通譯就為判決基礎之證言、鑑定或通譯為虛偽陳述。

十一、為判決基礎之民事或刑事判決及其他裁判或行政處分，依其後之確定裁判或行政處分已變更。

十二、當事人發現就同一訴訟標的在前已有確定判決或和解或得使用該判決或和解。

十三、當事人發現未經斟酌之證物或得使用該證物。但以如經斟酌可受較有利益之裁判爲限。

十四、原判決就足以影響於判決之重要證物漏未斟酌。

確定終局判決所適用之法律或命令，經司法院大法官依當事人之聲請解釋爲牴觸憲法者，其聲請人亦得提起再審之訴。

第一項第七款至第十款情形，以宣告有罪之判決已確定，或其刑事訴訟不能開始或續行非因證據不足者爲限，得提起再審之訴。

■最高行政法院95年8月份庭長法官聯席會議(一)

（會議日期：民國95年08月22日）

法律問題：當事人不服高等行政法院判決，向最高行政法院提起上訴後，最高行政法院認上訴不合法以裁定駁回，嗣當事人對該裁定，以發見未經斟酌之證物足以證明上訴爲合法爲由，聲請再審時，究應由何行政法院管轄？

甲說：專屬最高行政法院管轄。

對於同一事件之高等行政法院及最高行政法院所爲「判決」同時本於行政訴訟法第二百七十三條第一項第九款至第十四款以外之法定事由提起再審之訴者，由最高行政法院合併管轄；但對於高等行政法院判決提起上訴，而經最高行政法院認上訴爲不合法以裁定駁回，對於該高等行政法院判決提起再審之訴者，無論本於何種法定再審事由，仍應專屬原高等行政法院管轄。又當事人向最高行政法院提起上訴，是否合法，係屬最高行政法院應依職權調查裁判之事項，聲請人對最高行政法院以其上訴爲不合法而駁回之裁定，以發見未經斟酌之證物爲由聲請再審，依行政訴訟法第283條準用同法第275條第1項之規定，專屬最高行政法院管轄，不在同條第3項規定之列。

乙說：專屬原高等行政法院管轄。

按行政訴訟法第283條準用第275條第3項規定，對於最高行政法院之裁定，本於同法第273條第1項第9款至第14款事由聲明不服者，是對最高行政法院裁定聲明不服，雖有同條第1、2項之情形，仍專屬原高等行政法院管轄。

決議：採甲說。

■最高行政法院93年3月份庭長法官聯席會議

（會議日期：民國93年03月23日）

法律問題：

當事人就本院裁判以適用法規顯有錯誤提起再審之訴，其三十日之不變期間應如何起算？

甲說：應自公告主文之次日起算。

　　　按「再審之訴應於三十日之不變期間內提起。前項期間自判決確定時起算。但再審之理由知悉在後者，自知悉時起算」，行政訴訟法第276條第1、2項定有明文。又不得上訴而不宣示之判決，於公告主文時確定，同法第212條第2項亦定有明文。

　　　故再審期間應自公告之次日起算。

乙說：應自當事人收受裁判書正本之次日起算。

　　　查再審之訴應於三十日之不變期間內提起。前項期間自判決確定時起算，但再審之理由知悉在後者，自知悉時起算。行政訴訟法第276條第1、2項定有明文。又本院判決並未宣示，且僅公告主文，並未就判決理由一併公告，當事人顯難僅就公告之主文知悉本院裁判有無行政訴訟法第273條所列之再審事由，當事人以有行政訴訟法第273條第1項第1款適用法規顯有錯誤提起再審，應認以當事人收受判決時，始為知悉，此證諸司法院釋字第446號解釋意旨及本院61年裁字第23號判例益明。

決議：採乙說

(二) 聲請停止執行

1. 訴訟繫屬前

聲請停止執行事件（訴訟繫屬前）

案例事實

　　A股份有限公司滯欠營利事業所得稅，其代表人因而遭財政部限制出境，因此無法及時與國外公司完成簽約，且事出突然，如待欠稅案行政救濟程序終結，恐造成當事人無法回復之損害，遂在欠稅案尚未繫屬行政法院時即先就原處分聲請停止。

撰狀說明

　　行政處分作成後，縱然提起訴願或行政訴訟，亦不停止執行。但有時會因此導致受處分人不可回復之損害，故行政訴訟法第116條定有停止執行之規定。此條規定又區分提起行政訴訟前及行政訴訟繫屬中，而異其聲請要件。本件為行政訴訟繫屬前聲請原處分停止執行之案例。

書狀內容

狀別：聲請停止執行狀

股別：○

案號：○○年度○○字第○○號

聲請人　　　　甲　　　　設○○○

（即受處分人或訴願人）

訴訟代理人　乙　　　　住○○○

相對人　　　財政部　設○○○

（即原處分機關）

代表人　　　丙　　　　住○○○

為聲請停止原處分執行事：

聲請事項

財政部中華民國○○年○月○日○字第○○○號處分，在本件行政爭訟確定前，停止執行。

事實及理由

一、按於行政訴訟起訴前，如原處分或決定之執行將發生難於回復之損害，且有急迫情事者，行政法院亦得依受處分人或訴願人之聲請，裁定停止執行，行政訴訟法第116條第3項前段定有明文。

二、本件原處分機關財政部，以聲請人擔任○○股份有限公司（下稱○○公司）董事長，因○○公司滯欠營事事業所得稅達新台幣513萬元為由，遂依稅捐稽徵法第24條第3項規定，對聲請人為限制出境之處分（○○年○月○日○○字第○○○號函）（聲證1），但○○公司系爭欠稅案業已提出訴願，且○○公司尚有資產可供將來強制執行（聲證2），何況聲請人僅為○○公司代表人，並非欠稅義務人，限制聲請人出境雖於法有據，但實無必要，有違比例原則。聲請人雖就限制出境處分已依法提起訴願，並向受理訴願機關申請停止執行，但已遭駁回（聲證3）。因○○公司與美國○○○股份有限公司早已談妥合作案，並約定由聲請人代表○○公司於○月○日（即五日後）在美國洛杉磯簽約（聲證4），今突遭原處分機關限制出境，將使聲請人無法代表○○公司簽約，美國公司亦不同意更換簽約代表，則○○公司將因此受有重大且難以回復損失。因簽約日在即，情況急迫，如待本件欠稅案判決確定，○○公司所受之重大損害將無法回復。因此，依法向　鈞院聲請裁定停止原違法處分的執行。

　　　　　　此　致

台北高等行政法院　公鑒

證物：

聲證1：財政部○○年○月○日○○字第○○○號函影本乙件。

聲證2：○○公司資產負債表及財產目錄影本各乙件。

聲證3：財政部○○年○月○日○○字第○○○號函影本乙件。

聲證4：契約草案影本乙件。

中　華　民　國　○　○　年　○　○　月　○　○　日

具狀人：甲

訴訟代理人：乙

相關法條及裁判要旨

■ 行政訴訟法第116條：

原處分或決定之執行，除法律另有規定外，不因提起行政訴訟而停止。

行政訴訟繫屬中，行政法院認為原處分或決定之執行，將發生難於回復之損害，且有急迫情事者，得依職權或依聲請裁定停止執行。但於公益有重大影響，或原告之訴在法律上顯無理由者，不得為之。

於行政訴訟起訴前，如原處分或決定之執行將發生難於回復之損害，且有急迫情事者，行政法院亦得依受處分人或訴願人之聲請，裁定停止執行。但於公益有重大影響者，不在此限。

行政法院為前二項裁定前，應先徵詢當事人之意見。如原處分或決定機關已依職權或依聲請停止執行者，應為駁回聲請之裁定。

停止執行之裁定，得停止原處分或決定之效力、處分或決定之執行或程序之續行之全部或部份。

■ 稅捐稽徵法第24條：

納稅義務人欠繳應納稅捐者，稅捐稽徵機關得就納稅義務人相當於應繳稅捐數額之財產，通知有關機關，不得為移轉或設定他項權利；其為營利事業者，並得通知主管機關，限制其減資或註銷之登記。

前項欠繳應納稅捐之納稅義務人，有隱匿或移轉財產、逃避稅捐執行之跡象者，稅捐稽徵機關得聲請法院就其財產實施假扣押，並免提供擔保。但納稅義務人已提供相當財產擔保者，不在此限。

在中華民國境內居住之個人或在中華民國境內之營利事業，其已確定之應納稅捐逾法定繳納期限尚未繳納完畢，所欠繳稅款及已確定之罰鍰單計或合計，個人在新臺幣一百萬元以上，營利事業在新臺幣二百萬元以上者；其在行政救濟程序終結前，個人在新臺幣一百五十萬元以上，營利事業在新臺幣三百萬元以上，得由財政部函請內政部入出國及移民署限制其出境；其為營利事業者，得限制其負責人出境。但已提供相當擔保者，應解除其限制。

財政部函請內政部入出國及移民署限制出境時，應同時以書面敘明理由並附記救濟程序通知當事人，依法送達。

稅捐稽徵機關未執行第一項或第二項前段規定者，財政部不得依第三項規定函請內政部入出國及移民署限制出境。

限制出境之期間，自內政部入出國及移民署限制出境之日起，不得逾五年。

納稅義務人或其負責人經限制出境後，具有下列各款情形之一，財政部應函請

內政部入出國及移民署解除其出境限制：

一、限制出境已逾前項所定期間者。

二、已繳清全部欠稅及罰鍰，或向稅捐稽徵機關提供欠稅及罰鍰之相當擔保者。

三、經行政救濟及處罰程序終結，確定之欠稅及罰鍰合計金額未滿第三項所定之標準者。

四、欠稅之公司組織已依法解散清算，且無賸餘財產可資抵繳欠稅及罰鍰者。

五、欠稅人就其所欠稅款已依破產法規定之和解或破產程序分配完結者。

■高等行政法院89年度第1次法律座談會提案第8號

（發文日期：民國89年○○月○○日）

法律問題：行政訴訟法第116條第3項所指「於行政訴訟起訴前」，是否應限縮解釋為「訴願決定後、起訴前」？

討論意見：甲說：（肯定說）

為使與訴願法第93條第3項「前開情形，行政法院亦得依聲請，停止執行。」之規定作一區隔，應將行政訴訟法第116條第3項之「起訴前」，限縮解釋為「訴願決定後起訴前」，而將訴願法第93條第3項之規定，解為「訴願決定前」，即以訴願決定區隔前開「起訴前」之時點。因在訴願決定前，訴願尚未作成（駁回）決定，原行政處分之合法性是否顯有疑義，未曾審查，故行政法院仍可據以認定。反之，若訴願已作成決定（駁回），基本上即可認為原行政處分之合法性並非顯有疑義，故此時行政法院即不應反於此而據以裁定停止執行（參閱蔡進良著「論濟上人民權利之暫時保護」乙文，刊載於47期月旦法學第65頁以下，其節錄如附件）。

乙說：（否定說）

行政訴訟法第116條第3項既僅規定「於行政訴訟起訴前」，而未作其他限制，不應作如甲說之限縮解釋。

丙說：（折衷說）

行政訴訟法第116條第3項之適用，雖不限於「訴願決定後起訴前」，惟適用該法條聲請停止執行，必須已向原處分機關或受理訴願機關申請未獲救濟（例如申請被駁回，或原處分機關或受理訴願機關不於適當期間內為准駁），或情況緊急須即時由行政法院處理，否則難以救濟之情形，始得認有聲請利益（參陳計男著「行政訴訟法釋論」第730頁以

　下）。

初步研討結果：多數採乙說（否定說）。

大會研討結果：採丙說。

2. 訴訟繫屬後

聲請停止執行事件（訴訟繫屬後）

案例事實

　　原告所有土地經被告內政部核定徵收，原告主張系爭土地上有符合文化資產保護法之「古蹟」建物存在，不應徵收。原徵收處分雖違法，但不因提起行政訴訟而停止原處分之執行，故如待行政訴訟確定，建物早已遭拆除，故有先向行政法院聲請停止原處分執行之必要。

撰狀說明

　　行政處分作成後，縱然提起訴願或行政訴訟，亦不停止執行。但有時會因此導致受處分人不可回復之損害，故行政訴訟法第116條定有停止執行之規定。此條規定又區分提起行政訴訟前及行政訴訟繫屬中，而異其聲請要件。本件為行政訴訟繫屬中聲請原處分停止執行之案例。

書狀內容

狀別：聲請停止執行狀

股別：○

案號：○○年度○○字第○○號

原　　告　　　甲　　　　　住○○○

訴訟代理人　乙　　　　　住○○○

被　　告　　　內政部　　設○○○

代表人　　　丙　　　　　住○○○

為聲請停止原處分（或決定）執行事：

聲請事項

被告中華民國○○年○月○日○○字第○○○號處分，在本案訴訟（○○年度訴字第○○○號）裁判確定前，停止執行。

事實及理由

一、按行政訴訟繫屬中，行政法院認為原處分之執行，將發生難於回復之損害，且有急迫情事者，得依聲請裁定停止執行，行政訴訟法第116條第2項前段，定有明文。

二、原告與被告內政部間○○○事件，現經　鈞院以○○年度訴字第○○○
　　號審理中。查本件因為○○縣政府開闢道路，經過原告所有坐落○○縣
　　○○鎮○○段○○○號土地，而作成這項土地徵收的行政處分，並且又
　　通知原告七日內自動遷移或拆除土地上的地上物，否則即強制拆除等
　　語。但原告系爭土地上之建物，為家族祖厝，已有一百餘年歷史，為典
　　型閩南建築，有文化保存價值。原告現正申請指定古蹟中，有申請書可
　　證（聲證1）。

三、依文化資產保存法第35條規定，古蹟非因國防安全或國家重大建設不得
　　遷移或拆除的規定，被告的徵收處分顯已違反上開規定，於本案訴訟確
　　定前，如不停止執行，將對於原告之建物所有權及國家文化資產產生不
　　能回復的損害。因此，依法向　鈞院聲請裁定停止原違法處分的執行。
　　　　　此　致
○○高等行政法院　公鑒
聲證1：申請書影本乙件。
中　華　民　國　○　○　年　○　○　月　○　○　日
具　狀　人：甲
訴訟代理人：乙

相關法條及裁判要旨

■行政訴訟法第116條：

原處分或決定之執行，除法律另有規定外，不因提起行政訴訟而停止。

行政訴訟繫屬中，行政法院認為原處分或決定之執行，將發生難於回復之損害，且有急迫情事者，得依職權或依聲請裁定停止執行。但於公益有重大影響，或原告之訴在法律上顯無理由者，不得為之。

於行政訴訟起訴前，如原處分或決定之執行將發生難於回復之損害，且有急迫情事者，行政法院亦得依受處分人或訴願人之聲請，裁定停止執行。但於公益有重大影響者，不在此限。

行政法院為前二項裁定前，應先徵詢當事人之意見。如原處分或決定機關已依職權或依聲請停止執行者，應為駁回聲請之裁定。

停止執行之裁定，得停止原處分或決定之效力、處分或決定之執行或程序之續行之全部或部份。

(三) 聲請假扣押裁定

聲請假扣押事件

案例事實

　　債務人乙就讀○○軍官學校，因成績未達學年評定標準而退學。乙於入學時簽訂入學保證書，如因意志不堅或其他原因開除學籍時，願賠償其在校期間一切費用之責。債權人○○軍官學校遂準備依行為時國軍各軍事學校退學開除學生賠償費用辦法第1條之規定，向行政法院起訴請求乙賠償在校期間之各項費用，共計為新臺幣（下同）○○元。但起訴前，乙向債權人所屬承辦人員表示不願償還，並欲將名下財產移轉他人。債權人為免將來勝訴後難以強制執行，故先向行政法院聲請假扣押裁定，以便保全乙之責任財產。

撰狀說明

　　行政訴訟法「為保全公法上金錢給付之強制執行，得聲請假扣押。前項聲請，就未到履行期之給付，亦得為之。」但如何聲請及要件如何，行政訴訟法規定不全，故依行政訴訟法第297條規定準用民事訴訟法關於聲請「假扣押」裁定之規定。故聲請時仍應就請求及假扣押原因為釋明，釋明不足時供擔保予補充。

書狀內容

狀別：行政訴訟聲請假扣押裁定狀

聲請人　○○軍官學校　設○○○

（即債權人）

代表人　甲　　　　　　住○○○

債務人　乙　　　　　　設○○○

為聲請假扣押事：

請求事項

一、聲請人願提供擔保，請求裁定就債務人所有財產於新台幣○○○元之範圍內為假扣押。

二、聲請費用由債務人負擔。

事實及理由
一、按為保全公法上金錢給付之強制執行，得聲請假扣押。前項聲請，就未到履行期之給付，亦得為之。行政訴訟法第293條定有明文。
二、債務人乙就讀○○軍官學校（即聲請人），因成績未達學年評定標準而退學。乙於入學時簽訂入學保證書，如因意志不堅或其他原因開除學籍時，願賠償其在校期間一切費用之責。債權人已準備依國軍各軍事學校退學開除學生賠償費用辦法第1條之規定，向 鈞院行政法院起訴請求乙賠償在校期間之各項費用，共計為新臺幣○○元。但債務人向聲請人表示不願償還並欲將名下財產移轉他人以逃避追償，造成以後有不能強制執行或很難執行的可能。聲請人為保全將來強制執行，願提供擔保以代釋明，依行政訴訟法第293條的規定，聲請 鈞院裁定准許假扣押。
　　　謹　狀
○○高等行政法院　公鑒
證物：
中　華　民　國　○　○　年　○　○　月　○　○　日
具狀人：○○軍官學校
代表人：乙

相關法條及裁判要旨
■行政訴訟法第293條：
為保全公法上金錢給付之強制執行，得聲請假扣押。
前項聲請，就未到履行期之給付，亦得為之。
■行政訴訟法第303條：
民事訴訟法第五百三十五條及第五百三十六條之規定，於本編假處分程序準用之。
■民事訴訟法第526條：
請求及假扣押之原因，應釋明之。
前項釋明如有不足，而債權人陳明願供擔保或法院認為適當者，法院得定相當之擔保，命供擔保後為假扣押。
請求及假扣押之原因雖經釋明，法院亦得命債權人供擔保後為假扣押。
債權人之請求係基於家庭生活費用、扶養費、贍養費、夫妻剩餘財產差額分配者，前項法院所命供擔保之金額不得高於請求金額之十分之一。

(四) 聲請假處分裁定

聲請假處分事件

案例事實

　　聲請人本為義務役士兵，但與國家訂立公法契約志願留營三年，並已於○○年○月○日服畢，經申請繼續留營○年至民國○○年○月○日止，債務人亦已同意。但六個月後債務人突然片面終止聲請人繼續留營之公法契約，強制聲請人辦理退伍，造成債權人生活陷入困境，聲請人擬就系爭公法契約之爭議，提起行政訴訟，但為防止發生重大之損害，遂先向行政法院提起假處分聲請。

撰狀說明

　　假處分之要件有二，即行政訴訟法第293條第1、2項規定「公法上之權利因現狀變更，有不能實現或甚難實現之虞者，為保全強制執行，得聲請假處分。」、「於爭執之公法上法律關係，為防止發生重大之損害或避免急迫之危險而有必要時，得聲請為定暫時狀態之處分。」。假處分中之定暫時狀態處分，並得命先為一定之給付（同條第3項）。本件即屬「定暫時狀態之處分」。又假處分原則上應準用假扣押之規定。

書狀內容

狀別：行政訴訟聲請假處分裁定狀

聲請人　甲　　　　住○○○
（即債權人）

債務人　國防部　設○○○

代表人　乙　　　　住同上

為聲請假處分事：

請求事項

一、兩造間關於志願留營事件（○○高等行政法院○○年度○○字第○○○號），債權人得暫時繼續留營至民國○○年○月○日止，債務人於債權人上開繼續留營期間並應暫時按月於每月○日給付債權人新台幣（下同）○○○元。

二、聲請程序費用由債務人負擔。

事實及理由

一、按於爭執之公法上法律關係，為防止發生重大之損害或避免急迫之危險而有必要時，得聲請為定暫時狀態之處分；前項處分，得命先為一定之給付。行政訴訟法第298條第2項、第3項分別定有明文。

二、聲請人本為義務役士兵，但與國家訂立公法契約志願留營三年，並已於○○年○月○日服畢，經申請繼續留營○年至民國○○年○月○日止，債務人亦已同意。但六個月後債務人突然片面終止聲請人繼續留營之公法契約，強制聲請人辦理退伍，造成債權人生活陷入困境，但依上開公法契約之約定，債權人應可繼續留營○年。

三、聲請人擬就系爭公法契約之爭議，提起行政訴訟，但為防止發生重大之損害，聲請人茲檢附志願留營契約書、薪資表、通知書（聲證1）以釋明假處分之必要，聲請　貴院裁定准許定暫時留營狀態之假處分，並命債務人暫時按月於每月○日給付債權人月薪○○○元。

　　　　　　謹　狀
○○高等行政法院　公鑒

證物
聲證1：志願留營契約書、薪資表、通知書影本各乙件。

中　華　民　國　○　○　年　○　○　月　○　○　日
具狀人：甲 印

相關法條及裁判要旨

■**行政訴訟法第298條**

公法上之權利因現狀變更，有不能實現或甚難實現之虞者，為保全強制執行，得聲請假處分。

於爭執之公法上法律關係，為防止發生重大之損害或避免急迫之危險而有必要時，得聲請為定暫時狀態之處分。

前項處分，得命先為一定之給付。

行政法院為假處分裁定前，得訊問當事人、關係人或為其他必要之調查。

■行政訴訟法第301條

關於假處分之請求及原因，非有特別情事，不得命供擔保以代釋明。

肆、特殊類型行政救濟程序

租稅行政救濟程序簡圖（以普通訴訟案件為例）：

```
┌──────────────┐
│   繳款書      │
└──────────────┘
        │
        │   納稅義務人收受稅單後，不服原處分機關核定應繳納之稅額，於30日
        │   內向原處分機關提起
        ▼
┌──────────────┐
│   復  查      │
└──────────────┘
        │
        │   不服原處分機關之復查決定向原處分機關提起訴願，由原處分機關轉
        │   呈財政部或縣（市）政府）。
        ▼
┌──────────────┐
│   訴  願      │
└──────────────┘
        │
        │   1. 不服訴願決定，應於訴願決定書送達後2個月內。
        │   2. 提起訴願逾3個月不為決定，或延長訴願決定期間逾2個月不為決定
        │      者，直接向高等行政法院提起行政訴訟。
        ▼
┌──────────────┐
│  高等行法院    │
└──────────────┘
        │
        │   應於高等行政法院之判決書送達後20日內，向高等行政法院提起上訴
        │   狀，轉呈最高行政法院。
        ▼
┌──────────────┐
│  最高行政法院  │
└──────────────┘
```

註：適用簡易訴訟程序之事件，以地方法院行政訴訟庭為第一審管轄法院，其上訴審為高等行政法
院。

一、租稅行政救濟案例

(一) 營業稅復查案件

案例事實

申請人甲之配偶乙，幫○○公司於越南居間購置不繡鋼材料，以申請人妹妹丙之帳戶，為公司與越南貨款匯入與匯出，國稅局認定匯入部分為甲之銷貨收入金額○○○元。遂核定申請人甲漏稅金額○○○元、罰漏稅金額2倍○○○元，甲不服於接到國稅局之繳款書翌日起算一個月內向原處分機關提起復查。

撰狀說明

本案某甲並無銷貨之事實，僅系為公司與越南廠商為居間，賺取佣金，某甲不服國稅局核定補稅與罰鍰，應於收到國稅局之繳款書翌日起算一個月內，向原處分機關提起復查之申請。

書狀內容

復查申請書

申請人：甲　　出生：○○○身分證統一編號：○○○

住：○○○　　電話：○○○

受理機關：財政部○區國稅局○○縣分局

請求事項：為不服　鈞局○○年○○月○○日○○年度財營業字第○○○號處分書，核定申請人甲漏稅額○○○元、罰鍰金額漏稅額2倍○○○元、未依法給予他人金額罰鍰金額○○○元，擇一從重處罰鍰○○○元之行政處分，爰依稅捐稽徵法第35條規定，申請復查事。

事實及理由

一、按處分書主張之違法事實：受處分人未依規定申請營業登記，於93年1月至94年12月銷售額計○○○（93年○○元、94年○○○元）逃漏營業稅○○○元，違反加值型及非加值型營業稅法第28條、第32條第1項、第35條第1項及第34條授權訂定之稅捐稽徵機關管理營利事業會計帳簿憑證辦法第21條第1項規定。有關證據：(一)陳報函、匯出匯款明細表及談話紀錄影本。(二)台灣高等法院檢察署○○年檢紀智○○查○○字第○○○號函影本。(三)通知函及輔導函影本。

二、查從　鈞局所記載之證據，主要係以匯出匯款明細表為依據，認定申請

　　○○年1月至○○年12月銷售額計○○○元（○○年21,230,476元、○○年36,263,543元）。經查該匯出匯款明細：

(一)依處分書所載○○年銷售○○○元、○○年銷售○○○元合計○○年1月至○○年12月銷售額計○○○元　鈞局認定何筆為銷貨收入？依據為何？況且　鈞局認定○○年1月至○○年12月銷售額計○○○元，於何處銷售？

(二)苟如　鈞局所認定之二年度高達○○○元之銷售額，則進貨金額？如何搬運？工廠用地？如何運輸（車輛何在）？從一般經驗法則可以肯定認為，申請人也必定有進貨？反之何來銷貨？　鈞局將交易明細，收入部分，認為屬「銷貨」顯然僅針對於申請人不利部分為認定；相對於銷貨之前提事實：進貨，完全未斟酌，亦即交易明細，支出部分，完全未加以置喙，完全忽略申請人有利部分。核與行政程序法第9條有違。

(三)鈞局僅要查得本件之直接證據：進貨、車輛、司機、運費、場地，即可讓申請人無法置辯，惟本件之不繡鋼材或說二年度高達○○○○元之銷售額，怎可能沒有員工、車輛、保險、……，從而，懇請鈞局詳查本件之始末，以明原委。

(四)本件之事實：係申請人配偶乙，任職越南○○○公司技術顧問，常往來越南（　鈞局查核入出境資料即足以證明），熟悉越南情況；乙與○○○公司（下稱○○公司）負責人為舊識；○○有限公司負責人認為乙熟悉越南，遂委請乙居間購置不繡鋼材料，因越南外匯有管制，遂由申請人使用其妹丙帳戶，由○○將貨款匯入丙帳戶，再由丙帳戶轉出匯入越南出售者。實則乙僅居於居間，賺取介紹費，此由資金流程足以證明，收支流動頻仍更可說明，懇請　鈞局詳察每筆收入之來源，即每筆支出之去向，即足以證明申請人所言為事實。

(五)○○公司負責人及會計對於本件之事實，足以證明原委，○○海運股份有限公司進口單（證一）足以證明係由○○公司進口，請依稅捐稽徵法第30條規定，調查○○公司負責人及會計，足以證明　鈞局認定事實有誤。

三、綜上所陳，　鈞局核定申請人甲應補漏稅額○○○元，罰鍰金額漏稅額2

倍○○○元、未依法給予他人金額罰鍰金額○○○元，擇一從重處罰鍰○○○元之行政處分有違誤，懇請　鈞局查明，並撤銷原處分，以維申請人權益，實感德便。

　　　謹　呈

財政部台灣省○區國稅局○○縣分局　公鑒

證一：○○海運股份有限公司進口單影本。

中　華　民　國　○　○　年　○　○　月　○　○　日

申請人：甲

相關法條及裁判要旨

■ 稅捐稽徵法第35條：

納稅義務人對於核定稅捐之處分如有不服，應依規定格式，敘明理由，連同證明文件，依下列規定，申請復查：

一、依核定稅額通知書所載有應納稅額或應補徵稅額者，應於繳款書送達後，於繳納期間屆滿之翌日起三十日內，申請復查。

二、依核定稅額通知書所載無應納稅額或應補徵稅額者，應於核定稅額通知書送達之翌日起三十日內，申請復查。

三、依第十九條第三項規定受送達核定稅額通知書或以公告代之者，應於核定稅額通知書或公告所載應納稅額或應補徵稅額繳納期間屆滿之翌日起三十日內，申請復查。

納稅義務人或其代理人，因天災事變或其他不可抗力之事由，遲誤申請復查期間者，於其原因消滅後一個月內，得提出具體證明，申請回復原狀。但遲誤申請復查期間已逾一年者，不得申請。

前項回復原狀之申請，應同時補行申請復查期間內應為之行為。

稅捐稽徵機關對有關復查之申請，應於接到申請書之翌日起二個月內復查決定，並作成決定書，通知納稅義務人；納稅義務人為全體公同共有人者，稅捐稽徵機關應於公同共有人最後得申請復查之期間屆滿之翌日起二個月內，就分別申請之數宗復查合併決定。

前項期間屆滿後，稅捐稽徵機關仍未作成決定者，納稅義務人得逕行提起訴願。

■加值型及非加值型營業稅法營業稅法第28條：
營業人之總機構及其他固定營業場所，應於開始營業前，分別向主管稽徵機關申請營業登記。

■加值型及非加值型營業稅法營業稅法第32條第1項：
營業人銷售貨物或勞務，應依本法營業人開立銷售憑證時限表規定之時限，開立統一發票交付買受人。但營業性質特殊之營業人及小規模營業人，得掣發普通收據，免用統一發票。

■加值型及非加值型營業稅法營業稅法第35條第1項：
營業人除本法另有規定外，不論有無銷售額，應以每二月為一期，於次期開始十五日內，填具規定格式之申報書，檢附退抵稅款及其他有關文件，向主管稽徵機關申報銷售額、應納或溢付營業稅額。其有應納營業稅額者，應先向公庫繳納後，檢同繳納收據一併申報。

(二) 訴願案件

1. 房屋稅訴願案例

案例事實

　　甲因其他民事訴訟，從網路查得地形圖，發現現有房屋之門牌號碼與事實不符，請求地方稅務局退還已繳納之房屋稅與按年息百分之五計算之利息，並註銷○○年度之房屋稅繳款書，遭地方稅務局否准。

撰狀說明

　　本案為申請人申請退稅，遭受地方稅務局否准，申請退還已繳納之房屋稅及註銷繳款書，遭受否准，申請人之權利即有遭受損害，應於接到地方稅務局之否准，翌日起算於一個月內繕具訴願書向地方稅務局提出訴願書轉呈縣（市）政府。

書狀內容

狀別：訴願書

訴願人：甲　出生：○○○　身分證字號統一編號：○○○　住：○○○

電話：○○○

原處分機關：○○縣地方稅務局

訴願請求事項：退還訴願人甲已繳納自民國○○年起至○○年止，座落○○
　　　　　　　縣○○鄉○○村○○鄰○○北街○○號之房屋稅○○○元與
　　　　　　　按年息百分之五計算之利息，並註銷○○年度之房屋稅繳款
　　　　　　　書。

事實

一、按訴願人對稅籍編號：○○○之房屋即　原處分機關認定之課稅房屋座落
　　○○縣○○鄉○○村○○北街○○號之房屋（下稱系爭房屋），從民國
　　○○年至○○年皆已繳納房屋稅完竣，此有繳款書足憑（證1）。

二、納稅義務人從網路查得地形圖（證2），目前房屋之門牌號碼○○北街
　　○○號，為面臨○○北街馬路，納稅義務人查得該地形圖與事實不符。
　　蓋如地形圖面臨○○北街馬路之51號房屋，目前實際上門牌號碼係47
　　號。該47號之房屋所有權人並非納稅義務人。且納稅義務人有另間已逾

百年之老舊房屋，並無應課徵房屋稅之問題（證3）其門牌號碼也爲○○北街51號。納稅義務人曾詢問 原處分機關似認，課稅房屋座落應係○○縣○○鄉○○村○○北街53號之房屋，從上揭事實顯示○○北街47號、49號、51號與53號等之門牌，顯然與實際事實不符。

三、查系爭房屋稅繳款書記載之○○縣○○鄉○○村9鄰○○北街51號之房屋實際上根本毋須課徵房屋稅，原處分機關卻誤認爲應課徵，亦核發繳款書，訴願人亦依規定繳納，顯然系爭房屋不應課徵房屋稅，然原處分機關依然核發繳款書，並繼續核發98年度繳款書，明顯有違誤。

四、訴願人因民事訴訟審理中，發現目前戶籍門牌○○縣神岡鄉○○村9鄰北街53號、51號、49號、47號有與事實不符，且房屋稅繳款書之課稅房屋座落爲○○縣○○鄉○○村○○鄰○○北街51號根本爲老舊房屋，絕無課徵房屋稅之情。

五、原處分機關○○年○○月○○日○縣稅房字第○○○號函，對於訴願人所指稱之課稅房屋座落錯誤，卻宣稱派員現場勘查，旨揭房屋確實存在，無誤課房屋稅情事。訴願人詢及戶政事務所及申請門牌證明書有○○北街49號，然實際狀況，並無○○北街49號之房屋，是以訴願人所指稱之○○縣○○鄉○○村○○北街53號、51號、49號、47號實際房屋狀況與戶政事務所門牌決對有錯誤，此更由網路查得地形圖（證2）更足證。

六、按稅捐稽徵法第28條第2、3項規定：「納稅義務人因稅捐稽徵機關適用法令錯誤、計算錯誤或其他可歸責於政府機關之錯誤，致溢繳稅款者，稅捐稽徵機關應自知有錯誤原因之日起二年內查明退還，其退還之稅款不以五年內溢繳者爲限。前二項溢繳之稅款，納稅義務人以現金繳納者，應自其繳納該項稅款之日起，至填發收入退還書或國庫支票之日止，按溢繳之稅額，依繳納稅款之日郵政儲金一年期定期儲金固定利率，按日加計利息，一併退還。」從而，懇請 鈞局查明依上揭規定，退還納稅義務人溢繳之房屋稅，實感德便。

七、綜前所述，原處分有違法，祈請 鈞府查明命原處分機關詳查，以維訴願人合法權益。

　　　謹　狀
○○縣地方稅務局　轉呈
○○○政府公鑒

中　華　民　國　○　○　年　○　○　月　○　○　日

訴願人：甲

相關法條及裁判要旨

■稅捐稽徵法第28條：

納稅義務人自行適用法令錯誤或計算錯誤溢繳之稅款，得自繳納之日起五年內提出具體證明，申請退還；屆期未申請者，不得再行申請。

納稅義務人因稅捐稽徵機關適用法令錯誤、計算錯誤或其他可歸責於政府機關之錯誤，致溢繳稅款者，稅捐稽徵機關應自知有錯誤原因之日起二年內查明退還，其退還之稅款不以五年內溢繳者為限。

前二項溢繳之稅款，納稅義務人以現金繳納者，應自其繳納該項稅款之日起，至填發收入退還書或國庫支票之日止，按溢繳之稅額，依繳納稅款之日郵政儲金一年期定期儲金固定利率，按日加計利息，一併退還。

本條修正施行前，因第二項事由致溢繳稅款者，適用修正後之規定。

前項情形，稅捐稽徵機關於本條修正施行前已知有錯誤之原因者，二年之退還期間，自本條修正施行之日起算。

■稅捐稽徵法第38條第1項：

納稅義務人對稅捐稽徵機關之復查決定如有不服，得依法提起訴願及行政訴訟。

■訴願法第1條第1項：

人民對於中央或地方機關之行政處分，認為違法或不當，致損害其權利或利益者，得依本法提起訴願。但法律另有規定者，從其規定。

■訴願法第4條第1、2款：

訴願之管轄如左：

一、不服鄉（鎮、市）公所之行政處分者，向縣（市）政府提起訴願。

二、不服縣（市）政府所屬各級機關之行政處分者，向縣（市）政府提起訴願。

■訴願法第14條第1、2項：

訴願之提起，應自行政處分達到或公告期滿之次日起三十日內為之。

利害關係人提起訴願者，前項期間自知悉時起算。但自行政處分達到或公告期滿後，已逾三年者，不得提起。

2. 綜合所得稅訴願案例

案例事實

　　財政部○○國稅局核定訴願人甲取自○○有限公司營利所得○○元，通報稽徵所，歸課綜合所得總額○○○元，甲主張實際僅出資○○○萬元，其餘○○○萬元係由李君等2人借名出資，甲提起復查，復查決定追減利息所得○○○元及罰鍰○○○元，其餘復查駁回，訴願人仍不服，爰依法提起訴願。

撰狀說明

　　本案為申請人不服國稅局之核定補稅及罰鍰，提起復查遭受駁回，申請人認為其權利遭受損害，於接到國稅局之復查決定書，翌日起算，於一個月內，繕具訴願書向國稅局提出訴願書轉呈財政部。

書狀內容

狀別：訴願書
訴願人：甲　　出生：○○○　　身分證字號：○○○
住址：○○○　　電話：○○○
受理機關：財政部
原處分機關：財政部○區國稅局
收受原處分日期：民國○○年○○1月○○日
為不服財政部○區國稅局民國○○年○○月○○日○區○○○字第○○○○
○○○○○○號復查決定書，關於○○年度綜合所得稅及罰鍰之行政處分，爰依訴願法規定提起訴願，茲將訴願請求及事實理由分述於左：
訴願請求事項：原處分、復查決定（不利部分）均撤銷。

事實

訴願人○○年度綜合所得稅結算申報，經財政部○○國稅局（以下簡稱○○國稅局）核定訴願人取自○○有限公司利息所得○○○元，通報財政部台灣省○區國稅局○稽徵所歸課綜合所得總額○○○元。訴願人不服，就利息所得及罰鍰申請復查，復查決定追減利息所得新台幣（下同）○○○元及罰鍰○○○元，其餘復查駁回，訴願人仍不服，爰依法提起訴願。

理由

一、復查決定書理由壹、三、查一般所謂投資，具有風險性且須自負盈虧。本件依甲君與乙公司所簽「合作投資協議書」中，明訂該公司除應返還本金外，尚須給付本金6成作爲投資利潤，並訂有其他保障條款確保獲利，與一般投資常情有違，而系爭所得縱爲投資利潤，亦屬營利所得，然申請人等乙公司股東，該公司當年度亦無相關盈餘分配，該所得尚非屬所得稅法第14條第1項第1類之營利所得，且申請人無法提示投資乙公司之相關事證，是本件觀其內容與借貸資金取得固定報酬無異，原核定通報歸課利息所得並無不合，有合作投資協議書、乙公司92年度公司股東明細查詢、資產負債表及損益表申報書可稽，申請人主張容有誤解。顯然復查決定書之理由有矛盾之處：

(一)復查決定書認有簽「合作投資協議書」明訂該公司除應返還本金外，尚須給付本金6成作爲投資利潤，此直接書面資料，原處分機關如何認定與一般投資常情有違？

(二)依一般生活經驗法則「尚須給付本金6成作爲投資利潤」之用語，應尚無一般人會認定爲利息，蓋利息高達60%？簡直系放高利貸甚或屬重利罪，從而，原處分機關之認定事實有違誤。

(三)原處分機關以訴願人於乙公司未列名爲股東即否認訴願人非股東，顯然原處分機關不解現今社會司經濟領域交易或投資之多樣化與多變化，更何況民法尚有隱名合夥之投資方式，是以原處分機關以公權力強制認定解釋投資關係爲借貸關係，容有誤解。

二、復查決定書理由壹、三、末段：惟該等資金往來既於前揭調查筆錄說明爲借調，即屬申請人與李君等2人間債權債務關係，基於案重初供原理，申請人嗣於復查階段主張實際僅出資○○○萬元，其餘○○○萬元係由李君等2人借名出資，核不足採。原處分機關之認定顯然違法：

(一)行政機關就該管行政程序，應於當事人有利及不利之情形，一律注意。行政機關應依職權調查證據，不受當事人主張之拘束，對當事人有利及不利事項一律注意。行政程序法第9條、第36條明文規定。惟原處分機關完全廢置訴願人主張有利之事項，原處分機關僅要查明訴願人所提乙君等2人之資金流程即足以證明訴願人之主張爲眞正，反面言之，訴願人所提之乙君等2人之資金流程與事實不符，則

訴願人豈非浪費行政資源，甚或日後仍須浪費司法資源，是以原處分機關基此民主法治國之時代，對於本件訴願人之主張之事實完全未調查，顯有違上揭法律規定亦不符民情所有求之法治主義。

(二)所謂惟該等資金往來既於前揭調查筆錄說明爲借調，即屬申請人與李君等2人間債權債務關係，基於案重初供原理，從而，原處分機關認是用法有違誤「案重初供原理」之依據爲何？

(三)訴願人主張：丙君、丁君匯款之事實，既屬於本件調查之前，即已存在，原處分機關仍「案重初供」之事實，做爲判斷之依據，顯未調查，前揭事實，苟爲眞實，則原處分機關即有違誤。又該等事實，原處分機關對於訴願人有利部分，爲何不調查？

三、另關於罰鍰部分，因本稅訴願人不服，從而，其基礎事實不符，罰鍰金額即有違誤。

四、綜上所述，原處分機關對於本件之事實並未調查，完全爲臆測，以「案重初」之法理，認定事實，完全置訴願人有利部分於不顧，可以肯定原處分、復查決定違法。爲此，祈請 鈞部撤銷原處分，命原處分機關另爲適法之處分，以維訴願人合法權益。

謹　　狀

財政部台灣省○區國稅局　轉呈

財政部　公鑒

中　華　民　國　○　○　年　○　○　月　○　○　日

訴願人：甲○○

相關法條及裁判要旨

■稅捐稽徵法第38條第1項：

納稅義務人對稅捐稽徵機關之復查決定如有不服，得依法提起訴願及行政訴訟。

■訴願法第1條第1項：

人民對於中央或地方機關之行政處分，認爲違法或不當，致損害其權利或利益者，得依本法提起訴願。但法律另有規定者，從其規定。

■訴願法第4條第6款：

訴願之管轄如左：

六、不服中央各部、會、行、處、局、署所屬機關之行政處分者，向各部、
　　會、行、處、局、署提起訴願。

■訴願法第14條第1、2項：

訴願之提起，應自行政處分達到或公告期滿之次日起三十日內爲之。

利害關係人提起訴願者，前項期間自知悉時起算。但自行政處分達到或公告期
滿後，已逾三年者，不得提起。

■行政程序法第9條：

行政機關就該管行政程序，應於當事人有利及不利之情形，一律注意。

■行政程序法第36條：

行政機關應依職權調查證據，不受當事人主張之拘束，對當事人有利及不利事
項一律注意。

3. 綜合所得稅訴願案例（行政程序法第128條之重開行政程序）

案例事實

　　國稅局以○○公司截至85年度累積未分配盈餘，已超過實收資本額之一倍以上，依所得稅法第76條之1（已刪除）規定，予以歸戶核定甲取得營利所得○○○元，應補稅額○○○元。甲實際並未獲得該項所得，申請依行政程序法第128條、稅捐稽徵法第28條等辦理更正註銷稅款，遭否准申請更正註銷稅款，依法提起訴願，遭駁回後，則依法提起行政訴訟。

撰狀說明

　　訴願人甲公司訴未收到繳納稅款之通知，該案件因為提起救濟已確定，某甲卻收到行政執行處欲對公司實施行政執行，是以依行政程序法第128條規定，以行政處分即使於法定救濟期間經過後，有下列情形之一者：「一、具有持續效力之行政處分所依據之事實事後發生有利於相對人或利害關係人之變更者。二、發生新事實或發現新證據者，但以如經斟酌可受較有利益之處分者為限。三、其他具有相當於行政訴訟法所定再審事由且足以影響行政處分者。相對人或利害關係人得向行政機關申請撤銷、廢止或變更之。」訴願人於本件既未收到稅單，原處分機關肯定僅係寄存送達，訴願人要求補發稅單竟遭否准，訴願人依行政程序法第128條規定提起訴願。

書狀內容

狀別：訴願書（行政程序法第128條有關程序再開之規定，）

訴願人：甲公司（統一編號：○○○）　　設○○○

負責人：乙　　　　　　　　　　　　　　住○○○

受理機關：財政部

原處分機關：財政部○○○國稅局

為不服財政部○○○國稅局○○稽徵所民國○○年○○月○○日○○國稅法字第○○○號復查決定書，否准訴願人申請核發○○年度營利事業所得稅應繳納稅款繳款書之行政處分，爰依訴願法規定提起訴願，茲將訴願請求及事實理由分述於左：

訴願請求事項：

一、原處分撤銷。

二、原處分機關財政部〇〇〇國稅局〇〇稽徵所應核發〇〇年度營利事業所
　　得稅應繳納稅款繳款書。

事實及理由：

一、緣訴願人獲悉行政執行處欲對訴願人甲公司實施行政執行，是以，訴願
　　人認為應係本公司有滯欠稅款之情形，始生行政執行之問題；惟訴願人
　　並未收到有關繳納稅款之通知書，為此聲請原處分機關核發繳款書以利
　　繳納，原處分機關拒絕訴願人之請求，此為事實，予以敘明。

二、原處分機關民國（下同）〇〇年〇〇月〇〇日〇〇國稅〇營所字第〇
　　〇號函：謂繳款書於〇〇年〇〇月〇〇日及同年月27日分別向分公司
　　登記營業地址「〇〇市〇〇區〇〇街〇〇巷1號1樓」寄送，惟遭郵局以
　　「他簽不明」退回，本所復再向負責人「〇〇〇」之戶籍所在地「〇〇
　　縣〇〇鎮〇〇街41號」投遞，該函於〇〇年〇〇月〇〇日寄存於「〇〇
　　郵局」，以為送達。準此，實際上原處分機關並未將繳款書送達納稅
　　義務人，此有違新修正之稅捐稽徵法第18條之意旨，該提案委員賴士葆
　　修法之目的，認稅捐稽徵寄出的徵稅文書，應保證送達，而非寄存即送
　　達。

三、稅捐稽徵法第35條第1項第1款規定「應於繳款書送達後」，此所謂「送
　　達」，依實務見解係指合法送達，然本件訴願人並未收到有關「繳款
　　書」之通知，從而即無法繳納。

四、行政程序法第100條第1項、第110條第1項規定可知，稅單屬書面之行政
　　處分，以合法送達相對人起發生效力。財政部65年12月31日台財稅第
　　38474號函、90年5月8日台財稅字第0900405462號函釋反面解釋可知，未
　　合法送達之稅單既未對納稅義務人生效，納稅義務人依法自無繳納稅捐
　　之義務。司法院80廳民一字第621號函解釋亦認為非向處分相對人為送達
　　時，要求代收之自然人簽名及註明身分，送達方為合法有效，是為大廈
　　管理員代收之書面行政處分，於送達證書尚須有該管理員以受雇人身分
　　簽名或蓋私章，否則不能認為以交付於處分之相對人。

五、新修正之稅捐稽徵法第18條明確規定：「繳納稅捐之文書，稅捐稽徵機
　　關應於該文書所載開始繳納稅捐日期前送達。」，其意義非常明確，以
　　「送達」為要件；「送達」之意義為何？依一般生活經驗法則之認知，
　　當以納稅義務人明白，繳納金額、繳納期間，最重要的應確實收到繳款

書,本件從上揭函示之說明,訴願人確實未收到繳款書,爲此特懇請原處分機關依法核發繳款書,以保權益,實感德便。

六、「送達」依一般生活經驗法則,意義非常明確,當然解釋爲本件之納稅義務人可得支配、可得了解有收到繳款書始爲正確解釋,何況,「繳款書」之核發,對於國家生何等之損害?本件訴願人從所有證據,已足證確實未收到繳款書,請由原處分機關核發繳款書,由何實際困難,讓訴願人簡直不敢相信,牌照稅繳款書沒有寄到,事後發現請求補發繳款書,實務上常見,爲何本件不能補發繳款書,理由何在?

七、復查決定書理由四、(二)略以,「…,查稅捐稽徵文書得適用行政程序法第74條辦理寄存送達;且無論應受送達人實際上何時受領文書,均以寄存之日視爲收受送達之日期,而發生送達之效力,分別爲首揭財政部及法務部令函所釋明。」足證原處分機關適用法條錯誤,新修正之稅捐稽徵法第18條明確規定:「繳納稅捐之文書,稅捐稽徵機關應於該文書所載開始繳納稅捐日期前送達。」,其意義非常明確,以「送達」爲要件,攸關稅捐文書之送達,稅捐稽徵法第18條明確最新修正規定,如何送達,即應優先適用稅捐稽徵法第18條之規定,原處分機關應優先適用稅捐稽徵法之規定,卻適用適用行政程序法第74條辦理寄存送達之規定,顯然原處分機關適用法條不當。

八、行政程序法第128條有關程序再開之規定,即係使得當事人「有權利就有救濟之機會」,訴願人於本件既未收到稅單,原處分機關更已明確肯定僅係寄存送達,訴願人亦肯定從未收到繳款書,依舉重明輕之原則,行政程序法有前揭程序再開之規定、訴願法有第97條之再審查、行政訴訟法第273條以下規定之再審。準此,訴願人要求補發稅單竟遭否准,原處分機關否准訴願人之申請補發稅單之理由依據,竟廢置應優先適用稅捐稽徵法,而適用與本案無關之行政程序法。顯然原處分機關適用法令錯誤。爲此,祈請 鈞部撤銷原處分,命原處分機關核發94年度營利事業所得稅應繳納稅款繳款書,以維訴願人合法權益。

　　　謹　狀

財政部○○○國稅局　轉呈

財政部　公鑒

中　華　民　國　○　○　年　○　○　月　○　○　日
訴願人：甲公司
代表人：乙

■稅捐稽徵法第18條：
繳納稅捐之文書，稅捐稽徵機關應於該文書所載開始繳納稅捐日期前送達。
■行政程序法第100條第1項：
書面之行政處分，應送達相對人及已知之利害關係人；書面以外之行政處分，應以其他適當方法通知或使其知悉。
■行政程序法第110條第1項：
書面之行政處分自送達相對人及已知之利害關係人起；書面以外之行政處分自以其他適當方法通知或使其知悉時起，依送達、通知或使知悉之內容對其發生效力。
■行政程序法第128條：
行政處分於法定救濟期間經過後，具有下列各款情形之一者，相對人或利害關係人得向行政機關申請撤銷、廢止或變更之。但相對人或利害關係人因重大過失而未能在行政程序或救濟程序中主張其事由者，不在此限。
一、具有持續效力之行政處分所依據之事實事後發生有利於相對人或利害關係人之變更者。
二、發生新事實或發現新證據者，但以如經斟酌可受較有利益之處分者為限。
三、其他具有相當於行政訴訟法所定再審事由且足以影響行政處分者。
前項申請，應自法定救濟期間經過後三個月內為之；其事由發生在後或知悉在後者，自發生或知悉時起算，但自法定救濟期間經過後已逾五年者，不得申請。

(三) 綜合所得稅行政訴訟案例

1. 行政訴訟起訴狀

案例事實

　　國稅局以○○公司截至85年度累積未分配盈餘，已超過實收資本額之一倍以上，依所得稅法第76條之1規定，予以歸戶核定甲取得營利所得○○○元，應補稅額○○○元。甲實際並未獲得該項所得，申請依行政程序法第128條、稅捐稽徵法第28條等辦理更正註銷稅款遭否准，依法提起訴願，遭駁回後，依法提起行政訴訟。

撰狀說明

　　本案例類行為撤銷訴訟，此類案件需經訴願程序，本件原告甲不服訴願決定，於訴願決定書送達後2個月內繕具起訴狀，依被告人數提出繕本，直接向高等行政法院提起行政訴訟並復具訴願決定書。但訴願人以外之利害關係人知悉在後者，自知悉時起算。若自訴願決定書送達後，已逾三年者，不得提起。

書狀內容

狀別：行政訴訟起訴狀

原告：甲　　　出生：○○○　　身分證字號：○○○

住址：○○○　電話：○○○

被告　財政部○區國稅局　設○○○

代表人　乙　住○○○

為○○綜合所得稅事件，依法提起行政訴訟事：

訴之聲明

一、訴願決定及原處分均撤銷。

二、被告應將所屬財政部○區國稅局○○縣分局○○年○○月○○日○區國
　　稅○縣二字第○○○○○○○號函所為之處分撤銷。

三、訴訟費用由被告負擔。

事實部分：

　　緣原處分機關於民國（以下同）○○年○○月○○日核定原告甲○○年度綜合所得稅核定通知書內，核定課稅所得額之細項資料欄資料中，序號

一、載明乙（原告之配偶）取得甲營造股份有限公司（下稱甲公司）之營利所得○○○元。系以甲公司截至○○年度累積未分配盈餘，已超過實收資本額之一倍以上，依所得稅法第76條之1規定，予以歸戶原告營利所得，應補稅額○○○元。原告並未獲得該項所得，是以核定原告○○年之所得稅顯然有誤。原告於○○年12月21日申請依行政程序法第128條、稅捐稽徵法第28條等辦理更正註銷稅款（證1），被告所屬財政部台灣省○區國稅局○○縣分局90年○○月○○日○區國稅○縣二字第○○○號函（證2）否准原告之申請更正註銷稅款，原告不服，依法提起訴願，亦遭駁回，此為事情原委，先予敘明。

理由部分：

一、按所得稅法第2條明定「凡『有』中華民國來源所得之個人，應就其中華民國來源所得，依本法規定課徵綜合所得稅。」。而「涉及租稅事項之法律，其解釋應本於租稅法律主義之精神，依各該法律之立法目的，衡酌經濟上之意義及實質課稅之公平原則為之」，司法院大法官會議釋字第420號解釋及第438號解釋著有明文。又「對實質上相同經濟活動所產生之相同經濟利益，應課以相同之租稅，始符合租稅法律主義所要求之公平及實質課稅原則，實質課稅原則為租稅法律主義之內涵及當然歸趨。故有關課徵租稅構成要件事實之判斷及認定，自亦應以其實質上經濟事實關係及所產生之實質經濟利益為準，而非以形式外觀為準」，改制前行政法院82年判字第2410號判決意旨可參。實務上見解，如臺北高等行政法院判決92年度訴字第201號判決，謂按「租稅法所重視者，應為足以表徵納稅能力之經濟事實，而非其外觀之法律行為，故在解釋適用稅法時，所應根據者為經濟事實，不僅止於形式上之公平，應就實質上經濟利益之享受者予以課稅，始符實質課稅及公平課稅之原則」（最高行政法院81年度判字第2124號判決參照）。再再以有所得，始有課稅之存在。

二、查實務見解，如台北高等行政法院92年訴字第2510號判決略以：按「『行政處分於法定救濟期間經過後，具有下列各款情形之一者，相對人或利害關係人得向行政機關申請撤銷、廢止或變更之。但相對人或利害關係人因重大過失而未能在行政程序或救濟程序中主張其事由者，不在此限：…二、發生新事實或發現新證據者，但以如經斟酌可受較有利

益之處分者爲限。三、其他具有相當於行政訴訟法所定再審事由且足以影響行政處分者。』此爲行政程序法第128條關於程序重開之規定，是以行政處分之相對人或利害關係人於行政處分於法定救濟期間經過後，提具理由主張撤銷、廢止或變更原行政處分者，不論係請求撤銷、廢止、變更行政處分之存續力、執行力甚或確定力，均應屬申請行政程序重開，原處分機關自應對申請人申請是否符合要件程序重開，爲實質准駁之表示，原處分機關所爲之函復，即係對外發生法律效果之行政處分。」上揭所規範者，即所謂之「行政程序之重新進行」，指人民對其已不可爭訟之行政處分，在一定之條件下，得請求行政機關重新進行行政程序，以決定是否撤銷或廢止原行政處分。此項規定係參採德國之判例、學說及立法例而制定，以解決合法性原則與法律安定原則間之衝突。係由於法院之確定判決仍有再審程序可資救濟，所以行政處分之存續力，並不能絕對妨阻對行政處分再爲審查，故在一定之條件下，行政程序應容許重新進行。從而，依行政程序法第128條規定，即使在法定救濟期間經過後，如有該條第1項第3款情形（具有相當於行政訴訟法所定再審事由且足以影響行政處分者——適用法規顯有錯誤）及該條2項但書法定救濟期間經過未逾五年者，即得申請。被告機關重新調查原告是否實際獲得該盈餘或勝記公司於歸戶年度是否確有該盈餘，依「實質所得課稅原則」而爲適當之處分。

三、（略）

四、綜上所陳，被告核定原告取得之甲營造股份有限公司營利所得，不僅違背法令且違背司法實務，顯然違法。爰檢附訴願決定書影本一份（附件2）依法提起行政訴訟，懇請

鈞院明鑒，惠賜判決如訴之聲明所請，以維權益，至爲感禱。

　　　　　謹　　狀

台中高等行政法院　　公鑒

證1：更正申請書影本。

附件1：台北高等行政法院91訴3536判決影本。

附件2：訴願書影本。

中　華　民　國　○　○　年　○　○　月　○　○　日

具狀人：甲

相關法條及裁判要旨

■行政訴訟法第4條第1項：

人民因中央或地方機關之違法行政處分，認為損害其權利或法律上之利益，經依訴願法提起訴願而不服其決定，或提起訴願逾三個月不為決定，或延長訴願決定期間逾二個月不為決定者，得向行政法院提起撤銷訴訟。

■行政訴訟法第57條：

當事人書狀，除別有規定外，應記載左列各款事項：

一、當事人姓名、性別、年齡、身分證明文件字號、職業及住所或居所；當事人為法人、機關或其他團體者，其名稱及所在地、事務所或營業所。

二、有法定代理人、代表人或管理人者，其姓名、性別、年齡、身分證明文件字號、職業、住所或居所，及其與法人、機關或團體之關係。

三、有訴訟代理人者，其姓名、性別、年齡、身分證明文件字號、職業、住所或居所。

四、應為之聲明。

五、事實上及法律上之陳述。

六、供證明或釋明用之證據。

七、附屬文件及其件數。

八、行政法院。

九、年、月、日。

■行政訴訟法第105條：

起訴，應以訴狀表明下列各款事項，提出於行政法院為之：

一、當事人。

二、起訴之聲明。

三、訴訟標的及其原因事實。

訴狀內宜記載適用程序上有關事項、證據方法及其他準備言詞辯論之事項；其經訴願程序者，並附具決定書。

■行政訴訟法第106條：

第四條及第五條訴訟之提起，除本法別有規定外，應於訴願決定書送達後二個月之不變期間內為之。但訴願人以外之利害關係人知悉在後者，自知悉時起算。

第四條及第五條之訴訟，自訴願決定書送達後，已逾三年者，不得提起。

不經訴願程序即得提起第四條或第五條第二項之訴訟者，應於行政處分達到或

公告後二個月之不變期間內爲之。

不經訴願程序即得提起第五條第一項之訴訟者，於應作爲期間屆滿後，始得爲之。但於期間屆滿後，已逾三年者，不得提起。

2. 行政訴訟準備狀

案例事實

甲經營一人股東之乙公司，乙公司遇有資金短缺即由甲個人墊支，乙公司帳款收現或資金充裕時，甲即轉帳匯入個人帳戶，國稅局以轉帳匯入甲個人帳戶部分，核定甲其他所得○○○元。甲提起復查，復查決定駁回，提起訴願仍遭駁回，依法提起行政訴訟，就被告所提答辯，甲再予補充理由提出準備狀。

撰狀說明

原告因準備言詞辯論之必要，以書狀記載其所用之攻擊或防禦方法，及對於他造之聲明並攻擊或防禦方法之陳述，提出於法院，並以繕本或影本直接通知他造。本件原告就被告之答辯，於訴訟程序進行中，以書狀提出不同之主張，以預為準備言詞辯論之需，提出與起訴狀格式相同之準備狀。

書狀內容

狀別：行政訴訟準備狀

案號：○○年度訴字第○○號

股別：○

原告：甲　住所：○○○　電話：○○○

被告：財政部○區國稅局　設○○○

代表人：乙　住○○○

為○○年度綜合所得稅及罰鍰事件，依法續提準備書狀事：

一、被告機關於○○年○○月○○日庭提答辯書，分別認為：

　　(一)本案係因案外人○○○君於○○年○○月○○日讓售乙公司股票予其弟○○○君75萬股（價款○○○元），係二親等以內親屬間才產之買賣未能具體提式價金流程，涉及遺產及贈與稅法第5條規定與贈與論，經被告機關依規定通知贈與人○○○君於10日內申報贈與稅，○○○君於期限內主張其弟○○○君於○○年12月30日支付購買股票價款○○○元，其資金來源係向原告借款，約定以購得股票每年獲利分期償還。惟查資金來源係取自乙有限公司，乃依查得資料核定原告其他所得○○○元。

原告提出之抗辯：

被告機關認為系爭○○○元，係原告借給訴外人湯○○，此為真正事實，並不能證明原告有其他所得○○○元，蓋原告有貸款予○○公司○○○元（此有資金流程可證），從而○○公司將○○○元償還原告，原告將○○○元借給訴外人湯○○，此為原告資金之理財行為。而被告機關將原告○○○元借給訴外人湯○○，即核定原告有其他所得○○○元即有違誤。

(二)查○○有限公司台中商業銀行○○分行帳戶（帳號：○○○○）於○○年7月8日開戶，開戶日後陸續存入票據計○○○元，原告於○○年9月10日提領現金5,280,000元；系爭帳戶陸續存入票據○○○元，原告又於同年月23日提領現金○○○元，合計提領○○○元。謹請　大院向台中商業銀行○○分行調查係爭帳戶於開戶日（○○年7月8日）至○○年12月31日所有存入票據正反面影本，以確定發票人為何？因本案攸關原告與案外人湯○○君借貸關係之釐清。

原告提出之抗辯：

1.依據台中商業銀行○○分行將係爭帳戶於開戶日（○○年○○月○○日）至○○年○○月○○日所有存入票據正反面影本查核，足以確定各該筆資金之流程係由○○股份有限公司流入○○公司，各該筆資金流程非常明確，屬於貨款，此有開立統一發票為證。被告機關將上揭有關票據誤認為原告與案外人湯○○君有借貸關係，顯然被告機關有所誤解。

2.至於原告於○○年○○月○○日提領現金○○○元、同年月23日提領現金○○○元，合計提領○○○元之流向，此由○○公司分類帳之現金科目可以證明兩筆資金係存於○○公司。蓋本件屬於○○年之事實，查明現金帳戶之流程可以證明非臨訟製作，因現金存款餘額，須於資產負債表表達，並於○○年5月底向被告機關申報。

二、綜上所述，被告機關認為原告個人自○○公司獲有其他所得，即有違誤，從而原告並無漏報或短報○○○元情事，亦無罰鍰之問題。為此續提出準備狀，期盼　鈞院詳查本件相關事證，懇請　鈞院將訴願決定及原處分撤銷，命被告機關另為適法處分，以維法治而維護權益，實感德便。

```
          謹　狀
台中高等行政法院　公鑒
中　華　民　國　○　○　年　○　○　月　○　○　日
具狀人：甲
```

相關法條及裁判要旨

■遺產及贈與稅法第5條：

財產之移動，具有左列各款情形之一者，以贈與論，依本法規定，課徵贈與稅：

一、在請求權時效內無償免除或承擔債務者，其免除或承擔之債務。

二、以顯著不相當之代價，讓與財產、免除或承擔債務者，其差額部分。

三、以自已之資金，無償為他人購置財產者，其資金。但該財產為不動產者，其不動產。

四、因顯著不相當之代價，出資為他人購置財產者，其出資與代價之差額部分。

五、限制行為能力人或無行為能力人所購置之財產，視為法定代理人或監護人之贈與。但能證明支付之款項屬於購買人所有者，不在此限。

六、二親等以內親屬間財產之買賣。但能提出已支付價款之確實證明，且該已支付之價款非由出賣人貸與或提供擔保向他人借得者，不在此限。

■行政訴訟法第132條準用民事訴訟法第265之規定：

民事訴訟法第265條第1項：

當事人因準備言詞辯論之必要，應以書狀記載其所用之攻擊或防禦方法，及對於他造之聲明並攻擊或防禦方法之陳述，提出於法院，並以繕本或影本直接通知他造。

3. 行政訴訟言詞辯論意旨狀

案例事實

　　被告機關於行政訴訟程序中提出另一不同之事實，原告主張除被告機關再提起反訴外，被告機關之追加另一事實即與不利益禁止變更原則有違。

撰狀說明

　　原告因因準備言詞辯論之必要，應以書狀記載其所用之攻擊或防禦方法，及對於他造之聲明並攻擊或防禦方法之陳述，提出於法院，並以繕本或影本直接通知他造。行政訴訟法第132條準用民事訴訟法第265之規定，原告就被告之答辯，於訴訟程序進行中，以書狀提出不同之主張，以預為準備言詞辯論之需，提出準備言詞辯論之意旨，其書狀格式，與起訴狀相同。

書狀內容

狀別：行政訴訟言詞辯論意旨狀
案號：○○年度訴字第○○○號
股別：
原告：甲　住所○○○
被告：財政部○區國稅局　設○○○
代表人：乙　住○○○
為○○年度綜合所得稅及罰鍰事件，依法提言詞辯論意旨狀事：
一、本件被告機關認原告於○○年○○月○○日至○○日自甲有限公司帳戶
　　轉帳入原告帳戶○○○，而認原告獲有其他所得○○○元，此部分日
　　期、金額非常明確，原告認為原告獲有其他所得○○○元。此部分原告
　　已提出係原告個人與甲公司之股東往來，此有所有資金流程足證。
二、被告機關又於行政訴訟程序提出另一事實，即○○年○○月10日及23日
　　自甲公司所提領○○○元現金，主張原告無法證明現金去向，實際上此
　　部分應屬另一事實與本件無關，惟被告機關主張原告無法證明現金去向
　　與事實不符，原告已提出所有原始憑證，並以證明甲公司所有資金之去
　　向，此有行政訴訟準備狀(一)可證，為了證明甲公司所有資金流向，原
　　告按月編製○○現金流量表及整年度之現金流量表，足以證明每筆資金
　　之流向（附件）。是以被告機關認為無法證明現金去向與事實不符。

三、（略）

四、按本件所涉之○○年度綜合所得稅事件，非常明確為原告於○○年12月20日至22日自甲公司帳戶轉帳至原告帳戶○○○元並非其他所得，詳查所有收關銀行帳戶資金流程即可證明，不能定性為原告獲有其他所得。另被告機關於行政訴訟程序始追加另一獨立之事實，即90年9月10日及23日自公司帳戶提領現金○○○元之事實，除被告機關再提起反訴或依法補徵另行開單外，被告機關之追加另一事實即與不利益禁止變更原則有違。期盼　鈞院詳查本件相關事證，並懇請　鈞院將訴願決定及原處分撤銷，命被告機關另為適法處分，以維法治而維護權益，實感德便。

　　　　謹　狀

台○高等行政法院　公鑒

附件：現金流量表。

中　華　民　國　○　○　年　○　○　月　○　○　日

具狀人：甲

相關法條及裁判要旨

■稅捐稽徵法第21條：

稅捐之核課期間，依左列規定：

一、依法應由納稅義務人申報繳納之稅捐，已在規定期間內申報，且無故意以詐欺或其他不正當方法逃漏稅捐者，其核課期間為五年。

二、依法應由納稅義務人實貼之印花稅，及應由稅捐稽徵機關依稅籍底冊或查得資料核定課徵之稅捐，其核課期間為五年。

三、未於規定期間內申報，或故意以詐欺或其他不正當方法逃漏稅捐者；其核課期間為七年。

在前項核課期間內，經另發現應徵之稅捐者，仍應依法補徵或並予處罰，在核課期間內未經發現者，以後不得再補稅處罰。

■行政訴訟法第259條：

被告於言詞辯論終結前，得在本訴繫屬之法院，對於原告及就訴訟標的必須合一確定之人提起反訴。

4. 行政訴訟上訴狀

案例事實

　　本件原審判決理由以所得稅法第76條之1立法理由，認為係一般收付實現原則之特別規定，與所得稅法第2條明定「凡『有』中華民國來源所得之個人，應就其中華民國來源所得，依本法規定課徵綜合所得稅。」。與法律明文須相當明確之規定明顯違背，具體指摘原審僅係適用立法理由為判決，明顯與法律明文規定有違，即違反法律租稅原則，原審判決顯然違背法令。

撰狀說明

　　原告對於高等行政法院之判決，認為有違背法令情形，於判決送達後二十日之不變期間內向最高行政法院上訴；向最高行政法院上訴，須向原審高等行政法院提出上訴狀，並繳納裁判費。其上訴狀應表明「一、當事人。二、高等行政法院判決，及對於該判決上訴之陳述。三、對於高等行政法院判決不服之程度，及應如何廢棄或變更之聲明。四、上訴理由。」其上訴狀內並應添具關於上訴理由之必要證據。如係對簡易訴訟事件之判決提起上訴，應於上訴理由中具體表明該訴訟事件所涉及之原則性法律見解。本件為普通案件，原審判決以立法理由為判決，與所得稅法第2條明定有違背，具體指摘原審僅係適用立法理由為判決，其判決違背法令，依法提起上訴。

書狀內容

狀別：行政訴訟上訴狀

原審案號：臺○高等行政法院○○年度訴字第○○○號

上訴人：甲　住○○○　電話：○○○

被上訴人：財政部○區國稅局　設○○○

代表人：乙　住○○○

為對臺○高等行政法院○○年度訴字第○○○○號綜合所得稅事件，所為第一審判決聲明不服，於法定期間內提起上訴，茲將上訴聲明及理由分述於左：

上訴聲明

一、原判決廢棄

二、訴願及原處分均撤銷

三、第一、二審訴訟費用均由被上訴人負擔

上訴理由

一、按對於高等行政法院判決之上訴，非以其違背法令為理由，不得為之。判決不適用法規或適用不當者，為違背法令。有下列各款情形之一者，其判決當然違背法令：(一)判決法院之組織不合法者；(二)依法律或裁判應迴避之法官參與裁判者；(三)行政法院於權限之有無辨別不當或違背專屬管轄之規定者；(四)當事人於訴訟未經合法代理或代表者；(五)違背言詞辯論公開之規定者；(六)判決不備理由或理由矛盾者。行政訴訟法第242條、243條分別定有明文。

二、原審判決理由二、(一)謂：「按所得稅法第76條之1係一般收付實現原則之特別規定，此由原審所舉係○○年○○月○○日修訂之該條立法理由。因而本件適用載明『同時考量本條係對累積未分配盈餘作強制規戶之規定，即將尚未收付實現之未分配盈餘，強制分配歸戶，即可得知係一般收付實現原則之特別規定』該法條對於未分配盈餘強制歸戶課稅既有明文，在適用上自不發生與收付實現原則是否牴觸之問題。」。依財政部83年2月13日台財稅第831582766號函令規定：「公司組織之營利事業擅自停業或他遷不明，其核定未分配盈餘累積數超過法定得保留限額，未經分配亦未依限辦理增資，如經稽徵機關研判無歸戶課徵股東所得稅之價值者，得免依所得稅法第76條之1第1項規定歸戶課徵其股東所得稅。」，被上訴人應遵循主管機關之法令規定，「稽徵機關研判無歸戶課徵股東所得稅之價值者，得免依所得稅法第76條之1第1項規定歸戶課徵其股東所得稅。」稽徵機關並未研判有無歸戶課徵股東所得稅之價值者，及強制辦理歸戶，上訴人有無獲得該等「未分配盈餘」，被上訴人非常簡單地即可查出有無獲得該等「未分配盈餘」，而一直認定：所得稅法第76條之1係一般收付實現原則之特別規定。一般收付實現原則之特別規定難道即可隨心所欲認定？何況本件係至85年度累積未分配盈餘，而原審判決理由二、(一)謂：「按所得稅法第76條之1係一般收付實現原則之特別規定，係86年12月30日修訂之該條立法理由；85年度之未分配盈餘強制歸戶，適用86年底之立法理由？被上訴人明知上訴人並未獲得該筆「未分配盈餘」，僅以所得稅法第76條之1為一般收付實現原則之特別規定，而強制歸戶，合乎公平正義？任隨也不會折服無任何所得

竟要課所得稅，更何況上訴人並非公司負責人，更足以證明本件係無任何所得遭被上訴人課稅之特別規定，非常明確被上訴人違反所得稅法第2條明定「凡『有』中華民國來源所得之個人，應就其中華民國來源所得，依本法規定課徵綜合所得稅。」。法律明文規定相當明確，原審適用竟適用立法理由為判決，原審判決顯然判決理由矛盾。

三、（略）

四、原審未詳查，更彰顯原審適用法令錯誤。准此，爰依行政訴訟法第238條第1項、第242條、第243條等規定，提起上訴。

　　　狀請

鈞院鑒核，廢棄原判決並撤銷訴願決定及原處分，以維權益，實感法便。

　　　謹　狀

臺○高等行政法院　轉呈

最高行政法院　　　公鑒

中　華　民　國　○　○　年　○　○　月　○　○　日

　具狀人：甲

相關法條及裁判要旨

■行政訴訟法第242條：

對於高等行政法院判決之上訴，非以其違背法令為理由，不得為之。

■行政訴訟法第243條：

判決不適用法規或適用不當者，為違背法令。

有左列各款情形之一者，其判決當然違背法令：

一、判決法院之組織不合法者。

二、依法律或裁判應迴避之法官參與裁判者。

三、行政法院於權限之有無辨別不當或違背專屬管轄之規定者。

四、當事人於訴訟未經合法代理或代表者。

五、違背言詞辯論公開之規定者。

六、判決不備理由或理由矛盾者

■行政訴訟法第244條：

提起上訴，應以上訴狀表明下列各款事項，提出於原高等行政法院為之：

一、當事人。

二、高等行政法院判決，及對於該判決上訴之陳述。

三、對於高等行政法院判決不服之程度，及應如何廢棄或變更之聲明。

四、上訴理由。

前項上訴狀內並應添具關於上訴理由之必要證據。

(四) 營利事業所得稅行政救濟案例

1. 行政訴訟起訴狀

案例事實

　　原告營利事業所得稅結算申報，除剔除非屬當年度之費用及未檢附憑證外，另對年底帳列預付購置設備款，以未移轉登記過戶，認該款項已遭挪用或無償貸與股東，設算利息自本期申報之利息支出項下減除，增加應納之營利事業所得稅。

撰狀說明

　　本案例類行為撤銷訴訟，此類案件須經訴願程序，本件原告甲不服訴願決定，於訴願決定書送達後2個月內繕具起訴狀，依被告人數提出繕本，直接向高等行政法院提起行政訴訟並復具訴願決定書。但訴願人以外之利害關係人知悉在後者，自知悉時起算。若自訴願決定書送達後，已逾三年者，不得提起。

書狀內容

狀別：行政訴訟起訴狀

原　　告　甲公司　　設○○○
代表人　　乙　　　　住○○○
被　　告　財政部○區國稅局
代表人　　丙　　　　住○○

為○○年度營利事業所得稅事件，依法提起行政訴訟事：

訴之聲明

一、訴願決定及原處分均撤銷。

二、訴訟費用由被告負擔。

事實及理由

一、緣原告民國○○年度營利事業所得稅結算申報，列報非營業損失及費用
　　—利息支出新台幣（下同）○○○元，被告初查，除剔除非屬當年度之
　　費用及未檢附憑證計○○○元外，另查獲原○○年底帳列預付購置設備
　　款○○○元，為原告向其代表人甲○○購入坐落○○縣○○鄉○○段○
　　○小段○○及○○地號等2筆土地之預付款，嗣於○○年○○月○○日另

帳列支付系爭土地款○○○元，合計○○○元，於○○年○○月○○日帳列爲土地，惟迄未移轉登記過戶，認該款項遭挪用或無償貸與股東，依營利事業所得稅查核準則（下稱查核準則）第97條第11款規定，設算利息○○○元，自本期申報之利息支出項下減除，核定本期利息支出爲○○○元。

二、依司法院釋字第650號解釋意旨，財政部於81年1月13日修正發布之查核準則第36條之1第2項規定，公司之資金貸與股東或任何他人未收取利息，或約定之利息偏低者，應按當年1月1日所適用台灣銀行之基本放款利率計算利息收入課稅。稽徵機關據此得就公司資金貸與股東或他人而未收取利息等情形，逕予設算利息收入，課徵營利事業所得稅，因欠缺所得稅法之明確授權，增加納稅義務人法律所無之租稅義務，與憲法第19條規定之意旨不符，應自該解釋公布之日起失其效力。而本件被告以原告88年底帳列預付購置設備款○○○元及○○年底帳列支付土地款○○○元，合計○○○元，係無償貸與股東款項，乃按原告加權平均借款利率3.5%，設算利息○○○元，核定利息支出○○○元。相同爲設算利息與無償貸與股東款項，查核準則第36條之1規定爲違憲，查核準則第97條第11款規定違法。

三、依司法院釋字第211號對平等原則之解釋意旨，稽徵程序不僅「非有正當理由，不得爲差別待遇」，須更進一步要求法律適用之平等以保障納稅人基本權。稽徵機關之法治國任務，即在實現法定與平等之課稅，此與行政程序法第36條所規定之調查原則相符，稽徵機關負有闡明事實之責任，並由其決定調查之方法與範圍，不受當事人主張之拘束，惟仍應受其他機關行政處分之拘束。而公司資金遭股東或他人挪用或借用，係公司治理監督問題，在未發生短漏營利事業所得稅額之情，所得稅法特別規定有違不當聯結禁止原則。

四、被告查帳核定時未實地勘查，即憑主觀認定未辦妥系爭土地過戶，將相關之利息支出剔除。故原告將系爭土地拍照證明，確實已全部交付原告使用，被告仍未實際查看，僅以系爭土地所有權尚未移轉，自無「買賣」交易完成而「交付使用」，並將借款利息支出剔除。土地買賣之實務上，買賣交易雖完成時，在發生特殊情況而無法辦理過戶手續，要非不無可能。財政部於87年3月31日將查核準則第97條第9款予以修正，增列「或交付使用」，即雖未辦妥過戶手續，只要實際已交付使用，即可

將利息支出作為費用列支。而原告系爭土地之交易，係於○○年○○月○○日為之，在上揭查核準則第97條第9款修正之後，應適用修正後之規定。是本件應適用查核準則第36條之1，而非第97條第11款之規定。

五、綜上所陳，盼　鈞院詳查本件相關事證，而撤銷訴願決定及原處分，命被告機關另為適法之處分，以維法治而維護權益，實感德便。

　　　　謹　狀

台○高等行政法院　公鑒

附件一：訴願決定書影本。

中　華　民　國　○　○　年　○　○　月　○　○　日

具狀人：甲

相關法條及裁判要旨

■查核準則第36條之1：

已刪除（請見司法院釋字第650號解釋）

■查核準則第97條第9款：

利息：

九、購買土地之借款利息，應列為資本支出；經辦妥過戶手續或交付使用後之借款利息，可作費用列支。但非屬固定資產之土地，其借款利息應以遞延費用列帳，於土地出售時，再轉作其收入之減項。

■司法院釋字第211號解釋：

憲法第七條所定之平等權，係為保障人民在法律上地位之實質平等，並不限制法律授權主管機關，斟酌具體案件事實上之差異及立法之目的，而為合理之不同處置。海關緝私條例第四十九條：「聲明異議案件，如無扣押物或扣押物不足抵付罰鍰或追繳稅款者，海關得限期於十四日內繳納原處分或不足金額二分之一保證金或提供同額擔保，逾期不為繳納或提供擔保者，其異議不予受理」之規定，旨在授權海關審酌具體案情，為適當之處分，以防止受處分人藉故聲明異議，拖延或逃避稅款及罰鍰之執行，為貫徹海關緝私政策、增進公共利益所必要，與憲法第七條及第十六條尚無牴觸。又同條例所定行政爭訟程序，猶有未盡週詳之處，宜予檢討修正，以兼顧執行之保全與人民訴願及訴訟權之適當行使。

■司法院釋字第650號解釋：

財政部於中華民國八十一年一月十三日修正發布之營利事業所得稅查核準則第三十六條之一第二項規定，公司之資金貸與股東或任何他人未收取利息，或約定之利息偏低者，應按當年一月一日所適用臺灣銀行之基本放款利率計算利息收入課稅。稽徵機關據此得就公司資金貸與股東或他人而未收取利息等情形，逕予設算利息收入，課徵營利事業所得稅。上開規定欠缺所得稅法之明確授權，增加納稅義務人法律所無之租稅義務，與憲法第十九條規定之意旨不符，應自本解釋公布之日起失其效力。

2. 行政訴訟上訴狀

案例事實

上訴人未分配盈餘申報，已經被上訴人初查按申報數核定在案。嗣後上訴人具文申請折舊方法不同所造成之差異，請准予補列於申報書之減除項目，重新計算未分配盈餘後，身經退還溢繳之未分配盈餘稅款卻遭否准。

撰狀說明

原告對於高等行政法院之判決，認為有違背法令情形，於判決送達後二十日之不變期間內向最高行政法院上訴；向最高行政法院上訴，須向原審高等行政法院提出上訴狀，並繳納裁判費。其上訴狀應表明「一、當事人。二、高等行政法院判決，及對於該判決上訴之陳述。三、對於高等行政法院判決不服之程度，及應如何廢棄或變更之聲明。四、上訴理由。」其上訴狀內並應添具關於上訴理由之必要證據。如係對簡易訴訟事件之判決提起上訴，應於上訴理由中具體表明該訴訟事件所涉及之原則性法律見解。本件為普通案件，原審判決以立法理由為判決，與所得稅法第2條明定有違背，具體指摘原審僅係適用立法理由為判決，其判決違背法令，依法提起上訴。

書狀內容

狀別：行政訴訟上訴狀
原審案號：臺○高等行政法院○○年度訴字第○○號判決　股別：
上　訴　人　甲公司　　設○○
代　表　人　乙　　　　住○○
被上訴人　　財政部○○○國稅局
代　表　人　丙
為對臺○高等行政法院○○年度訴字第○○號營利事業所得稅事件，所為第一審判決聲明不服，於法定期間內提起上訴，茲將上訴聲明及理由分述於下：

上訴聲明
一、原審判決廢棄。
二、訴願決定、復查決定及原處分均撤銷。
三、第一、二審訴訟費用均由被上訴人負擔。

上訴理由

一、按對於高等行政法院判決之上訴，非以其違背法令為理由，不得為之。判決不適用法規或適用不當者，為違背法令。有下列各款情形之一者，其判決當然違背法令：(一)判決法院之組織不合法者；(二)依法律或裁判應迴避之法官參與裁判者；(三)行政法院於權限之有無辨別不當或違背專屬管轄之規定者；(四)當事人於訴訟未經合法代理或代表者；(五)違背言詞辯論公開之規定者；(六)判決不備理由或理由矛盾者。行政訴訟法第242條、243條分別定有明文。

二、緣上訴人○○年度未分配盈餘申報，列報「當年度依所得稅法第66條之9第2項規定計算之未分配盈餘」新臺幣（下同）○○○元，經被上訴人初查按申報數核定在案。嗣上訴人於民國（下同）○○年○○月○○日具文申請略以因財稅折舊方法不同所造成之差異金額○○○元，請准予補列於申報書第○○項次（其他經財政部核准之項目）之減除項目，重新計算未分配盈餘後，退還溢繳之91年度未分配盈餘稅款卻否准。

三、按本件上訴人於稅務上採定率遞減法，帳上採直線法攤提折舊，所產生之時間性差異所造成91年度稅務上多出之○○○元未分配盈餘，實際上並無上開盈餘可供分配，原判決認被上訴人依據所得稅法第66條之9規定，對上訴人課徵實際上不存在之未分配盈餘，課稅於法並無不合，即有違反量能課稅原則、實質所得課稅原則之判決不適用法規或適用不當之違法。

四、在一般課稅所得項下，基於稅務會計與財務會計間之差異，發生稅務上計算盈餘，事實上為虧損之情形或者是稅上之盈餘多於事實上之盈餘，而未分配盈餘加徵特別所得稅之規範目的是「期待營利事業將保留之盈餘分配與股東或社員，並且在不分配時課徵百分之十之稅負，以確保財政收入」，則在計算其未分配盈餘之稅基數額時，基於量能課稅原則之要求，自應以財務會計為基礎，計算出營利事業實際之盈餘。然行為時所得稅法第66條之9未考慮到稅上與財務會計上必然發生之暫時性差異問題，而對永久性差異也無法全部涵蓋。故原判決以不論「盈餘累計」或「每一年度均課稅」，財務會計、稅務會計差異屬時間差所造成者，均非修正前所得稅法第76條之1第2項或現行所得稅法第66條之9第2項規定計算未分配盈餘時，得減除項目，有違反實質課稅原則之判決不適用法規或適用不當之違法。

五、原判決認財政部89年函釋係針對進行國外投資之公司，給予實質延緩繳
納結算申報應納營利事業所得稅優惠所為之特別規定；與本件係由時間
差所造成非屬所得稅法第66條之9第2項第1款至第9款所列，於計算未分
配盈餘時列為減除項目，亦非第10款經財政部核准予得減除項目，即不
得依所得稅法第66條之9第1項計算未分配盈餘時減除不同，並認原處分
無違反平等原則，係對於本質上相同事務而為不同之處理，有違平等原
則，有判決理由矛盾之違法。

六、上訴人於77年即依所得稅法第51條規定而產生信賴基礎，進而申請就部
分固定資產採用定率遞減法提列折舊，此種提列折舊方法依當時法規並
不增加上訴人之租稅負擔，但能產生「緩納稅捐」之效果，且未分配
盈餘得以依所得稅法第76條之1規定，於未分配盈餘未達已收資本額1/2
時，即免予辦理增資或強制歸戶，此即上訴人善意信賴當時之租稅法規
秩序所為合法之租稅規劃與安排，構成信賴表現。嗣87年1月1日所得稅
法第66條之9增訂施行後，適值稅務會計上所提列折舊數低於帳載之依直
線法提列折舊數，使得依所得稅法第66條之9第2項規定設算之未分配盈
餘數額大於帳載之未分配盈餘數額，致上訴人須依該條第1項規定加徵
10%之營利事業所得稅，故上訴人係於所得稅法第66條之9增訂施行後，
驟然增加租稅負擔，產生上訴人對於原有之所得稅法第51條所規定之信
賴利益造成侵害，上訴人並無行政程序法第119條所明文信賴不值得保護
情形，故應有信賴保護原則之適用。然原判決誤解本件於信賴保護原則
之意義及其適用，逕以折舊方法係上訴人自行選擇為由，駁回上訴人所
主張確有違反信賴保護原則之事實，顯有判決適用法規不當之違法。

七、綜上所述，原審判決核有判決違背法令之情形，爰依行政訴訟法第238條
第1項、第242條、第243條等規定，提起上訴。

　　　　　狀　　請

鈞院鑒核，廢棄原判決並撤銷訴願決定及原處分，以維權益，實感法便。

　　　　　謹　　狀

○○高等行政法院　轉呈

最高行政法院　　　公鑒

中　華　民　國　○　○　年　○　○　月　○　○　日

上訴人　甲

代表人　乙

相關法條及裁判要旨

■ 所得稅法第51條：

固定資產之折舊方法，以採用平均法、定率遞減法、年數合計法、生產數量法、工作時間法或其他經主管機關核定之折舊方法為準；資產種類繁多者，得分類綜合計算之。

各種固定資產耐用年數，依固定資產耐用年數表之規定。但為防止水污染或空氣污染所增置之設備，其耐用年數得縮短為二年。

各種固定資產計算折舊時，其耐用年數，除經政府獎勵特予縮短者外，不得短於該表規定之最短年限。

■ 所得稅法第66條之9：

自八十七年度起，營利事業當年度之盈餘未作分配者，應就該未分配盈餘加徵百分之十營利事業所得稅。

前項所稱未分配盈餘，自九十四年度起，係指營利事業當年度依商業會計法規定處理之稅後純益，減除下列各款後之餘額：

一、（刪除）

二、彌補以往年度之虧損及經會計師查核簽證之次一年度虧損。

三、已由當年度盈餘分配之股利淨額或盈餘淨額。

四、已依公司法或其他法律規定由當年度盈餘提列之法定盈餘公積，或已依合作社法規定提列之公積金及公益金。

五、依本國與外國所訂之條約，或依本國與外國或國際機構就經濟援助或貸款協議所訂之契約中，規定應提列之償債基金準備，或對於分配盈餘有限制者，其已由當年度盈餘提列或限制部分。

六、已依公司或合作社章程規定由當年度盈餘給付之董、理、監事職工紅利或酬勞金。

七、依其他法律規定，由主管機關命令自當年度盈餘已提列特別盈餘公積或限制分配部分。

八、依其他法律規定，應由稅後純益轉為資本公積者。

九、（刪除）

十、其他經財政部核准之項目。

前項第三款至第八款，應以截至各該所得年度之次一會計年度結束前，已實際發生者為限。

營利事業當年度之財務報表經會計師查核簽證者，第二項所稱之稅後純益，應

以會計師查定數為準。其後如經主管機關查核通知調整者，應以調整更正後之數額為準。

營利事業依第二項第五款及第七款規定限制之盈餘，於限制原因消滅年度之次一會計年度結束前，未作分配部分，應併同限制原因消滅年度之未分配盈餘計算，加徵百分之十營利事業所得稅。

■行政程序法第119條：

受益人有下列各款情形之一者，其信賴不值得保護：

一、以詐欺、脅迫或賄賂方法，使行政機關作成行政處分者。

二、對重要事項提供不正確資料或為不完全陳述，致使行政機關依該資料或陳述而作成行政處分者。

三、明知行政處分違法或因重大過失而不知者。

(五) 營業稅行政訴訟案例

1. 行政訴訟起訴狀

案例事實

　　被告機關認原告取具非實際交易對象乙公司及丙公司所開立之統一發票作為進項憑證申報扣抵銷項稅額，涉嫌虛報進項稅額並按有進貨事實所漏稅額分別處1.5倍及3倍之罰鍰，原告不服提起訴願，仍遭駁回，爰依法提起行政訴訟。

撰狀說明

　　本案例類型為撤銷訴訟，此類案件須經訴願程序，本件原告甲不服訴願決定，於訴願決定書送達後2個月內繕具起訴狀，依被告人數提出繕本，直接向高等行政法院提起行政訴訟並復具訴願決定書。但訴願人以外之利害關係人知悉在後者，自知悉時起算。若自訴願決定書送達後，已逾三年者，不得提起。（納裁判費4000元）。

書狀內容

原　　告　甲公司　設〇〇〇　電話：〇〇〇
代表人　乙　　　　住〇〇〇　電話：〇〇〇
被　　告：財政部〇區國稅局　設〇〇〇
代表人：丙　　　　住〇〇〇
為〇〇年營業稅事件，依法提起行政訴訟事：

訴之聲明
一、訴願決定及原處分（不利部分）均撤銷。
二、訴訟費用由被告負擔。

事實及理由
一、緣被告機關認原告〇〇年〇〇月間進貨分別取具非實際交易對象乙有限公司（下稱乙公司）及丙股份有限公司（下稱丙公司）開立之統一發票銷售額新臺幣（下同）〇〇〇元及〇〇〇元、營業稅額計〇〇〇元；另於93年11月至12月間無進貨事實取具丁營造有限公司（下稱丁公司）開立之統一發票銷售額〇〇〇元、營業稅額〇〇〇元。原告取具前開統一

發票作爲進項憑證申報扣抵銷項稅額，涉嫌虛報進項稅額計○○○元，經台北市國稅局及原處分機關查獲，除補徵營業稅○○○元外，並按有進貨事實所漏稅額○○○元（已補繳稅額）、○○○元（未補繳稅額）分別處1.5倍及3倍之罰鍰計○○○元及○○○元（均計至百元止）；另按無進貨事實所漏稅額○○○元處5倍之罰鍰計○○○元（計至百元止），合計處罰鍰○○○元。原告不服，就有進貨事實惟取具非實際交易對象甲公司及乙公司發票部分之罰鍰申請復查結果，獲追減罰鍰○○○元，變更核定罰鍰爲○○○元。原告不服提起訴願，仍遭駁回，爰依法提起行政訴訟。

二、原告提出本件訴訟，主張原處分及訴願決定違法之理由：

(一)營業稅法第3條第3項第3款：營業人以自己名義代爲購買貨物交付與委託人者，視爲銷售貨物。民法第268條規定：契約當事人之一方約定由第三人對於他方爲給付者，於第三人不爲給付時，應負損害賠償責任。第269條第1項規定：以契約訂定向第三人爲給付者，要約人得請求債務人向第三人爲給付，其第三人對於債務人，亦有直接請求給付之權。準此，上訴人與文筆企業社訂約，即使文筆企業社非直接進貨委由第三人給付上訴人，亦爲我民法規定之一種私經濟交易型態，類此文筆企業社與上訴人訂約，由第三人交貨與上訴人，從外觀上，文筆企業社並非上訴人之實際交易對象，然依營業稅法第3條第3項第3款規定，視爲銷售貨物，仍屬民法容許之交易型態。是以上揭臺北市政府86.2.5府訴字第85083653號訴願決定書與臺北市政府86.2.26府訴字第860130460號訴願決定書，認爲未洽或率斷或撤銷原處分之緣由。

(二)營業稅法第14條第2項：「銷項稅額，指營業人銷售貨物或勞務時，依規定應收取之營業稅額。」、第15條第3項：「進項稅額，指營業人購買貨物或勞務時，依規定支付之營業稅額。」及第16條第1項：「第十四條所定之銷售額，爲營業人銷售貨物或勞務所收取之全部代價，包括營業人在貨物或勞務之價額外收取之一切費用。但本次銷售之營業稅額不在其內。」銷項稅額爲中間營業人於銷售貨物或勞務時，除取得其銷售額外，應有義務代政府收取銷項稅額即銷項營業稅，進項稅額爲中間營業人於購買貨物或勞務時，除支付購買之價款外，應有義務代墊政府之營業稅，銷售額屬營業人之私有

財貨，銷項稅額與進項稅額屬營業人代收、代墊之私有財貨，在開立發票取得發票之同時，應分開明顯載於發票之上，於帳載之時應明顯分開載於帳冊之上，於申報營業稅401表亦應將銷項稅額、進項稅額、銷售額分開明顯記載。是否逃漏營業稅，被告可完全明瞭掌握，在現行營業稅制下，如何逃漏稅、逃漏多少營業稅，被告應清晰分析，明確計算。

三、（略）

四、綜上所陳，盼　鈞院詳查本件相關事證，而撤銷訴願決定及原處分，命被告機關另爲適法之處分，以維法治而維護權益，實感德便。

　　　　　謹　狀

台中高等行政法院　公鑒

附件一：訴願決定書影本。

附件二：大法官釋字337號解釋。

中　華　民　國　○　○　年　○　○　月　○　○　日

具狀人：甲公司

代表人：乙

相關法條及裁判要旨

■加值型及非加值型營業稅法第3條第3項第3款：

營業人以自己名義代爲購買貨物交付與委託人者，視爲銷售貨物。

■加值型及非加值型營業稅法第14條第2項：

銷項稅額，指營業人銷售貨物或勞務時，依規定應收取之營業稅額。

■加值型及非加值型第15條第3項：

進項稅額，指營業人購買貨物或勞務時，依規定支付之營業稅額。

■加值型及非加值型第16條第1項：

第十四條所定之銷售額，爲營業人銷售貨物或勞務所收取之全部代價，包括營業人在貨物或勞務之價額外收取之一切費用。但本次銷售之營業稅額不在其內。

2. 行政訴訟準備狀

案例事實

　　原告○○年12月31日資產負債表，存貨科目餘額既列為○○○元，該存貨之進項稅額已於○○年12月31日前即申報扣抵銷項稅額；是核課期間應按各扣抵時間起算，核課期間起算之日為○○年1月1日，其五年之期間為○○年12月31日止，被告機關至○○年○○月始開立營業稅繳款書，顯然係已逾稅捐稽徵法第21條規定之五年核課期間。原告起訴後被告提出答辯，原告對被告提出之答辯，提出反駁。

撰狀說明

　　原告因因準備言詞辯論之必要，應以書狀記載其所用之攻擊或防禦方法，及對於他造之聲明並攻擊或防禦方法之陳述，提出於法院，並以繕本或影本直接通知他造。行政訴訟法第132條準用民事訴訟法第265之規定，原告就被告之答辯，於訴訟程序進行中，被告於準備程序期日提出不同之核課期間起算點，原告就被告之答辯，於訴訟程序進行中，以書狀提出不同之主張，以預為準備言詞辯論之需，其書狀格式，一般與起訴狀相同。

書狀內容

狀別：行政訴訟準備狀
案號：○○年度訴字第○○號
股別：○
原告：甲公司　營利事業統一編號：○○○○○○○○
　　　　　　設○○○　電話：○○○
代表人：乙　住○○○　電話：○○○
被告：財政部○區國稅局　設○○○
代表人：丙　住○○○
為營業稅事件，依法提準備書狀事：

事實及理由
一、被告機關於○○年○月○○日準備程序庭，謂：本件尚餘存貨物金額○
　　○○元，核定補徵營業稅○○○元。然查原告○○年12月31日資產負債
　　表，存貨科目餘額所列僅為○○○元，相距○○○元，被告機關謂此為

運輸設備，準此，被告機關對於○○○元之運輸設備，所屬之依照加值型及非加值型營業稅法第3條第3項第2款規定：「營業人解散或廢止營業時所餘存之貨物。」始有「視為銷售貨物」，顯然違法，並無核課權存在。原告有關就本件○○○元之運輸設備，被告機關並無課稅處分之依據，從而其課稅之實體債權並不存在，即無關程序優先之適用。

二、原告89年12月31日資產負債表，存貨科目餘額既列為○○○元，顯然該存貨之進項稅額已於89年12月31日前即申報扣抵銷項稅額；依最高行政法院94年度判字第570號判決意旨：「原判決認本件未逾5年核課期間，固非全然無見。惟關於補稅部分，係以上訴人持非實際交易對象開立之發票，作為進項憑證，持以申報扣抵銷項稅額，而認應補徵扣抵之稅額。上訴人持以扣抵銷項稅額時，即應補稅，是核課期間應按各扣抵時間起算，與○○公司何時應開立發票，上訴人應於何時取得○○公司開立之發票時間無關。」本件之存貨最遲已於89年12月31日前申報扣抵銷項稅額，為此本件之核課期間起算之日為90年1月1日，其五年之期間為94年12月31日止，而被告機關至96年4月始開立營業稅繳款書，顯然係已逾稅捐稽徵法第21條規定之五年核課期間。

三、依加值型及非加值型營業稅法施行細則第19條第1項規定：「本法第三條第三項規定視為銷售貨物之銷售額，其認定標準如左：一、第一款及第二款，以時價為準。」第25條規定：「本法稱時價，係指當地同時期銷售該項貨物或勞務之市場價格。」查原告之存貨項目為CD、錄音帶等其89年12月31之存貨金額38,193,244元至被告機關於96年4月間視為銷售貨物時，其實價仍為○○○元，被告機關之認定市場價格依據為何？從一般經驗法則可知至少為89年12月31之存貨，至96年4月間其市場價格依然不變？亦即被告機關並未調查市場價格，顯然被告機關之行政處分違法。

四、本件被告機關於96年4月14日合法送達行政處分於原告，雖應於96年5月30日（星期三）前提出復查之申請，程序上已逾期，然依上揭說明，被告機關對於運輸設備並無加值型及非加值型營業稅法第3條第3項第2款所規定「視為銷售貨物」之要件，顯然租稅債權並不存在，即無程序優先實體之問題。有關存貨之核課期間依實務見解（最高行政法院94年度判字第570號判決意旨）顯為已逾核課期間之核發稅額繳款書。被告機關既無核課租稅債權之存在，即無有關程序優先實體之問題，顯然被告機關

之核課原告應補徵營業稅○○○元之行政處分違法，為此懇請　鈞院詳
查，並撤銷復查決定及原處分，而維法治以維護訴願人權益，實感德
便。
　　　謹　狀
○○高等行政法院　公鑒
附件：最高行政法院94年度判字第○○號判決。
中　華　民　國　○　○　年　○　○　月　○　○　日
具狀人：甲公司
代表人：乙

相關法條及裁判要旨

■ 稅捐稽徵法第21條：

稅捐之核課期間，依左列規定：

一、依法應由納稅義務人申報繳納之稅捐，已在規定期間內申報，且無故意以
　　詐欺或其他不正當方法逃漏稅捐者，其核課期間為五年。

二、依法應由納稅義務人實貼之印花稅，及應由稅捐稽徵機關依稅籍底冊或查
　　得資料核定課徵之稅捐，其核課期間為五年。

三、未於規定期間內申報，或故意以詐欺或其他不正當方法逃漏稅捐者；其核
　　課期間為七年。

在前項核課期間內，經另發現應徵之稅捐者，仍應依法補徵或並予處罰，在核
課期間內未經發現者，以後不得再補稅處罰。

■ 稅捐稽徵法第22條：

前條第一項核課期間之起算，依左列規定：

一、依法應由納稅義務人申報繳納之稅捐，已在規定期間內申報者，自申報日
　　起算。

二、依法應由納稅義務人申報繳納之稅捐，未在規定期間內申報繳納者，自規
　　定申報期間屆滿之翌日起算。

三、印花稅自依法應貼用印花稅票日起算。

四、由稅捐稽徵機關按稅籍底冊或查得資料核定徵收之稅捐，自該稅捐所屬徵
　　期屆滿之翌日起算。

■行政訴訟法第120條第1項：
原告因準備言詞辯論之必要，應提出準備書狀。

■行政訴訟法第105條：
起訴，應以訴狀表明左列各款事項，提出於行政法院為之：

一、當事人。

二、起訴之聲明。

三、訴訟標的及其原因事實。

訴狀內宜記載適用程序上有關事項、證據方法及其他準備言詞辯論之事項；其經訴願程序者，並附具決定書。

3. 行政訴訟上訴狀

案例事實

　　原審以「不得以買受人所支付之進項稅額及營業人實際收取銷售額及銷項稅額，而申報銷售額。」原審判決不備理由，顯然違反行政訴訟法第243條第2項第6款。商業會計處理準則第31條規定：「銷貨收入：指因銷售商品所賺得之收入。」本件原審、被上訴人咸認定上訴人實際取得30,198,000元，依一般公認會計原則，其會計分錄之入帳金額也是30,198,000元。，原審判決對於實際並未獲得之收入，予以入帳，顯然違反商業會計處理準則與一般公認會計原則。

撰狀說明

　　原告若對於高等行政法院之判決有所不服，於接到判決後20日內，以判決不適用法規或適用不當者之違背法令或有下列各款情形之一者之判決當然違背法令：「一、判決法院之組織不合法者。二、依法律或裁判應迴避之法官參與裁判者。三、行政法院於權限之有無辨別不當或違背專屬管轄之規定者。四、當事人於訴訟未經合法代理或代表者。五、違背言詞辯論公開之規定者。六、判決不備理由或理由矛盾者」。而向原判決之高等法院提出上訴狀。

書狀內容

　　狀別：行政訴訟上訴狀
　　原審案號：臺○高等行政法院98年度訴字第○○號判決
　　上訴人：甲公司　　設○○○
　　代表人：乙　　　　住○○○
　　被上訴人：財政部○區國稅局　　設○○○
　　代表人：丙　　　　住○○○
　　為對臺○高等行政法院98年度訴字第○○號營業稅事件，所為第一審判決聲明不服，於法定期間內提起上訴，茲將上訴聲明及理由分述於下：

　　上訴聲明
　　一、原審判決廢棄。
　　二、訴願、復查決定及原處分均撤銷。
　　三、第一、二審訴訟費用均由被上訴人負擔。

上訴理由

一、按對於高等行政法院判決之上訴，非以其違背法令為理由，不得為之。判決不適用法規或適用不當者，為違背法令。有下列各款情形之一者，其判決當然違背法令：(一)判決法院之組織不合法者；(二)依法律或裁判應迴避之法官參與裁判者；(三)行政法院於權限之有無辨別不當或違背專屬管轄之規定者；(四)當事人於訴訟未經合法代理或代表者；(五)違背言詞辯論公開之規定者；(六)判決不備理由或理由矛盾者。行政訴訟法第242條、243條分別定有明文。

二、原審判決理由八：經查，原告承包「○○大廈」修繕補強工程，工程合約總價○○○元（含稅），有工程合約書在卷可稽，依合約書所載付款辦法，工程自開工日起，分四期計價，工程進度達30%，給付工程款10.5%；工程進度達50%，給付工程款15%；工程進度達75%，給付工程款24.5%，全部工程完工，經正式驗收合格辦妥保固程序後，給付尾款，依工程結算驗收證明書，該工程於92年11月14日驗收完畢，並為驗收合格日期，應計違約金天數為零，契約金額及結算總價均為○○○元，是原告為包作業，其承包該工程，自應依「營業人開立銷售憑證時限表」規定（依其工程合約所載每期應收價款時為限），及上開工程合約書所載付款辦法，於全部工程完工，經正式驗收合格後，開立統一發票予○○大廈管委會，並於90年1月15日前，申報銷售額（○○○元，未含稅）、應納或溢付營業稅額，再依營業稅法第15條及第35條之規定，完成申報繳納營業稅之義務，不得以買受人所支付之進項稅額及營業人實際收取銷售額及銷項稅額，而申報銷售額，原告主張其同意折讓30%計○○○元（含稅616,238元）之應收工程款，回饋○○大廈管委會，該委員會未支付○○○元之營業稅於原告，原告無庸繳納該筆營業稅，自無可採。原審認為「自無可採」其理由為何，顯然判決不備理由：

(一)原審以「不得以買受人所支付之進項稅額及營業人實際收取銷售額及銷項稅額，而申報銷售額。」之理由為何？法律依據為何？原審判決不備理由，顯然違反行政訴訟法第243條第2項第6款。

　1.營業稅法第3條第1項規定，將貨物之所有權移轉與他人，以取得代價者，為銷售貨物。其「以取得代價者」即為營業人實際收取銷售額及銷項稅額，原審認不得以買受人所支付之進項稅額及營業人實際收取銷售額及銷項稅額，而申報銷售額。理由何在？原

審判決理由，顯然違背法令，以「不得以買受人所支付之進項稅額及營業人實際收取銷售額及銷項稅額，而申報銷售額。」反面言之，原審之見解，欲營業人以何標準計算營業稅。商業會計處理準則第31條規定：「銷貨收入：指因銷售商品所賺得之收入。」本件原審、被上訴人咸認定上訴人實際取得○○○元，依一般公認會計原則，其會計分錄之入帳金額也是○○○元。是以，原審判決、被告機關強加認定上訴人對於實際並未獲得之收入，予以入帳，顯然違反商業會計處理準則與一般公認會計原則。

2. 大法官會議釋字597號解釋：憲法第19條規定，人民有依法律納稅之義務。所謂依法律納稅，係指租稅主體、租稅客體、稅基、稅率等租稅構成要件，均應依法律明定之。各該法律之內容且應符合量能課稅及公平原則。惟法律之規定不能鉅細靡遺，有關課稅之技術性及細節性事項，尚非不得以行政命令為必要之釋示。故主管機關於適用職權範圍內之法律條文發生疑義者，本於法定職權就相關規定為闡釋，如其解釋符合各該法律之立法目的、租稅之經濟意義及實質課稅之公平原則，即與租稅法律主義尚無違背（本院釋字第420號、第460號、第519號解釋參照）。

3. 大法官會議釋字218號解釋：憲法第19條規定：「人民有依法律納稅之義務」，國家依據所得稅法課徵所得稅時，無論為個人綜合所得綜或營利事業所得稅，納稅義務人均應在法定期限內填具所得稅結算申報書自行申報，並提示各種證明所得額之帳簿、文據，以便稽徵機關於接到結算申報書後，調查核定其所得額及應納稅額。凡未在法定期限內填具結算申報書自行申報或於稽徵機關進行調查或復查時，未提示各種證明所得額之帳簿、文據者，稽徵機關得依查得資料或同業利潤標準，核定其所得額，所得稅法第71條第1項前段、第76條第1項、第79條第1項、第80條第1項及83條第1項規定甚明。此項推計核定所得額之方法，與憲法首開規定之本旨並不牴觸。惟依推計核定之方法，估計納稅義務人之所得額時，仍應本經驗法則，力求客觀、合理，使與納稅義務人之實際所得額相當，以維租稅公平原則。

(二)從前揭二號大法官會議解釋之意旨，可窺見：應符合量能課稅及公平原則或與納稅義務人之實際所得額相當，以維租稅公平原則。顯然就本件原審之判決違反大法官會議之意旨，上訴人之實際所得○○○元，被告機關、原審判決咸認應與事實不符之契約金額及結算總價均爲○○○元爲繳稅之依據，行政訴訟法第189條第1項規定：「行政法院爲裁判時，應斟酌全辯論意旨及調查證據之結果，依論理法則及經驗法則判斷事實之眞僞。」本件之眞正事實：上訴人之銷貨收入爲○○○元，絕非契約金額及結算總價之○○○元。足證原審判決違背法令。

三、原審判決對於本件認定銷貨收入之依據爲：「財政部75年7月26日台財稅第7555737號函」，茲因該函與本件事實不符，從而原審之判決適用法令錯誤。上訴人依據開立之統一發票申報營業稅，並無短報或漏報銷售額者之情形，原審未詳查，違法適用營業稅法第51條第3款之規定，更彰顯原審適用法令錯誤。准此，爰依行政訴訟法第238條第1項、第242條、第243條等規定，提起上訴，

　　　狀　請

鈞院鑒核，廢棄原判決並撤銷訴願決定及原處分，以維權益，實感法便。

　　　謹　狀

臺○高等行政法院　轉呈

最高行政法院　　公鑒

中　華　民　國　○　○　年　○　○　月　○　○　日

具狀人：甲股份有限公司

代表人：乙

相關法條及裁判要旨

■加值型及非加值型營業稅法第15條：

營業人當期銷項稅額，扣減進項稅額後之餘額，爲當期應納或溢付營業稅額。

營業人因銷貨退回或折讓而退還買受人之營業稅額，應於發生銷貨退回或折讓之當期銷項稅額中扣減之。營業人因進貨退出或折讓而收回之營業稅額，應於發生進貨退出或折讓之當期進項稅額中扣減之。

進項稅額，指營業人購買貨物或勞務時，依規定支付之營業稅額。

■加值型及非加值型營業稅法第35條：

營業人除本法另有規定外，不論有無銷售額，應以每二月爲一期，於次期開始十五日內，填具規定格式之申報書，檢附退抵稅款及其他有關文件，向主管稽徵機關申報銷售額、應納或溢付營業稅額。其有應納營業稅額者，應先向公庫繳納後，檢同繳納收據一併申報。

營業人銷售貨物或勞務，依第七條規定適用零稅率者，得申請以每月爲一期，於次月十五日前依前項規定向主管稽徵機關申報銷售額、應納或溢付營業稅額。但同一年度內不得變更。

前二項營業人，使用統一發票者，並應檢附統一發票明細表。

(六) 贈與稅行政訴訟案例

1. 行政訴訟起訴狀

案例事實

原告之被繼承人死亡,生前將股票過戶其子甲及乙,未收取價金,被告機關按移轉日公司資產淨值分別估定價值,核定贈與總額○○○元,並以繼承人為納稅義務人補徵應納稅額○○○元。原告不服申請復查、訴願均遭駁回,爰依法提起行政訴訟。

撰狀說明

本案例類型為撤銷訴訟,此類案件須經訴願程序,本件原告甲不服訴願決定,於訴願決定書送達後2個月內繕具起訴狀,依被告人數提出繕本,直接向高等行政法院提起行政訴訟並復具訴願決定書。但訴願人以外之利害關係人知悉在後者,自知悉時起算。若自訴願決定書送達後,已逾三年者,不得提起。(納裁判費4000元)。

書狀內容

狀別:行政訴訟起訴狀

原　　告:甲　住址○○○　電話:○○

　　　　　乙　住址○○○　電話:○○

被　　告:財政部○區國稅局　設○○○

代表人:丙　住○○○

為88年度贈與稅事件,依法提起行政訴訟事:

訴之聲明

一、訴願決定及原處分均撤銷。

二、訴訟費用由被告負擔。

事實及理由

事實部分:

緣原告之被繼承人○○○於90年○○月○○日死亡,生前於本(88)年間將所有甲有限公司(下稱甲公司)股份○○○股及乙營造有限公司(下稱乙公司)股權新台幣(下同)○○○元移轉其子,未收取價金,被告機關按

移轉日各該公司資產淨值分別估定價直○○○元及○○○元，核定贈與總額○○○元，並以繼承人為納稅義務人補徵應納稅額○○○元。原告不服申請復查、訴願均遭駁回，爰依法提起行政訴訟，此為事實原委，先予敘明。

理由部分：

一、查本件贈與標的甲公司於民國（下同）78年12月設立，資本額新台幣（下同）300萬元為丙等營造廠，負責人為C；81年8月4日辦理增資450萬元，惟該450萬元於81年8月3日存入台中區中小企業銀行○○分行，於辦理簽證後即於8月5日全部領出（證1）。實際負責經營之人D，為使公司變成甲級營造廠，辦理增資資本為一億元，於○○年12月26日至27日由實際負責經營之D向外借得一億元存入○○商業銀行○○分行辦理增資，作為資本之證明，惟於增資設立簽證後，隨即於隔日12月28日轉帳支出○○○元。此涉及違反公司法第9條規定，經經濟部民國○○年○○月○○日經授中字第○○○號函撤銷，回復至○○年8月16日○字第665911號函，從而甲公司之資本額為○○○元（證2）。

二、被告機關謂：以○○年11月30日○區國稅法○字第○○○號函請訴願人提供相關證明文件供核，迄未提示。原告認為被告機關對於○○○所掌控之六家公司之淨值有高估，希望被告機關詳查，俾便早日落幕，曾於○○年○○月○○日送達被告機關請詳查該六家公司之淨值（證4）。惟迄今被告機關置若罔聞。

三、訴願駁回意旨：第查經他造自認之事實，主張事實之當事人就該事實無庸舉證，法院應據為認定事實及裁判之基礎，不必另行調查證據認定該自認之事實是否與真正之事實相符。本件原告代表人○○○向台中地方法院檢察署自首○○公司、○○公司等2家公司之資本額均為虛偽股款，該檢察署即以○○○及關係人等認諾為基礎，認被繼承人偽造文書犯行應堪認定，因被繼承人已死亡，依刑事訴訟法第252條第6款規定被告死亡者，應為不起訴處分，本件上開2家公司之資本額是否為虛偽股款，因事實並未經法院調查認定，又本件繼承人自首係於本件贈與稅核定後所為，顯係為減輕原應負擔之贈與稅負所為之自首行為，其主張自不可採。次查○○公司及○○公司等2家公司股權移轉日登記之資本額24,000,000元及7,500,000元，有上開公司資產負債表建檔及維護畫面可稽，亦為被告所不否認，又稅捐為法定之債，乃以法律之規定，而非以

行政處分為發生之依據。因此個別稅捐債務，於該當法律規定應納稅捐之構成要件事實發生時，即已發生，不因上開公司登記事項事後遭撤銷而異，從而，被告機關參據移轉○○○等2家公司之公司登記資本額，依首揭規定核算資產淨值，並無不妥。被告未詳予調查、誤解刑事訴訟法及漠視主管機關行政處分之效力

四、末按，本案贈與人生前實際經營六家公司，分別為○○公司、○○公司、○○公司、○○公司、○○公司、○○公司等六家公司，贈與人皆系認為其六家公司屬其自有，以致會計人員作帳皆在其指示下所為，為應付稅捐及其經營之困境，其六家公司各科目之餘額，為財務報表之平衡顯然與事實不符。曾懇請被告機關查明俾便正確計算被繼承人之財產，正確核課○○○應納之稅捐（證四）。原告希望查得實際資產以便繳納稅捐；准此，懇請　鈞院撤銷原處分，請被告機關詳予查核本案有關之○○公司、○○公司之實際財產狀況，俾便正確計算贈與人之實際財產，以維法治而維護權益，實感德便。

　　　　謹　狀
台○高等行政法院　公鑒
附件1：訴願決定書影本。
中　華　民　國　○　○　年　○　○　月　○　○　日
具狀人：甲
　　　　乙

■稅捐稽徵法第12條之1：
涉及租稅事項之法律，其解釋應本於租稅法律主義之精神，依各該法律之立法目的，衡酌經濟上之意義及實質課稅之公平原則為之。
稅捐稽徵機關認定課徵租稅之構成要件事實時，應以實質經濟事實關係及其所生實質經濟利益之歸屬與享有為依據。
納稅義務人基於獲得租稅利益，違背稅法之立法目的，濫用法律形式，規避租稅構成要件之該當，以達成與交易常規相當之經濟效果，為租稅規避。
前項租稅規避及第二項課徵租稅構成要件事實之認定，稅捐稽徵機關就其事實有舉證之責任。
納稅義務人依本法及稅法規定所負之協力義務，不因前項規定而免除。
稅捐稽徵機關查明納稅義務人及交易之相對人或關係人有第二項或第三項之情

事者，為正確計算應納稅額，得按交易常規或依查得資料依各稅法規定予以調整。

納稅義務人得在從事特定交易行為前，提供相關證明文件，向稅捐稽徵機關申請諮詢，稅捐稽徵機關應於六個月內答覆。

2. 行政訴訟上訴狀

案例事實

　　本件被告機關於原告辦理抵繳時，認為贈與標的物之公司股權淨值已為零；原審判決認為公司股權淨值○○○元，顯然判決不適用法規或適用不當者，為違背法令。

撰狀說明

　　原告若對於高等行政法院之判決有所不服，於接到判決後20日內，以判決不適用法規或適用不當者之違背法令或有下列各款情形之一者之判決當然違背法令：「一、判決法院之組織不合法者。二、依法律或裁判應迴避之法官參與裁判者。三、行政法院於權限之有無辨別不當或違背專屬管轄之規定者。四、當事人於訴訟未經合法代理或代表者。五、違背言詞辯論公開之規定者。六、判決不備理由或理由矛盾者。」。而向原判決之高等法院提出上訴狀。

書狀內容

狀別：行政訴訟上訴狀
原審案號：臺中高等行政法院95年度訴字第○○○○號判決
上訴人：甲　住○○○　電話：○○○
被　告：財政部○區國稅局　設○○○
代表人：乙　住○○○
為對臺○高等行政法院○○年度訴字第○○○○號贈與稅事件，所為第一審判決聲明不服，於法定期間內提起上訴，茲將上訴聲明及理由分述於下：

上訴聲明
一、原判決廢棄。
二、訴願及原處分均撤銷。
三、第一、二審訴訟費用均由被上訴人負擔。

上訴理由
一、按對於高等行政法院判決之上訴，非以其違背法令為理由，不得為之。判決不適用法規或適用不當者，為違背法令。有下列各款情形之一者，其判決當然違背法令：(一)判決法院之組織不合法者；(二)依法律或裁判應迴避之法官參與裁判者；(三)行政法院於權限之有無辨別不當或違背

專屬管轄之規定者；(四)當事人於訴訟未經合法代理或代表者；(五)違背言詞辯論公開之規定者；(六)判決不備理由或理由矛盾者。行政訴訟法第242條、243條分別定有明文。

二、原審判決理由三、(二)謂本件原告之子○○（被繼承人○○之子）向台灣臺中地方法院檢察署自首系爭甲公司、乙公司、丙公司、及丁公司等4家公司之資本額均為虛偽股款，該檢察署即以○○及關係人（本案原告）等認諾基礎，認○○○偽造文書犯行應堪認定，因○○○已死亡，依刑事訴訟法第252條第6款規定被告死亡者，應為不起訴處分，本件甲公司等4家公司之資本額是否為虛偽股款，其事實並未經法院調查認定。原審之判決理由核有違誤：

(一)○○○固然已死亡，依刑事訴訟法第252條第6款規定被告死亡者，應為不起訴處分，惟本件上訴人之子○○○其刑責為何，上訴人能臆測嗎？又本件甲等4家公司之資本額是否為虛偽股款，其事實並未經法院調查認定，苟如原審所認未經台灣臺中地方法院檢察署調查，然而依行政程序法第第36條規定：「行政機關應依職權調查證據，不受當事人主張之拘束，對當事人有利及不利事項一律注意。」，訴願法第67條第1項規定：「受理訴願機關應依職權或囑託有關機關或人員實施調查、檢驗或勘驗，不受訴願人主張之拘束。」行政訴訟法第133條規定：「行政法院於撤銷訴訟，應依職權調查證據，於其他訴訟，為維護公益者亦同。」惟原審並未調查證據，上訴人主張本件甲公司等4家公司之資本額是虛偽股款，並無被上訴人所認定之價值，被上訴人、訴願機關與原審並未調查，此由被上訴人於另案，被上訴人機關之○區國稅徵字第○○○訴願答辯書，已自認本件贈與標的物公司股權淨值已為零（上證1），而於本件未依職權調查，卻堅持公司股權淨值24,000,000元，從而，原審未依依職權調查證據，顯然判決不適用法規或適用不當者，為違背法令。

三、（略）

四、綜上所述，本件上訴人既已主張本件之贈與標的物，並無如被上訴人所設算之價值，若被上訴人強認本件標的物之價值，依遺產及贈與稅法第30條第2項規定：遺產稅或贈與稅應納稅額在30萬元以上，納稅義務

人確有困難，不能一次繳納現金時，得於前項規定納稅期限內，向該管稽徵機關申請，分18期以內繳納；每期間隔以不超過2個月爲限，並准以課徵標的物或其他易於變價或保管之實物一次抵繳。則被上訴人是否應依「禁反言」之原則，不得再以如同如被上訴人機關以○區國稅○字第○○○訴願答辯書，卻認本件贈與標的物之○○公司股權淨值已爲零（即上證1）。細斟被上訴人核課本件贈與稅時，被上訴人認本件贈與標的物甲公司依移轉日系爭股權價值2,868,748元【（44,007,611 +（-7,053,325）+ 24,000,000 + 7,895,686）×1,000,000/24,000,000】，而抵繳時卻認甲公司股權淨值已爲零，其理何在？法諺：「任何人不得以大於自己所有之權利，讓與他人」、「任何人不得以大於自己所有之利益，使其繼承人繼承」如原審所認定贈與標的物之價值係正確的，則肯定被上訴人所作之前後兩次行政處分，必然有一次屬違法的。准此，爰依行政訴訟法第238條第1項、第242條、第243條等規定，提起上訴，

　　狀請

鈞院鑒核，廢棄原判決並撤銷訴願決定及原處分，以維權益，實感法便。

　　　　謹　狀

臺中高等行政法院　轉呈

最高行政法院　　　公鑒

上證1：○區國稅徵字第095000000訴願答辯書，認本件贈與標的物○○公司股權淨值已爲零之影本。

上證2：○區國稅法○字第○○○號復查決定書影本。

中　華　民　國　○　○　年　○　○　月　○　○　日

具狀人：甲

相關法條及裁判要旨

■ 遺產及贈與稅法第30條第4項：

遺產稅或贈與稅應納稅額在三十萬元以上，納稅義務人確有困難，不能一次繳納現金時，得於納稅期限內，就現金不足繳納部分申請以在中華民國境內之課徵標的物或納稅義務人所有易於變價及保管之實物一次抵繳。中華民國境內之課徵標的物屬不易變價或保管，或申請抵繳日之時價較死亡或贈與日之時價爲低者，其得抵繳之稅額，以該項財產價值占全部課徵標的物價值比例計算之應

納稅額爲限。

■行政程序法第第36條：

行政機關應依職權調查證據，不受當事人主張之拘束，對當事人有利及不利事項一律注意。

■行政訴訟法第133條：

行政法院於撤銷訴訟，應依職權調查證據；於其他訴訟，爲維護公益者，亦同。

(七) 遺產稅行政訴訟案例

1. 行政訴訟起訴狀

案例事實

　　原告甲之被繼承人死亡申報遺產總額新台幣○○○元，被告機關認為查獲漏報被繼承人銀行存款、債權、投資及死亡前二年內贈與合計○○○元，核定遺產總額○○○元，遺產淨額元，應納稅額○○○元，並處罰鍰○○○元。原告申請復查，獲追認生存配偶剩餘財產差額分配請求權扣除額○○○元、追減遺產總額○○○元、公共設施保留地扣除額○○○元、罰鍰○○○元及扣抵稅額○○○元。原告不服，提起訴願遭駁回，爰依法提起行政訴訟。

撰狀說明

　　本案例類型為撤銷訴訟，此類案件須經訴願程序，本件原告甲不服訴願決定，於訴願決定書送達後2個月內繕具起訴狀，依被告人數提出繕本，直接向高等行政法院提起行政訴訟並復具訴願決定書。但訴願人以外之利害關係人知悉在後者，自知悉時起算。若自訴願決定書送達後，已逾三年者，不得提起。（納裁判費4000元）。

書狀內容

　　狀別：行政訴訟起訴狀
　　原　告：甲　住○○○　電話：○○○
　　被　告：財政部○區國稅局　設○○○
　　代表人：乙　住○○○
　　為91年度遺產稅事件，依法提起行政訴訟事：

訴之聲明
一、訴願決定及原處分（不利部分）均撤銷。
二、訴訟費用由被告負擔。

事實及理由
事實
　　緣原告之被繼承人邱○○於90年○月○○日死亡，原告申報遺產總額新台幣（下同）○○○元，被告機關認為查獲漏報被繼承人銀行存款、債權、

投資及死亡前二年內贈與合計○○○元，核定遺產總額○○○元，遺產淨額
元，應納稅額○○○元，並處罰鍰○○○元。原告不服，申請復查，獲追認
生存配偶剩餘財產差額分配請求權扣除額（以下簡稱配偶請求權扣除額）○
○○元、追減遺產總額○○○元、公共設施保留地扣除額○○○元、罰鍰○
○○元及扣抵稅額○○○元。原告不服，提起訴願遭駁回，爰依法提起行政
訴訟。

理　由

本件訴訟，茲分別論列如下：

壹、遺產總額—土地部分：

一、本件被繼承人丙○○於90年○月○○日死亡，原告列報被繼承人遺
有○○縣○○鎮○○段○○○、地號共○○筆土地（下稱○○鎮○
○段○○○地號等10筆土地），遺產價額合計○○○元，經被告機
關初查依土地登記簿謄本所載面積、持分及91年度公告土地現值，
核定遺產價額○○○元。原告不服，主張：系爭土地於被繼承人死
亡前已被拍定，僅登記作業尚未完成，依強制執行法第97條及第98
條規定，被繼承人已喪失所有權，不應核認為被繼承人之遺產。申
請復查決定以：查被繼承人生前於86年6月30日將系爭土地及坐落
同鎮○○路42號房屋設定權利價值○○○元之抵押權予林○○君，
並於抵押權設定契約書之聲請登記以外之約定事項欄記載：「1.本
件抵押權係因權利人與義務人買賣提供擔保物，保證移轉登記完竣
之擔保。2.義務人將產權移轉與權利人後，權利人應無條件立即辦
理塗銷本件抵押權。」，且林○○君亦於○○年○○月○○日函覆
略謂：「○○年○○月○○日被繼承人提供上開不動產與其設定○
○○元之抵押權登記，以確保抵押物之所有權移轉登記」等語；次
依林○○君○○年○○月○○日民事債權參與分配聲請狀所載，系
爭土地及上開房屋以○○○元之價格售與林○○君，而提供設定○
○○元之抵押權登記作為產權移轉登記之擔保等語；又依據案外人
張○○君○○年○○月○○日提示系爭財產原土地所有權狀及位置
圖等資料影本表示，其兌領被繼承人所開立台○○區中小企業銀行
○○分行票號THSA000000號支票款，係其86年間為被繼承人介紹
○○鎮○○段1000號（繼承日已重測為系爭○○段700地號等10筆土

地）等土地賣與林○○君之介紹費等語，足見被繼承人生前於86年間以170,000,000元將系爭土地及上開房屋出售與林○○君，並於系爭土地及上開房屋設定抵押權作為產權移轉登記之擔保，惟迄被繼承人死亡時仍未辦妥產權移轉登記。至原告主張系爭土地已被拍定乙節，查系爭土地及上開房屋於○○年○○月○○日經由台灣苗栗地方法院民事執行處以苗院○○○人90字第○○○號通知執行拍賣，嗣於○○年○○月○○日拍定，由林○○君取得所有權，有土地登記謄本、拍賣不動產筆錄、債權計算書及台灣苗栗地方法院民事執行處強制執行金額計算書分配表可稽，原告主張系爭土地於被繼承人死亡前已拍定，容有誤解。綜上，系爭土地雖於被繼承人生前出售，惟迄死亡時仍未辦妥產權移轉登記，仍應列入遺產課稅，原核定並無不合為由，駁回原告復查之申請。

二、訴願駁回意旨：系爭土地係被繼承人生前出售與林○○君，惟迄被繼承人死亡時尚未辦妥產權移轉登記，業經復查決定論述綦詳，是原處分機關將系爭土地按91年度公告現值○○○元併計遺產，並同額列計死亡前未償債務扣除，揆諸首揭規定與本部函釋意旨，經核並無不合，本部分原處分應予維持。由上揭足證土地部分已不存在，而債務存在，雖將土地同額列計死亡前未償債務扣除，然土地並不存在，而債務存在，對於原告仍為虛增土地，仍虛增遺產。

貳、遺產總額—投資部分：

一、（略）

參、原告與被告之主要爭點：

一、上揭被繼承人財產總額有關投資部分、二年內贈與部分與債權部分等所牽涉的，即是該六家公司之財務狀況，該六家公司之財務狀況實際有多少淨值或多少價值。被告機關僅要詳予查核即足以確認，被告機關於與原告等辦理抵繳88年度贈與稅答辯書（○區國稅徵字第0950000000號第3頁）略以：「丙○○其於○○年○○月○○日已歿，惟仍遺有遺產土地價值34,256,599元、房屋2,541,700元及銀行存款1,652,026元共計38,450,325元，……。」（證7），到底被繼承人丙○○有多少遺產，被告機關應可查得清楚，被告機關可以儘速核定，原告依法應繳納，苟若不繳納即可依法強制執行，強制執行之結果即足以證明原告所言為真，實際上，上揭所列之遺產土地

價值34,256,599元亦有爭議，苟被告機關強認有上揭之價值，則公權力最後手段性，即強制執行本件之遺產，加以拍賣即足以證明原告所言。由此，苟若被告機關不查，僅係徒增行政程序上之負擔而已。原告希望查得實際遺產以便繳納稅捐；准此，懇請　鈞院撤銷原處分，籲請被告機關詳予查核本案有關之甲公司等六家公司之實際財產狀況。期盼　鈞院詳查本件相關事證，而撤銷訴願決定及原處分，命被告機關另為適法之處分，俾正確計算被繼承人之實際財產，以維法治而維護權益，實感德便。

　　　謹　狀

台中高等行政法院　公鑒

附件：訴願決定書影本（案號：第09500000號）。

中　華　民　國　　○　○　年　　○　○　月　　○　○　日

具狀人：甲

相關法條及裁判要旨

■ 遺產及贈與稅法第15條：

被繼承人死亡前二年內贈與下列個人之財產，應於被繼承人死亡時，視為被繼承人之遺產，併入其遺產總額，依本法規定徵稅：

一、被繼承人之配偶。

二、被繼承人依民法第一千一百三十八條及第一千一百四十條規定之各順序繼承人。

三、前款各順序繼承人之配偶。

八十七年六月二十六日以後至前項修正公布生效前發生之繼承案件，適用前項之規定。

■ 強制執行法第97條：

拍賣之不動產，買受人繳足價金後，執行法院應發給權利移轉證書及其他書據

■ 強制執行法第98條第1項：

拍賣之不動產，買受人自領得執行法院所發給權利移轉證書之日起，取得該不動產所有權，債權人承受債務人之不動產者亦同。

2. 行政訴訟上訴狀

案例事實

被告於訴願答辯書，已自認贈與標的物股權淨值已為零，股權移轉國有無變現實益，核課遺產稅時認定標的物股權淨值每股0元，其前後認定不一致。

撰狀說明

原告若對於高等行政法院之判決有所不服，於接到判決後20日內，以判決不適用法規或適用不當者之違背法令或有下列各款情形之一者之判決當然違背法令：「一、判決法院之組織不合法者。二、依法律或裁判應迴避之法官參與裁判者。三、行政法院於權限之有無辨別不當或違背專屬管轄之規定者。四、當事人於訴訟未經合法代理或代表者。五、違背言詞辯論公開之規定者。六、判決不備理由或理由矛盾者。」。而向原判決之高等法院提出上訴狀。

書狀內容

狀別：行政訴訟上訴狀

原審案號：臺中高等行政法院96年度訴字第○○○號

上訴人：甲　住○○○　電話：○○○

被上訴人：財政部○區國稅局　設○○○

代表人：乙　住○○○

為對臺中高等行政法院96年度訴字第○○號遺產稅事件，所為第一審判決聲明不服，於法定期間內提起上訴，茲將上訴聲明及理由分述於下：

上訴聲明

一、原判決廢棄。

二、訴願及原處分均撤銷。

三、第一、二審訴訟費用均由被上訴人負擔。

上訴理由

一、按對於高等行政法院判決之上訴，非以其違背法令為理由，不得為之。判決不適用法規或適用不當者，為違背法令。有下列各款情形之一者，其判決當然違背法令：(一)判決法院之組織不合法者；(二)依法律或裁判應迴避之法官參與裁判者；(三)行政法院於權限之有無辨別不當或違背

專屬管轄之規定者；(四)當事人於訴訟未經合法代理或代表者；(五)違背言詞辯論公開之規定者；(六)判決不備理由或理由矛盾者。行政訴訟法第242條、243條分別定有明文。

二、原審判決理由六、謂：「再按依首開遺產及贈與稅法第十條第一項前段及同法施行細則第二十九條第一項之規定，遺產價值之計算，應以繼承開始日該公司之資產淨值估定之。」從而，本件被繼承人於91年○月○日死亡，關於其所投資之○○公司等六家公司之部分，自應以被繼承人所持有之股權於繼承開始日之資產淨值計算，並據以核課被繼承人遺產稅。經查，被繼承人生前投資於○○公司、○○公司、○○公司、○○公司及○○公司股份三、五○○股，一、六○○股，四、○○○股，一五○股及三、○○○股。另以張○○、張○○、張○○及張○○等四人名義投資於上揭公司股份二、五○○股，一○、五○○股，八、○○○股，五九○股及二、○○○股，以配偶名義投資於○○公司股份三、○○○股，原告對於被繼承人有上開股份之投資，並不爭執。被告依○○公司等六家公司86年度累積未分配盈餘核定資料建檔畫面、87至91年度ARE（未分配盈餘）核定案件查詢及外更正作業畫面及○○公司歸戶財產清單、公司說明書、土地明細表、各類所得資料申報書、台中縣土地卡等資料，核算各該公司於繼承開始時之股權遺產價值結果，合計86,861,480元，較被告初查估算系爭股權淨值計86,984,993元，核定遺產價值86,984,993元為低，原告提起復查後，予以追減123,513元，自屬有據。顯然原審判決違背法令：

(一)依財政部92/12/25台財稅字第0920457125號函：「被繼承人所遺未上市、未上櫃公司股權或債權，如其價值已確實減少或有不能收取情事，應參照本部84年台財稅第841614364號函釋意旨暨遺產及贈與稅法第16條第13款立法意旨計算。說明：二、查被繼承人遺有未上市公司股票，而該未上市公司如經稽徵機關查明其已擅自停業或他遷不明，經研判確已無財產價值者，可核實認定其資產淨值，以符實際，前經本部84年台財稅第841614364號函釋示在案；另本部發布之「債權、未上市或上櫃股份有限公司股票、有限公司出資額、骨董、藝術品等審查及受理抵繳注意事項」壹、第2點亦明定，除前

開84年函釋規定之情形外，如經查明有其他具體事證，致經研判價
值已確實減少或已無價值者，核實認定。準此，未上市或上櫃公司
之股權，如經查有具體事證，研判價值已確實減少或已無價值者，
即可核實認定，其於抵繳時始發現者亦同。三、被繼承人之債權及
其他請求權不能收取或行使確有證明者，依遺產及贈與稅法第16條
第13款規定，不計入遺產總額，準此，被繼承人所遺債權，如經查
符合同法施行細則第9條之1規定者，就該不能收取部分，即可不計
入遺產總額，於抵繳時始發現者亦同。」（附件1）

(二)上揭函釋：「未上市或上櫃公司之股權，如經查有具體事證，研判
價值已確實減少或已無價值者，即可核實認定」準此，上訴人主
張該六家公司淨值並非被上訴人所認定之淨值，被上訴人機關之中
區國稅徵字第0950063457訴願答辯書，已自認本件贈與標的物○○
○公司股權淨值已為零（上證1），另財政部第09505577號訴願決
定書，理由四、略以，「次查本件贈與標的物為○○○公司股權，
經原處分機關初查按移轉日該公司資產淨值核定為○○○元，訴願
人等不服，訴經本部○○年8月24日台財訴字第00000號訴願決定駁
回在案，現繫屬臺中高等行政法院審理中，惟查原處分機關○○年
○○月○○日中區國稅徵字第0000號函答辯書又謂：「該公司已於
95年2月1日申請停業，股權淨值已為零，變價不易，股權移轉國有
無變現實益」等語，其前後認定是否一致？有無本部92年12月25日
台財稅字第0920457125號函釋：「說明：二、查被繼承人遺有未上
市公司股票，而該未上市公司如經稽徵機關查明其已擅自停業或他
遷不明，經研判確已無財產價值者，可核實認定其資產淨值，以符
實際，前經本部84年台財稅第841614364號函釋示在案；另本部發
布之『債權、未上市或上櫃股份有限公司股票、有限公司出資額、
骨董、藝術品等審查及受理抵繳注意事項』第壹二點亦明定，除前
開84年函釋規定之情形外，如經查明有其他具體事證，致經研判價
值已確實減少或已無價值者，核實認定。準此，未上市或上櫃公司
之股權，如經查有具體事證，研判價值已確實減少或已無價值者，
即可核實認定，其於抵繳時始發現者亦同。」意旨之適用，得據以
核減其價值，非無由原處分機關重行審酌之餘地，爰將本件原處分
（95年6月19日中區國稅○○一字第00000號函復）撤銷，由原處分

機關酌明後另爲處分。」（上證2）被上訴人迄今已逾一年餘尚未
另爲處分，而於本件原審未詳予調查，卻堅持亞希亞公司股權淨值
24,000,000元，從而，原審未依依職權調查證據，顯然判決不適用法
規或適用不當者，爲違背法令。

三、（略）

四、綜上所述，本件上訴人既已主張本件之遺產標的物，並無如被上訴人所
設算之價值，若被上訴人強認本件標的物之價值，依遺產及贈與稅法第
30條第2項規定：遺產稅或贈與稅應納稅額在30萬元以上，納稅義務人
確有困難，不能一次繳納現金時，得於前項規定納稅期限內，向該管稽
徵機關申請，分18期以內繳納；每期間隔以不超過2個月爲限，並准以
課徵標的物或其他易於變價或保管之實物一次抵繳。則被上訴人是否應
依「僅反言」之原則，不得再以如同，被上訴人機關以中區國稅徵字第
09500000訴願答辯書，卻認本件遺產標的物之○○公司股權淨值已爲零
（見上證一）。細斟被上訴人核課本件遺產稅時，被上訴人認本件遺產
標的物○○公司依移轉日系爭股權價值19,281,867元，而抵繳時卻認○○
公司股權淨值已爲零，其理何在？法諺：「任何人不得以大於自己所有
之權利，讓與他人」、「任何人不得以大於自己所有之利益，使其繼承
人繼承」如原審所認定遺產標的物之價值係正確的，則肯定被上訴人所
作之前後兩次行政處分，必然有一次屬違法的。准此，爰依行政訴訟法
第238條第1項、第242條、第243條等規定，提起上訴，

　　　　狀請

鈞院鑒核，廢棄原判決並撤銷訴願決定及原處分，以維權益，實感法便。

　　　　謹狀

臺中高等行政法院　　轉呈

最高行政法院　　　　公鑒

附件1：財政部發布之：「債權、未上市或未在證券商營業處所買賣之股份有
　　　　限公司股份、有限公司出資額、骨董、藝術品等審查及抵繳注意事
　　　　項：」影本。

中　華　民　國　　○　○　　年　　○　○　　月　　○　○　　日

具狀人：甲

相關法條及裁判要旨

■ **遺產及贈與稅法第16條第13款：**

左列各款不計入遺產總額：一三、被繼承人之債權及其他請求權不能收取或行使確有證明者。

■ **遺產及贈與稅法施行細則第9條之1：**

本法第十六條第十三款所稱債權及其他請求權不能收取或行使確有證明者，指下列各款情形：

一、債務人經依破產法和解、破產、依消費者債務清理條例更生、清算或依公司法聲請重整，致債權全部或一部不能取償，經取具和解契約或法院裁定書。

二、被繼承人或繼承人與債務人於法院成立訴訟上和解或調解，致債權全部或一部不能收取，經取具法院和解或調解筆錄，且無本法第五條第一款規定之情事，經稽徵機關查明屬實。

三、其他原因致債權或其他請求權之一部或全部不能收取或行使，經取具證明文件，並經稽徵機關查明屬實。

■ **遺產及贈與稅法30條第4項：**

遺產稅或贈與稅應納稅額在三十萬元以上，納稅義務人確有困難，不能一次繳納現金時，得於納稅期限內，就現金不足繳納部分申請以在中華民國境內之課徵標的物或納稅義務人所有易於變價及保管之實物一次抵繳。中華民國境內之課徵標的物屬不易變價或保管，或申請抵繳日之時價較死亡或贈與日之時價為低者，其得抵繳之稅額，以該項財產價值占全部課徵標的物價值比例計算之應納稅額為限。

(八) 地價稅行政訴訟案例

1. 行政訴訟起訴狀

案例事實

　　被告機關原對原告之土地課徵田賦，嗣認系爭土地自87年7月3日公共設施全部完竣，核與土地稅法第22條課徵田賦規定不合，應自完竣之次年期起改課地價稅，被告卻依稅捐稽徵法第21條及土地稅法等規定，自原告取得年度94年起改按一般用地稅率課徵地價稅，補徵94年、95年地價稅。

撰狀說明

　　本案例類型為撤銷訴訟，此類案件須經訴願程序，本件原告甲不服訴願決定，於訴願決定書送達後2個月內繕具起訴狀，依被告人數提出繕本，直接向高等行政法院提起行政訴訟並復具訴願決定書。但訴願人以外之利害關係人知悉在後者，自知悉時起算。若自訴願決定書送達後，已逾三年者，不得提起。（納裁判費4000元）。

書狀內容

狀別：行政訴訟起訴狀
原　告　甲　住○○○　電話：○○○
被　告　　○○縣地方稅務局　設○○○
代表人　乙　住○○○
為地價稅事件，依法提起行政訴訟事：

訴之聲明

一、撤銷訴願決定及原處分（含復查決定）
二、被告應退回系爭94年及95年已繳地價稅，共計○○元，以及自起訴狀送達日起至退還稅款日，以年息百分之五計算之利息。
三、訴訟費用由被告負擔。

事實及理由

一、緣原告於民國（下同）○○年5月16日因夫妻贈與取得所有坐落○○縣○○鄉○○段○○○、○○○地號等2筆土地（以下簡稱系爭土地），原課徵田賦，嗣被告所屬○○分局依○○縣○○地政事務所及○○縣○○鄉

公所查復資料，系爭土地自○○年7月3日公共設施全部完竣，核與土地
稅法第22條課徵田賦規定不合，應自完竣之次年期起改課地價稅，遂依
稅捐稽徵法第21條及土地稅法等規定，自原告取得年度94年起改按一般
用地稅率課徵地價稅，並以○○年8月29日○稅○分一字第○○○號函補
徵94年、95年地價稅分別為新台幣（下同）○○○元，合計○○○元。
原告不服，申請復查未獲變更，提起訴願亦遭駁回，遂提起本件行政訴
訟。

二、系爭土地為○○縣○○鄉都市計畫區內之土地，編定為住宅區建築用
地，但其深度均不符合建築最小面積14公尺以上深度之規定，依建築法
第44條規定為畸零地不得建築。本案爭點在於系爭土地是否屬平均地權
條例第22條及土地稅法第22條所稱「依法不能建築」但仍作農業使用之
土地。若是，依該法規定應課徵田賦。都市土地之「畸零地」是否為土
地稅法第22條及平均地權條例第22條所稱之「依法不能建築」之土地，
法律及施行細則均未涉及，被告及訴願機關所引用之內政部93年4月12日
所訂定之「平均地權條例第22條有關依法限制建築、依法不能建築之界
定作業原則」（以下簡稱「作業原則」）第4點，作為決定都市土地畸
零地課徵地價稅之唯一依據，實屬有誤，因該「作業原則」僅為行政命
令，被告以此為依據，已違反中央法規標準法第5條之規定，以及憲法第
19條租稅法律主義原則。畸零地依建築法不得建築，即土地稅法第22條
及平均地權條例第22條所規定之「不能建築」，應課徵田賦，而非課徵
地價稅。被告以內政部違法釋示做為處分依據，顯然無效。

三、綜上所陳，盼　鈞院詳查本件相關事證，而撤銷訴願決定及原處分，命
被告機關另為適法之處分，以維法治而維護權益，實感德便。

　　　　謹　狀
台○高等行政法院　公鑒
附件1：訴願決定書影本。
中　華　民　國　○　○　年　○　○　月　○　○　日
具狀人：甲

相關法條及裁判要旨

■ 稅捐稽徵法第21條：

稅捐之核課期間，依左列規定：

一、依法應由納稅義務人申報繳納之稅捐，已在規定期間內申報，且無故意以
　　詐欺或其他不正當方法逃漏稅捐者，其核課期間為五年。

二、依法應由納稅義務人實貼之印花稅，及應由稅捐稽徵機關依稅籍底冊或查
　　得資料核定課徵之稅捐，其核課期間為五年。

三、未於規定期間內申報，或故意以詐欺或其他不正當方法逃漏稅捐者；其核
　　課期間為七年。

在前項核課期間內，經另發現應徵之稅捐者，仍應依法補徵或並予處罰，在核
課期間內未經發現者，以後不得再補稅處罰。

■ 建築法第44條：

直轄市、縣（市）（局）政府應視當地實際情形，規定建築基地最小面積之寬
度及深度；建築基地面積畸零狹小不合規定者，非與鄰接土地協議調整地形或
合併使用，達到規定最小面積之寬度及深度，不得建築。

■ 平均地權條例第22條：

非都市土地依法編定之農業用地或未規定地價者，徵收田賦。但都市土地合於
左列規定者，亦同：

一、依都市計畫編為農業區及保護區，限作農業用地使用者。

二、公共設施尚未完竣前，仍作農業用地使用者。

三、依法限制建築，仍作農業用地使用者。

四、依法不能建築，仍作農業用地使用者。

五、依都市計畫編為公共設施保留地，仍作農業用地使用者。

前項第二款及第三款，以自耕農地及依耕地三七五減租條例出租之耕地為限。

農民團體與合作農場所有直接供農業使用之倉庫、冷凍（藏）庫、農機中心、
蠶種製造（繁殖）場、集貨場、檢驗場、水稻育苗中心等用地，仍徵收田賦。

■ 土地稅法第22條：

非都市土地依法編定之農業用地或未規定地價者，徵收田賦。但都市土地合於
左列規定者亦同：

一、依都市計畫編為農業區及保護區，限作農業用地使用者。

二、公共設施尚未完竣前，仍作農業用地使用者。

三、依法限制建築，仍作農業用地使用者。

四、依法不能建築，仍作農業用地使用者。

五、依都市計畫編為公共設施保留地，仍作農業用地使用者。

前項第二款及第三款，以自耕農地及依耕地三七五減租條例出租之耕地為限。

農民團體與合作農場所有直接供農業使用之倉庫、冷凍（藏）庫、農機中心、蠶種製造（繁殖）場、集貨場、檢驗場、水稻育苗用地、儲水池、農用溫室、農產品批發市場等用地，仍徵收田賦。

公有土地供公共使用及都市計畫公共設施保留地在保留期間未作任何使用並與使用中之土地隔離者，免徵田賦。

2. 行政訴訟上訴狀

案例事實

　　原課田賦之處分，殆於95年間始經撤銷，惟被上訴人竟於其同時核應補課其前5年之地價稅，未顧及合法有效之原課田賦之行政處分，有違信賴保護原則。

撰狀說明

　　原告若對於高等行政法院之判決有所不服，於接到判決後20日內，以判決不適用法規或適用不當者之違背法令或有下列各款情形之一者之判決當然違背法令：「一、判決法院之組織不合法者。二、依法律或裁判應迴避之法官參與裁判者。三、行政法院於權限之有無辨別不當或違背專屬管轄之規定者。四、當事人於訴訟未經合法代理或代表者。五、違背言詞辯論公開之規定者。六、判決不備理由或理由矛盾者。」而向原判決之高等法院提出上訴狀。

書狀內容

狀別：行政訴訟上訴狀

原審案號：臺○高等行政法院98年度訴字第○○號判決　　股別：

上訴人：甲　　設○○○　　電話：○○○

被上訴人：財政部○區國稅局　　設○○○

代表：乙　　　住○○○

為對臺○高等行政法院98年度訴字第○○號地價稅事件，所為第一審判決聲明不服，於法定期間內提起上訴，茲將上訴聲明及理由分述於下：

上訴聲明

一、原審判決廢棄。

二、訴願決定、復查決定及原處分關於系爭土地原課徵田賦改按一般用地稅率課徵地價稅及補徵90至94年地價稅差額○○○元部分均撤銷。

三、第一、二審訴訟費用均由被上訴人負擔。

上訴理由

一、按對於高等行政法院判決之上訴，非以其違背法令為理由，不得為之。判決不適用法規或適用不當者，為違背法令。有下列各款情形之一者，其判決當然違背法令：(一)判決法院之組織不合法者；(二)依法律或裁判

應迴避之法官參與裁判者；(三)行政法院於權限之有無辨別不當或違背專屬管轄之規定者；(四)當事人於訴訟未經合法代理或代表者；(五)違背言詞辯論公開之規定者；(六)判決不備理由或理由矛盾者。行政訴訟法第242條、243條分別定有明文。

二、上訴人所有坐落○○縣○○鎮○○○段○○小段264-20地號及264-23地號等2筆土地（以下簡稱系爭土地）為非都市土地，原按田賦課徵。嗣經被上訴人查得上開土地自70年起即更正編定為鄉村區乙種建築用地，核與土地稅法第22條課徵田賦之規定不符，乃依稅捐稽徵法第21條、土地稅法第14條規定，自90年起改按一般用地稅率課徵地價稅，並補徵90年至94年地價稅差額，分別為90年至92年各新臺幣（下同）○○○元，93年○○○元，94年○○○元，合計○○○元。上訴人不服，以系爭土地種植各種農作物仍作農業用地使用，應准課徵田賦為由申請復查。經復查決定予以駁回，上訴人不服，提起訴願亦遭駁回後，提起行政訴訟，經原審以96年度訴字第○○○號判決（下稱原判決）駁回。上訴人仍不服，遂提起本件上訴。

三、查系爭土地使用現況，要分為「一、栽培朴仔樹、銀樺樹、楓港柿樹等作物多達○○○株。二、兼具堆肥舍、農機具室、倉庫、儲藏室、管理室等多元用途房舍乙幢。三、曬場。四、農路」等項，其使用均與上述「乙種建築用地」容許使用項目「農業設施」之「免經申請許可使用細目」規定相符。系爭土地雖自70年起編定為乙種建築用地，惟其○○年6月29日以前經核准徵收田賦，且迄今仍合於非都市土地使用管制而作農業用地使用，依土地稅法施行細則第22條規定，自應續准徵收田賦始為合法。土地稅法施行細則第22條之立法目的乃為照顧農民生活，兼顧既往已徵收田賦之事實，對非都市土地編為前條第1項以外之土地作農業用地使用者，仍徵收田賦。農業用地徵收田賦，旨在減輕農用土地之稅課，以獎勵農業生產，依舉輕以明重之法理，實際供給農業經營不可分離之農舍等用地，既可徵收田賦，要無將實際作農業用地使用之土地排除改徵地價稅之理，此為當然之解釋。系爭土地之供栽樹及農舍等使用，均應徵收田賦，殆無可疑。被上訴人於95年間因系爭土地於70年起更編為建築用地，始函知應課地價稅，亦即原課田賦之處分，殆於95年間始經撤銷，惟被上訴人竟於其同時核應補課其前5年之地價稅，未顧及

　　要屬合法有效之原課田賦之行政處分，有違信賴保護原則。爲此，訴請
　　將訴願決定、復查決定及原處分關於系爭土地原課徵田賦改按一般用地
　　稅率課徵地價稅及補徵90至94年地價稅差額○○○元部分均撤銷。原審
　　未詳查，更彰顯原審適用法令錯誤。准此，爰依行政訴訟法第238條第1
　　項、第242條、第243條等規定，提起上訴，
　　　　　　狀　　請
鈞院鑒核，廢棄原判決並撤銷訴願決定及原處分，以維權益，實感法便。
　　　　　　謹　　狀
臺○高等行政法院　轉呈
最高行政法院　　　公鑒
中　華　民　國　○　○　年　○　○　月　○　○　日
具狀人：甲

相關法條及裁判要旨

■ 土地稅法施行細則第22條：
非都市土地編爲前條以外之其他用地合於下列規定者，仍徵收田賦：
一、於中華民國七十五年六月二十九日平均地權條例修正公布施行前，經核准
　　徵收田賦仍作農業用地使用。
二、合於非都市土地使用管制規定作農業用地使用。

■ 土地稅法第22條：
非都市土地依法編定之農業用地或未規定地價者，徵收田賦。但都市土地合於
左列規定者亦同：
一、依都市計畫編爲農業區及保護區，限作農業用地使用者。
二、公共設施尚未完竣前，仍作農業用地使用者。
三、依法限制建築，仍作農業用地使用者。
四、依法不能建築，仍作農業用地使用者。
五、依都市計畫編爲公共設施保留地，仍作農業用地使用者。
前項第二款及第三款，以自耕農地及依耕地三七五減租條例出租之耕地爲限。
農民團體與合作農場所有直接供農業使用之倉庫、冷凍（藏）庫、農機中心、
蠶種製造（繁殖）場、集貨場、檢驗場、水稻育苗用地、儲水池、農用溫室、
農產品批發市場等用地，仍徵收田賦。

公有土地供公共使用及都市計畫公共設施保留地在保留期間未作任何使用並與使用中之土地隔離者,免徵田賦。

(九) 土地增值稅行政訴訟案例

1. 行政訴訟起訴狀

案例事實

　　被告機關認土地公廟為「非與農業經營不可分離之房舍」未作農業使用。以擬制之方法推定系爭土地未作農業使用，而不依土地稅法第39條之2第4項規定課徵土地增值稅。

撰狀說明

　　本案例類型為撤銷訴訟，此類案件須經訴願程序，本件原告甲不服訴願決定，於訴願決定書送達後2個月內繕具起訴狀，依被告人數提出繕本，直接向高等行政法院提起行政訴訟並復具訴願決定書。但訴願人以外之利害關係人知悉在後者，自知悉時起算。若自訴願決定書送達後，已逾三年者，不得提起。（納裁判費4000元）。

書狀內容

狀別：行政訴訟起訴狀

原　告　甲　住○○○　電話：○○○

被　告　乙　設○○○

為土地增值稅事件，依法提起行政訴訟事：

訴之聲明

一、訴願決定及原處分均撤銷。

二、被告機關應就系爭土地作成依土地稅法第39條之2第4項規定課徵土地增值稅之行政處分；並自拍定人代為繳納稅款之日起算，至填發收入退還書或國庫支票之日止，按更正稅額，依代為繳納稅款之日郵政儲金匯業局之一年期定期存款利率，按日加計利息，一併退還法院。

三、訴訟費用由被告負擔。

事實及理由

一、緣原告所有坐落○○縣○○鎮○○○段○○○-及○○○-○地號等2筆土地，於民國（下同）90年○月○○日經臺灣○○地方法院民事執行處90年度執○字第○○○○號執行拍賣，由訴外人吳○○拍定取得所有權，

前經被告機關所屬○○分局按一般用地稅率核算應納土地增值稅新臺幣（下同）○○○及○○○元，並函請執行法院代爲扣繳在案。嗣原告於97年○月○日向該分局申請上開土地依土地稅法第39條之2第4項規定，以89年1月6日修正當期之公告土地現值爲原地價，計算漲價總數額，課徵土地增值稅，並更正差額退還法院重新分配。經該分局審查結果，○○段○○○-○地號土地符合規定，重新核算應納土地增值稅爲○，原扣繳土地增值稅00,000元另開立退稅支票退還法院重新分配，而同段000-地號土地於89年1月28日土地稅法修正公布生效時，其地上已建有一座土地公廟，非屬作農業使用之農業用地，不符土地稅法第39條之2第4項之規定，乃以○○年○月○日○○稅一字第0971000000函否准所請。原告不服，提起訴願，遭決定駁回，遂提起行政訴訟。

二、查系爭土地從原告持有所有權至拍賣時，一直按「田賦徵收」爲被告機關所不爭，而農業用地作農業使用始得按土地稅法第22條規定課徵田賦，系爭土地既按田賦徵收，自屬農業用地作農業使用，被告機關自有依土地稅法第39條之2第4項規定課徵土地增值稅之義務。依財政部61年5月24日台財稅字第34260號函釋：「據呈擬未辦寺廟登記或無固定管理人之福德神廟用地，經由當地主管稽徵機關查明屬實後，視同公共用地，適用土地賦稅減免規則第11條第13款（即現行土地稅減免規則第8條第1項第10款）規定，逕行主動辦理減免土地賦稅一節，核屬可行，應准如擬辦理。」則系爭土地公廟爲農業社會經營農業之精神信仰所在，財政部始認免徵土地稅，自與農業使用無殊，被告機關爲違誤之論斷，與法不合。

三、按所謂作農業使用，參照89年1月6日土地稅法第39條之2第4項規定施行前土地稅法第10條規定係指：本法所稱農業用地，指供農作、森林、養殖、畜牧及與農業經營不可分離之房舍、曬場、農路、灌溉、排水及其他農用之土地。從而，被告機關應舉證系爭土地公廟爲「非與農業經營不可分離之房舍」之具體事實，始得謂系爭土地未作農業使用。被告機關應就○○縣○○鎮○○○段○○○-○地號未作農業使用之事實，負舉證責任。若不能舉證，竟率以擬制之方法推定系爭土地未作農業使用，而不依土地稅法第39條之2第4項規定課徵土地增值稅，自屬違法。

四、綜上所陳，盼　鈞院詳查本件相關事證，而撤銷訴願決定及原處分，命被告機關另爲適法之處分，以維法治而維護權益，實感德便。

```
        謹　狀
台○高等行政法院　公鑒
附件1：訴願決定書影本。
中　華　民　國　○　○　年　○　○　月　○　○　日
具狀人：A
```

相關法條及裁判要旨

■土地稅法第10條：

本法所稱農業用地，指非都市土地或都市土地農業區、保護區範圍內土地，依法供下列使用者：

一、供農作、森林、養殖、畜牧及保育使用者。

二、供與農業經營不可分離之農舍、畜禽舍、倉儲設備、曬場、集貨場、農路、灌溉、排水及其他農用之土地。

三、農民團體與合作農場所有直接供農業使用之倉庫、冷凍（藏）庫、農機中心、蠶種製造（繁殖）場、集貨場、檢驗場等用地。

本法所稱工業用地，指依法核定之工業區土地及政府核准工業或工廠使用之土地；所稱礦業用地，指供礦業實際使用地面之土地。

■土地稅法第39條之2第4項：

作農業使用之農業用地，於本法中華民國八十九年一月六日修正施行後第一次移轉，或依第一項規定取得不課徵土地增值稅之土地後再移轉，依法應課徵土地增值稅時，以該修正施行日當期之公告土地現值為原地價，計算漲價總數額，課徵土地增值稅。

2. 行政訴訟上訴狀

案例事實

農業用地移轉與自然人時，得申請不課徵土地增值稅，系爭土地經法院拍賣，由第一順位抵押權人承受，致甲無法享有不課徵土地增值稅之優惠，法院強制執行拍賣程序，甲無權決定系爭土地之買受人，此種射倖性形同賭博，人民之權益無法獲得保障，違反憲法第23條之比例原則。原審未詳查，甲指摘原審適用法令錯誤提起上訴。

撰狀說明

原告若對於高等行政法院之判決有所不服，於接到判決後20日內，以判決不適用法規或適用不當者之違背法令或有下列各款情形之一者之判決當然違背法令：「一、判決法院之組織不合法者。二、依法律或裁判應迴避之法官參與裁判者。三、行政法院於權限之有無辨別不當或違背專屬管轄之規定者。四、當事人於訴訟未經合法代理或代表者。五、違背言詞辯論公開之規定者。六、判決不備理由或理由矛盾者。」。而向原判決之高等法院提出上訴狀。

書狀內容

狀別：行政訴訟上訴狀

原審案號：臺○高等行政法院98年度訴字第○○號判決

上訴人：甲　設○○○　電話：○○○

被上訴人：○○縣地方稅務局　設○○○

代表人：乙　住○○○

為對臺○高等行政法院○○年度訴字第○○號土地增值稅事件，所為第一審判決聲明不服，於法定期間內提起上訴，茲將上訴聲明及理由分述於下：

上訴聲明

一、原審判決廢棄。

二、訴願、復查決定及原處分均撤銷。

三、命被上訴人應作成就系爭土地以○○年○○月○○日公告現值為前次移轉現值之行政處分。

四、第一、二審訴訟費用均由被上訴人負擔。

上訴理由

一、按對於高等行政法院判決之上訴，非以其違背法令爲理由，不得爲之。判決不適用法規或適用不當者，爲違背法令。有下列各款情形之一者，其判決當然違背法令：(一)判決法院之組織不合法者；(二)依法律或裁判應迴避之法官參與裁判者；(三)行政法院於權限之有無辨別不當或違背專屬管轄之規定者；(四)當事人於訴訟未經合法代理或代表者；(五)違背言詞辯論公開之規定者；(六)判決不備理由或理由矛盾者。行政訴訟法第242條、243條分別定有明文。

二、上訴人原所有坐落○○縣○○市○○段1953-1、1953-2、1955、1957地號等4筆土地，經臺灣○○地方法院民事執行處於民國（下同）95年2月16日拍定，由○○資產管理有限公司買受，被上訴人於95年3月27日函核定上訴人土地增值稅計新臺幣○○○元，嗣上訴人向被上訴人申請其中坐落○○縣○○市○○段1953-1、1953-2、1957地號等3筆土地（下稱系爭土地），以○○年○○月○○日之公告現值爲原地價課徵土地增值稅，經被上訴人95年6月12日函否准其所請。上訴人不服，提起訴願遭決定駁回，遂循序提起行政訴訟。

三、查系爭土地原屬「○○都市擴大修訂計畫」農業區，於60年9月3日爲編定農業區，後於該計畫於第2次通盤檢討時，附帶條件變更爲兒童遊樂場、公園用地、道路用地、溝渠、住宅區、河川區、體育場、停車場、機關用地，82年7月17日編定爲住宅區，復因大部分地主反對區段徵收案、反對百分之40比例發還土地，且近期內無法完成區段徵收，遂於90年8月24日恢復爲農業區；系爭土地於95年才由第一順位抵押權人拍賣承受，系爭土地移轉時爲農業用地，而財政部90年5月4日及91年12月10日二則函釋則爲土地移轉時非屬農業用地，被上訴人未詳查，將系爭土地侷限於僅適用土地稅法第39條之2第1項，而排除土地稅法第39條之2第4項之適用，誠有違誤；依土地稅法施行細則第57條之1、農業發展條例施行細則第14條之1之立法意旨，系爭土地因細部計畫尚未完成，未能准許依變更後計畫用途使用，故於89年1月28日農業發展條例修改施行之日係屬農業用地，可適用土地稅法第39條之2第4項規定減免地價稅甚明。內政部94年6月30日台內營字第0940084214號函釋亦持相同見解；末查土地稅法第39條之2第1項、農業發展條例第37條第1項均規定，作農業使用之農業用地移轉與自然人時，得申請不課徵土地增值稅，而系爭土地經法

院拍賣，由第一順位抵押權人○○資產管理有限公司承受，致上訴人無法享有不課徵土地增值稅之優惠，惟法院的強制執行拍賣程序，上訴人無權決定系爭土地之買受人，此種射倖性形同賭博，人民之權益無法獲得保障，顯已違反憲法第23條之比例原則。原審未詳查，更彰顯原審適用法令錯誤。准此，爰依行政訴訟法第238條第1項、第242條、第243條等規定，提起上訴，

　　　狀　請
鈞院鑒核，廢棄原判決並撤銷訴願決定及原處分，以維權益，實感法便。
　　　謹　狀
臺○高等行政法院　轉呈
最高行政法院　　　公鑒
中　華　民　國　○　○　年　○　○　月　○　○　日
具狀人：甲

相關法條及裁判要旨

■土地稅法第39條之2第1項：
作農業使用之農業用地，移轉與自然人時，得申請不課徵土地增值稅。

■農業發展條例第37條第1項：
作農業使用之農業用地移轉與自然人時，得申請不課徵土地增值稅。

■憲法第23條：
以上各條列舉之自由權利，除為防止妨礙他人自由、避免緊急危難、維持社會秩序，或增進公共利益所必要者外，不得以法律限制之。

(十) 貨物稅行政訴訟案件

1. 行政訴訟起訴狀

案例事實

　　原告委託報關行報運進口中國大陸製○○機，核定以C1（免審免驗）通關方式放行在案。被告卻核定為應徵貨物稅貨物，且處所漏貨物稅額5倍之罰鍰，另依加值型及非加值型營業稅法第51條第7款規定，按所漏營業稅額處罰鍰，原告不服，提起訴願，遭決定駁回，遂提起行政訴訟。

撰狀說明

　　本案例類型為撤銷訴訟，此類案件須經訴願程序，本件原告甲不服訴願決定，於訴願決定書送達後2個月內繕具起訴狀，依被告人數提出繕本，直接向高等行政法院提起行政訴訟並復具訴願決定書。但訴願人以外之利害關係人知悉在後者，自知悉時起算。若自訴願決定書送達後，已逾三年者，不得提起。（納裁判費4000元）。

書狀內容

状別：行政訴訟起訴狀
原　告　甲公司　設○○
代表人　乙　住○○
被　告　財政部○○關稅局　設○○
代表人　丙　住○○
為○○年貨物稅等事件，依法提起行政訴訟事：

訴之聲明

一、訴願決定、復查決定及原處分均撤銷。
二、訴訟費用由被告負擔。

事實及理由

一、緣原告委由訴外人○○○報關行於90年○○月○○日向被告報運進口中國大陸製○○機乙批（進口報單號碼：第○○/○○/○○○○/○○○○號，以下簡稱系爭貨物），經核定以C1（免審免驗）通關方式放行在案。嗣被告事後審核結果，以系爭來貨○○機屬貨物稅條例第11條第1項

第4款規定應徵貨物稅貨物，原告於進口時未依規定申報應納貨物稅，涉有逃漏情事，經審理違章成立，除補徵貨物稅新臺幣（下同）○○○元及營業稅○○○元外，另以○○年第○○○○○○○○○號處分書（以下簡稱原處分），依貨物稅條例第32條第10款規定，處所漏貨物稅額5倍之罰鍰計○○○元（計至百元止），另依加值型及非加值型營業稅法第51條第7款規定，按所漏營業稅額處以1.5倍之罰鍰計○○○元（計至百元止）。原告不服，提起訴願，遭決定駁回，遂提起行政訴訟。

二、按行政罰法第7條第1項規定：「違反行政法上義務之行為非出於故意或過失者，不予處罰。」次按本件被告所為原處分之依據為貨物稅條例第32條第10款「國外進口之應稅貨物，未依規定申報（貨物稅）者；與違反加值型及非加值型營業稅法第51條第7款「其他有漏稅事實者。」之規定，並於原處分「本案事實」欄記載「經查結果發覺受處分人未申報貨物稅，當予依法論處。」原告事先申請進口貨物，貨物稅預先審核或主動在申請審驗方式欄填報申請書面審查，均為被告規定之報關程序，原告依法為之，應免受處罰。

三、查原告於○○年○○月○○日依關稅法第21條第1項「納稅義務人或其代理人得於貨物進口前，向海關申請預先審核進口貨物之稅則號別，海關應以書面答覆之。」之規定，向被告申請預先審核進口貨物稅則，經被告於○○年○○月○○日以（○○）○○字第○○○號函復原告稅則分類理由，依關稅總局稅則處建議修正如上。」。

四、次查，依「進口貨物稅則預先審核注意事項」3三（二）「『稅則預先審核資料檔』由稅則處負責維護。其貨名及稅則、材質、成分、功能特性、用途、稅則分類理由列入關稅總局網站之稅則稅率查詢系統供商民參考。」之規定。凡向被告申報報關作業者，皆須與被告機關之電腦連線，並非任何人均可向被告申請報關，而被告之報關電腦程式與連線作業均為被告所控制，當報關行於線上輸入貨品分類號列第○○○號或其他號碼時，於進口報單上就自動顯示應稅項目與稅額，並列載於進口報單之欄位。報關行再以電腦網路所示內容支付稅費與各式規費等，被告機關亦依電腦網路之內容開立收據，是該等電腦內容並非原告所能控制、變更或修改，無開立單據亦無從繳納。而自○○年○○月本件發生後，原告即對被告一再陳明此不合理之處，被告始更改電腦上述欄位，

至原告○○年○○月○○日之進口報單才見完整欄位。另原告自○○年○○月○○日起均依被告指示審驗方式記載「○」，惟進口報單仍無貨物稅率之欄位。且查於原告申請復查後，被告始將系爭貨品「稽徵特別規定」欄位變更記載為「○○」，顯然原告就系爭貨物之貨物稅申報並無故意或過失。

五、末查，營業稅乃貨物稅後加計5%，此乃計算結果而來，故而即便本件應徵貨物稅，原告就營業稅之漏報仍無過意或故失，即無應因漏報營業稅受課處罰鍰之事由。

六、綜上所陳，被告核定原告補徵貨物稅○○○元及營業稅○○○元外，另依貨物稅條例第32條第10款規定，處所漏貨物稅額5倍之罰鍰計○○○元暨又依加值型及非加值型營業稅法第51條第7款規定，按所漏營業稅額處以1.5倍之罰鍰計○○○元，顯然違法。為此，懇請

鈞院明鑒，惠賜判決如訴之聲明所請，以維權益，至為感禱。

　　　　謹　狀

○○高等行政法院　公鑒

附件一：訴願書影本。

中　華　民　國　○　○　年　○　○　月　○　○　日

具狀人：甲

相關法條及裁判要旨

■ 貨物稅條例第11條第1項：

電器類之課稅項目及稅率如左：

一、電冰箱：從價徵收百分之十三。

二、彩色電視機：從價徵收百分之十三。

三、冷暖氣機：凡用電力調節氣溫之各種冷氣機、熱氣機等均屬之，從價徵收百分之二十：其由主機、空調箱、送風機等組成之中央系統型冷暖氣機，從價徵收百分十五。

四、除濕機：凡用電力調節室內空氣濕度之機具均屬之，從價徵收百分之十五。但工廠使用之濕度調節器免稅。

五、錄影機：凡用電力錄、放影像音響之機具，如電視磁性錄影錄音機、電視磁性影音重放機等均屬之，從價徵收百分之十三。

六、電唱機：凡用電力播放唱片或錄音帶等之音響機具均屬之，從價徵收百分之十。但手提三十二公分以下電唱機免稅。

七、錄音機：凡以電力錄放音響之各型錄放音機具均屬之。從價徵收百分之十。

八、音響組合：分離式音響組件，包括唱盤、調諧器、收音擴大器、錄音座、擴大器、揚聲器等及其組合體均屬之，從價徵收百分之十。

九、電烤箱：凡以電熱或微波烤炙食物之器具均屬之，從價徵收百分之十五。

前項各款之貨物，如有與非應稅貨物組合製成之貨物者，或其組合之貨物適用之稅率不同者，應就該貨物全部之完稅價格按最高稅率徵收。

第一項第三款冷暖氣機，得就其主要機件，由財政部訂定辦法折算課徵。

■貨物稅條例第32條第10款：

納稅義務人有左列情形之一者，除補徵稅款外，按補徵稅額處五倍至十五倍罰鍰：一○、國外進口之應稅貨物，未依規定申報者。

■加值型及非加值型營業稅法第51條第7款：

納稅義務人，有左列情形之一者，除追繳稅款外，按所漏稅額處一倍至十倍罰鍰，並得停止其營業：

七、其他有漏稅事實者。

2. 行政訴訟上訴狀

案例事實

　　上訴人依關稅法第17條提供之發票已載明交易價格係以英鎊計價，被上訴人並以之作為核定上訴人進口貨物完稅價格及核發稅費繳納證之依據，報關行於繕打進口報單時疏忽，誤繕幣別，且已經報關行向被上訴人申報更正，原審未經查明上訴人有何違法事證或上訴人有無可歸責之違法行為，有無故意或過失，亦未調查並審酌對上訴人有利或不利事項，認有判決違背法令，違反行政罰法第4條、行政程序法第4條、第7條、第36條、第39條及司法院釋字第275號解釋。

撰狀說明

　　原告若對於高等行政法院之判決有所不服，於接到判決後20日內，以判決不適用法規或適用不當者之違背法令或有下列各款情形之一者之判決當然違背法令：「一、判決法院之組織不合法者。二、依法律或裁判應迴避之法官參與裁判者。三、行政法院於權限之有無辨別不當或違背專屬管轄之規定者。四、當事人於訴訟未經合法代理或代表者。五、違背言詞辯論公開之規定者。六、判決不備理由或理由矛盾者。」。而向原判決之高等法院提出上訴狀。

書狀內容

狀別：行政訴訟上訴狀

上　訴　人　甲　設○○

代　表　人　乙　住○○

被上訴人　　財政部○○關稅局

代　表　人　丙　住○○

為對臺○高等行政法院98年度訴字第○○號貨物稅事件，所為第一審判決聲明不服，於法定期間內提起上訴，茲將上訴聲明及理由分述於下：

上訴聲明

一、原審判決廢棄。

二、訴願、復查決定及原處分均撤銷。

三、第一、二審訴訟費用均由被上訴人負擔。

上訴理由

一、按對於高等行政法院判決之上訴，非以其違背法令爲理由，不得爲之。判決不適用法規或適用不當者，爲違背法令。有下列各款情形之一者，其判決當然違背法令：(一)判決法院之組織不合法者；(二)依法律或裁判應迴避之法官參與裁判者；(三)行政法院於權限之有無辨別不當或違背專屬管轄之規定者；(四)當事人於訴訟未經合法代理或代表者；(五)違背言詞辯論公開之規定者；(六)判決不備理由或理由矛盾者。行政訴訟法第242條、243條分別定有明文。

二、緣上訴人於民國○○年○○月○○日委由○○報關行向被上訴人申報自英國進口音響乙批，因幣別誤報（英鎊誤爲歐元），由被上訴人查核發現並更正，經核共計漏稅新臺幣（下同）○○○元（關稅○○○元、貨物稅○○○元、營業稅○○○元）。該行爲同時違反貨物稅條例第32條第10款之規定處○○○元罰鍰及違反加值型及非加值型營業稅法第51條第7款之規定處○○○元之罰鍰。上訴人不服，申請復查，未獲變更，提起訴願，行政訴訟均遭駁回。

三、本件進口報關時誤報幣別，純係強泰船務報關行之報關人員作業疏忽所致，原審認上訴人仍有過失並應擔負罰責，非惟不符法理，且與行政罰法第7條第1項規定及司法院釋字第275號解釋有違。

四、依被上訴人對報關行違規行爲所爲○○年第○○○○○○○號處分書所載，本件係屬「情節輕微，係因錯誤」案件；又「稅務違章案件減免處罰標準」第11條及第15條條文，甫於94年12月27日經財政部修正發布，此項修正對上訴人有利（降低罰鍰倍數），然被上訴人未善盡告知義務，致誤導原審作成與稅捐稽徵法第48條之2及上開處罰標準有違之判決。

五、海關緝私條例第41條條文已就報關行及貨主間之可責難程度、責任負擔，分別列舉處分構成要件及論罰對象，惟因稅捐稽徵法、貨物稅條例及營業稅法尚無個別論罰之明確規定，財政部乃援引民法代理之規定辦理。然行政罰法已採行處罰法定主義，且民法之連帶責任在前述稅法尚無明文規定得以準用前，原判決實與中央法規標準法第5條及行政罰法第4條規定有違，有不備理由或理由矛盾之情事。

六、上訴人於原審曾指出「依關稅法第17條第7項規定訂定之『進出口報單申

報事項更正作業辦法』第2條條文，已明文規定進口報單申報事項因誤繕等錯誤，而錯誤之發生如係報關作業之疏失所致者，得由報關業者憑報關時納稅義務人所提供之報關文件向海關申請更正」，被上訴人當不宜動輒以上訴人未申請更正報單而歸咎上訴人有所疏失。況報關行確曾以口頭向分估關員報告誤報幣別，其所以未以書面申請，係因C2案件殊無合法之申請更正時間可言，被上訴人仍以案卷查無申請更正文件而否認前述事實，原審未予明察，亦未將可歸責上訴人之心證理由記載於判決，誠有判決不備理由之缺失。

七、再者，本件咎在報關行，上訴人既無違反關稅法規之行為，被上訴人竟處以所謂「漏稅額」數倍之罰鍰（新臺幣○○○元）反較報關行之罰鍰（新臺幣○○○元）為高，有違比例原則，且被上訴人未調查相關事證或通知上訴人陳述意見，對上訴人有利事項亦未予考慮，對於前揭指摘，被上訴人隻字未提，原判決亦未表示意見，判決已不備理由。

八、另查本件報關人誤報幣別事件，其違法行為係發生報關階段，亦即在被上訴人尚未核定稅則號別及完稅價格、並核發「稅款繳納證」及送達報關人或納稅義務人之前，即無公法上之債權債務關係，原審未察而遽認有民法第224條之適用，亦有理由不備及理由矛盾之缺失等語。

九、綜上所述原審判決核有違背法令之情形，爰依行政訴訟法第238條第1項、第242條、第243條等規定，提起上訴。
　　　　　狀　　請
鈞院鑒核，廢棄原判決並撤銷訴願決定及原處分，以維權益，實感法便。
　　　　　謹　狀
臺中高等行政法院　轉呈
最高行政法院　　公鑒
中　華　民　國　○　○　年　○　○　月　○　○　日
上訴人　甲
代表人　乙

相關法條及裁判要旨
■貨物稅條例第32條：
納稅義務人有下列情形之一者，除補徵稅款外，按補徵稅額處一倍至三倍罰

鍰：

一、未依第十九條規定辦理登記，擅自產製應稅貨物出廠者。

二、應稅貨物查無貨物稅照證或核准之替代憑證者。

三、以高價貨物冒充低價貨物者。

四、免稅貨物未經補稅，擅自銷售或移作他用者。

五、將貨物稅照證及貨物稅繳款書，私自竄改或重用者。

六、廠存原料或成品數量，查與帳表不符，確係漏稅者。

七、短報或漏報出廠數量者。

八、短報或漏報銷售價格或完稅價格者。

九、於第二十五條規定停止出廠期間，擅自產製應稅貨物出廠者。

十、國外進口之應稅貨物，未依規定申報者。

十一、其他違法逃漏、冒領或冒沖退稅者。

■進出口報單申報事項更正作業辦法第2條：

進、出口報單申報事項有筆誤、誤繕、漏列或其他顯然錯誤者，得由納稅義務人或貨物輸出人檢具相關文件，向貨物進出口地海關申請更正。

前項錯誤之發生如係報關業者之疏失所致者，得由報關業者憑報關時納稅義務人或貨物輸出人所提供之報關文件向海關申請更正。

■稅務違章案件減免處罰標準第11條：

依貨物稅條例第三十二條規定應處罰鍰案件，其補徵稅額在新臺幣五千元以下者，免予處罰。

依貨物稅條例第三十二條第十款規定應處罰鍰案件，因短報或漏報完稅價格或數量，致短報或漏報貨物稅額，而申報進口時依規定檢附之相關文件並無錯誤者，按補徵稅額處○‧五倍之罰鍰。但報關人主動向海關申報以文件審核或貨物查驗通關方式進口應稅貨物之案件，免予處罰。

(十一) 關稅法行政訴訟案例

1. 行政訴訟起訴狀

案例事實

　　原告委託○○公司進口中國大陸產製○○乙批，原申報稅則號別經電腦核定按C1（免審免驗）方式通關徵稅放行在案。嗣被告複核原告檢送來貨貨樣及用途說明書，認原告進口系爭貨物未經許可，復無法辦理退運出口，依關稅法第96條第3項規定分別追繳貨價新台幣（下同）○○○元。

撰狀說明

　　本案例類行為撤銷訴訟，此類案件須經訴願程序，本件原告甲不服訴願決定，於訴願決定書送達後2個月內繕具起訴狀，依被告人數提出繕本，直接向高等行政法院提起行政訴訟並復具訴願決定書。但訴願人以外之利害關係人知悉在後者，自知悉時起算。若自訴願決定書送達後，已逾三年者，不得提起。（納裁判費4000元）

書狀內容

狀別：行政訴訟起訴狀

原　告　甲公司　設○○

代表人　乙　住○○

被　告　財政部○○關稅局　設○○

代表人　丙　住○○

為關稅法事件，依法提起行政訴訟事。

訴之聲明

一、訴願決定及原處分均撤銷。

二、訴訟費用由被告負擔。

事實及理由

一、緣原告委由○○有限公司於民國（下同）○○年○○月○○日至○○年○○月○○日間向被告報運進口中國大陸產製○○乙批，原申報稅則號別第○○○○號，經電腦核定按C1（免審免驗）方式通關徵稅放行在案。嗣被告複核原告檢送來貨貨樣及用途說明書，以系爭貨物為○○網

布，歸列稅則號別第○○○號「○○○針織品」，輸入規定MWO（大陸物品不准輸入），審認系爭貨物非屬經經濟部公告准許間接進口之大陸物品，非經許可不得輸入，通知原告於2個月內繳驗經濟部國際貿易局（下稱國貿局）核發之輸入許可證。原告函復：原告受國外廠商委託，將系爭貨物熱融於塑膠外殼上後，運回大陸廠組裝成○○，系爭貨物已加工出口，無法申請輸入許可證；被告因認原告進口系爭貨物未經許可，復無法辦理退運出口，依關稅法第96條第3項規定分別追繳貨價新台幣（下同）○○○元，此為事實原委，先予敘明。

二、查原告係從事模具生產及塑膠料件加工之製造商，因接受國外客戶之委託生產○○○之成品，成品組裝完成後再復運出口，其主要組成料件為由原告射出成型之塑膠框及所進口之○○組合而成。原告所以採用該進口○○係由國外客戶所指定布之的供應商，與其有長期合作關係，信賴所生產之品質。原告為生產加工之製造商，依客戶之所託完成其所需之產品。只是單純認為進口布料，係受國外客戶之指定裁大小尺寸，組裝完成後成品又再復運出口。其品名為○○紗織布，核與進口報單之貨物名稱相符，可由所提供之出口報單證明之。

三、原告進口系爭貨物組裝後亦幾已全數復運出口，並無關稅法第96條第3項規定之適用。訴願決定及原處分均未加參酌實際情況，逕行否決原告之復運出口形式，顯有違誤。

四、原告將取之國外之進口貨物再次加工出口，其所創造之出口附加價值大於進口之價值，對台灣之出口產值亦有貢獻。被告所為處分已將原告創造之附加價值侵蝕殆盡，不符比例原則，應予撤銷。

五、綜上所述，系爭貨物為不織布，屬稅則號別第0000.11.90號，被告歸列稅則號別第0000.32.00號有誤。被告對原告依關稅法第96條第3項規定追繳貨價新台幣（下同）○○○元即有不合。期盼　鈞院詳查本件相關事證，而撤銷訴願決定及原處分，命被告機關另為適法之處分，以維法治而維護權益，實感德便。

　　　謹　狀
○○高等行政法院　公鑒
附件：訴願決定書影本。
中　華　民　國　○　○　年　○　○　月　○　○　日
具狀人：甲

相關法條及裁判要旨

■關稅法第96條：

不得進口之貨物，海關應責令納稅義務人限期辦理退運；如納稅義務人以書面聲明放棄或不在海關規定之期限內辦理退運，海關得將其貨物變賣，所得價款，於扣除應納關稅及必要費用後，如有餘款，應繳歸國庫。

依前項及第七十三條第二項、第七十四條第二項規定處理之貨物，無法變賣而需銷毀時，應通知納稅義務人限期在海關監視下自行銷毀；屆期未銷毀者，由海關逕予銷毀，其有關費用，由納稅義務人負擔，並限期繳付海關。

已繳納保證金或徵稅放行之貨物，經海關查明屬第一項應責令限期辦理退運，而納稅義務人無法辦理退運出口者，海關得沒入其保證金或追繳其貨價。

第一項海關責令限期辦理退運及前項沒入保證金或追繳貨價之處分，應自貨物放行之翌日起算五年內為之。

2. 行政訴訟上訴狀

案例事實

上訴人以EDI連線傳輸申報代理進口艙單資料，並無空櫃，上訴人未依據提單據實傳輸進口艙單，卻傳輸為空櫃，實際上貨櫃均為裝有進口貨物之進口實貨櫃，並非空貨櫃被上訴人依貨物通關自動化實施辦法規定，每一航次各處罰鍰3萬元。

撰狀說明

原告若對於高等行政法院之判決有所不服，於接到判決後20日內，以判決不適用法規或適用不當者之違背法令或有下列各款情形之一者之判決當然違背法令：「一、判決法院之組織不合法者。二、依法律或裁判應迴避之法官參與裁判者。三、行政法院於權限之有無辨別不當或違背專屬管轄之規定者。四、當事人於訴訟未經合法代理或代表者。五、違背言詞辯論公開之規定者。六、判決不備理由或理由矛盾者。」。而向原判決之高等法院提出上訴狀。

書狀內容

狀別：行政訴訟上訴狀

上訴人　甲公司　設○○

代表人　乙　住○○

被上訴人　財政部○○關稅局　設○○

代表人　丙　住○○

為對○○高等行政法院○○年度○字第○○號關稅事件，所為第一審判決聲明不服，於法定期間內提起上訴，茲將上訴聲明及理由分述於下：

上訴聲明

一、原判決廢棄。

二、訴願及原處分均撤銷。

三、第一、二審訴訟費用均由被上訴人負擔。

上訴理由

一、按對於高等行政法院判決之上訴，非以其違背法令為理由，不得為之。

判決不適用法規或適用不當者，為違背法令。有下列各款情形之一者，

其判決當然違背法令：(一)判決法院之組織不合法者；(二)依法律或裁判應迴避之法官參與裁判者；(三)行政法院於權限之有無辨別不當或違背專屬管轄之規定者；(四)當事人於訴訟未經合法代理或代表者；(五)違背言詞辯論公開之規定者；(六)判決不備理由或理由矛盾者。行政訴訟法第242條、243條分別定有明文。

二、按貨物通關自動化實施辦法第11條規定，連線業者應依據原始眞實發票、提單或其他有關資料文件正確辦理連線申報，並非謂連線業者一定要依據原始眞實發票及提單辦理連線申報，而是祇要連線業者取得「原始眞實發票」或「提單」或「其他有關資料文件」中之一項，且足以使連線業者確信伊所申報者爲正確者，連線業者即已盡其注意義務，而無過失責任之可歸責性。又貨物通關自動化實施辦法第11條所課與連線業者之義務，係連線業者應依據原始眞實發票、提單或其他有關資料文件正確申報，並未同時要求連線業者應查核前開資料是否正確，更遑論連線業者並無任何查核前開資料是否正確之權利。本件上訴人受○○公司委託代理申報系爭15航次2只或3只空櫃事宜，而○○公司於委託同時已出具切結書證明系爭貨櫃均屬空櫃無疑，身爲○○公司代理人之上訴人自應聽從並相信「本人」之意思表示，確信系爭貨櫃均屬空櫃，進而據此以爲傳輸申報，過程一切合法，並無任何過失甚明。是以，擁有提單者係○○公司，並非上訴人，或上訴人之委託人○○公司，惟○○公司於本案中從未交付任何提單予上訴人，上訴人根本無從得知該貨物內容，更遑論○○公司委託上訴人代爲傳輸申報時，伊係切結保證該貨櫃均屬空櫃，既屬空櫃，衡情並無提單，是上訴人亦無要求渠等提出提單供上訴人查核之可能。準此，上訴人確已依○○公司所提出之切結書據實傳輸申報，已善盡注意義務，並無任何過失之可歸責性，被上訴人曲解貨物通關自動化實施辦法第11條規定，強課上訴人查核之義務，並據此遽課每一航次各處上訴人3萬元罰鍰，顯屬違法。

三、上訴人受○○公司委託代理申報系爭○○航次○或○只空櫃事宜，○○公司授權予上訴人之權限範圍乃申報「空櫃」，上訴人依本人之意思辦理申報事宜，並無任何有過失可言，原判決違背民法第103條第1項代理之規定，遽課予上訴人較高之義務，而無視於上訴人僅爲○○公司之代理人，不得違背本人即○○公司之意思行事，自有判決不適用法規之違誤。

四、委託上訴人辦理連線申報者為○○公司,並非○○公司,上訴人豈有要
　　求○○公司提出提單、貨櫃艙位配置圖等有關資料文件之權限,更遑論
　　○○公司委託上訴人代為傳輸申報時,伊係切結保證該貨櫃均屬空櫃,
　　上訴人自無要求渠等提出提單供上訴人查核之可能,原審不察,對前開
　　有利於上訴人之證據未加審酌,且未說明不採之理由,亦有判決不備理
　　由之違誤。

五、綜上所述,本件原審判決核有判決為被法令,爰依行政訴訟法第238條第
　　1項、第242條、第243條等規定,提起上訴,

　　　　　狀　請

鈞院鑒核,廢棄原審判決並撤銷訴願決定及原處分,以維權益,實感法便。

　　　　　謹　狀

臺中高等行政法院　轉呈

最高行政法院　　　公鑒

中　華　民　國　○　○　年　○　○　月　○　○　日

具狀人：甲

相關法條及裁判要旨

■貨物通關自動化實施辦法第11條:

連線業者辦理連線申報時,應依據原始真實發票、提單或其他有關資料文件,
依規定正確申報貨名、稅則號別或其他應行申報事項,製作進出口報單、艙單
或其他報關文件,利用通關網路或海關提供之網路系統進行傳送。

■貨物通關自動化實施辦法第19條:

連線業者除個人及進出口業者外違反第十一條規定者,海關得依關稅法第
八十一條規定,視其情節輕重,予以警告並限期改正或處新台幣六千元以上三
萬元以下罰鍰;並得連續處罰。

■關稅法第81條:

經營報關、運輸、倉儲、貨櫃集散站及其他與通關有關業務之業者,辦理電腦
連線或電子資料傳輸通關資料之登記、申請程序、管理或其他應遵行事項,違
反依第十條第三項所定之辦法者,海關得予以警告並限期改正或處新臺幣六千
元以上三萬元以下罰鍰;並得連續處罰;連續處罰三次仍未完成改正者,得停
止六個月以下之連線報關。

(十二) 完整案例（復查申請書、訴願書、起訴狀、準備狀、辯論義旨狀、法院判決。）

1. 綜合所得稅復查申請書（適用簡易案件）

本人對　九十三　年度綜合所得稅　□核定稅額不服，申請復查

□違章處分

復查項目	證明文件
□利息所得　　　元　序號：	□借貸契約
理由：□借貸金額　元 　　　　□收到利息　元	□他項權利證明書
□設定標的業經拍賣： □分配金額不足 □未獲分配	□強制執行或參與分配聲請狀
□屬擔保性質，未借貸 □設定抵押後未發生借貸	□執行結果通知函及分配表
□其他	□其他相關證明文件
□租賃所得77,711元　序號：0000	台中市○○稽徵所○○年○月009日第0000000000核定通知書
理由：□設算租金過高 　　　　□出租面積核定有誤	□租賃契約
□出租期間有誤 □未出租　□無償借用	□公證書及契約
□列舉必須損耗及費用 □其他	□水、電費收據
	□列舉必要費用憑證
	□相關證明文件
□財產交易所得　　元　序號：	
理由：□按實際交易價格計算損益	□買進及賣出契約書（私契）
□其他	□收付價金流程之相關證明文件

	□其他相關費用證明文件
□非屬上述項目之不服事項及理由	□相關證明文件
其他所得10,230,000（序號0046）稅額3,622,233（單照編號000000000）	台中市○○稽徵所○○年○月009日第0000000000核定通知書
執行業務所得527,154（序號0047）稅額39,574（單照編號000000000）	台中市○○稽徵所○○年○月009日第0000000000核定通知書
□罰鍰	
理由：□未收到扣繳憑單	□相關證明文件
□其他　罰鍰1,802,900（單照編號000000000）	○○年度財綜所字第00000000000號處分書
（罰鍰管代B480315R9300039510064511）	
復查項目	證明文件
□利息所得　　　元　序號：	□借貸契約
理由：□借貸金額　元 　　　□收到利息　元	□他項權利證明書
□設定標的業經拍賣： □分配金額不足 □未獲分配	□強制執行或參與分配聲請狀
□屬擔保性質，未借貸 □設定抵押後未發生借貸	□執行結果通知函及分配表
□其他	□其他相關證明文件
□租賃所得　77,711　元 序號：0000	台中市○○稽徵所○○年○月009日第0000000000核定通知書
理由：□設算租金過高 　　　□出租面積核定有誤	□租賃契約

□出租期間有誤 □未出租 □無償借用	□公證書及契約
□列舉必須損耗及費用 □其他	□水、電費收據
	□列舉必要費用憑證
	□相關證明文件
□財產交易所得　　　　元　　序號：	
理由：□按實際交易價格計算損益	□買進及賣出契約書（私契）
□其他	□收付價金流程之相關證明文件
	□其他相關費用證明文件
□非屬上述項目之不服事項及理由	□相關證明文件
其他所得10,230,000（序號0046）稅額3,622,233（單照編號000000000）	台中市○○稽徵所○○年○月009日第0000000000核定通知書
執行業務所得527,154（序號0047）稅額39,574（單照編號000000000）	台中市○○稽徵所○○年○月009日第0000000000核定通知書
□罰鍰	
理由：□未收到扣繳憑單	□相關證明文件
□其他　罰鍰1,802,900（單照編號000000000）	○○年度財綜所字第00000000000號處分書
（罰鍰管代B480315R9300039510064511）	

檢附資料：□核定通知書　□本稅繳款書或收據影本　□違章繳款書或收據影本
　　　　　□委任書　　　□相關證明文件

　　此　致
財政部中國稅局

　　　　　　　中華民國95年10月27日
　　　　　　　申請人：甲　　　　　（簽章）
　　　　　　　地　址：○○○
　　　　　　　聯絡電話：（日）

2. 訴願書

訴願人：甲　出生○○　身分證統一編號○○○
　　　　住○○　電話○○
原行政處分機關：財政部○區國稅局
行政處分書發文日期及文號：○○年○○月○○日中區國稅法二字第○○○
○○○○○○○號
訴願人收受或知悉行政處分之年月日：○○年○○月○○日

訴願請求：
謹對原處分機關○○年○○月○○日○區國稅法二字第○○○○○○○○○
○號，綜合所得稅復查決定，聲明不服提起訴願，請求將復查決定及原處分
均撤銷。

事實：
緣訴願人○○年度綜合所得稅結算申報經財政部○區國稅局查獲漏報所得合
計新台幣10,334,942元，應補徵稅額3,622,233元及罰鍰1,8029,00元訴願人不服
申請復查，仍遭駁回乃提起本件訴願。

理由：
壹、不服核課其他所得$10,230,000元部分。
一、按行政程序法第5條「行政行為之內容應明確」之明確性原則，本案訴願
　　人於復查階段即提供有關銀行往來帳戶及補正帳証之資料，供處分單位
　　逐筆核對，並明確主張該筆款項之往來係為公司與本人之借貸關係，而
　　非贈與關係，原處分機關承辦人員不就本人所提供之資料作為有利合法
　　之處分，反而一再苛擾要求本人提供未有營業前之資金往來資料，一而
　　再之補正資料後再以前後之差異來推論本人往來資金之虛偽不實，如此
　　之恣意專斷所作之行政處理實已逾越法定裁量之範圍，亦違反行政程序
　　法第9條「行政機關就該管行政程序，應於當事人有利及不利之情形，一
　　律注意」之原則。
二、次按舉證之責任，本案當事人所主張者實就有關之資料皆已提供，原處
　　分機關置之不論，復查決定對訴願人，所提如何不可採，若以行政程序
　　法第6條之平等原則論，如何證明該往來之資金為贈與，處分機關應否

證明，該款項是本人不用返還，是無償受贈之款項，原處分機關注意到否？

三、本案有關資金往來及帳載金額皆不小，若往來不實，又如何將銀行存款之帳戶與帳載勾稽，致於帳載科目之沖轉在不違反會計原則下，以簡化繁或化繁為簡，實皆有之，原處分機關實應依實質課稅之原則，核課應繳之稅而不應依推測而致失原貌之處分，方為合理。

貳、就罰鍰1,802,900之部分：

本案之罰鍰與前述核課其他所得10,230,000元之爭議互為因果，在行政救濟未確定前，理應暫緩執行。

基前所陳，原處分機關之認定及裁處顯有欠週延及不當，嚴重損害訴願人權益，爰請撤銷原處分為禱。

　　　　敬陳

財政部○區國稅局　轉陳

財政部公鑒

中　華　民　國　○　○　年　○　○　月　○　○　日

　　　　訴願人：甲（簽名或蓋章）

3. 行政訴訟起訴狀

原告：甲

被告：財政部○區國稅局

代表人：乙

為93年度綜合所得稅及罰鍰事件，依法提起準備書狀事：

訴之聲明

一、訴願決定及原處分均撤銷。

二、訴訟費用由被告負擔。

事實

緣被告以原告申報93年度綜合所得稅時，漏報其他所得10,334,942元應補徵稅額3,622,233元，並處罰鍰1,802,900元經原告申請復查（96年10月29日0區國稅法二字第○○○○○○○○○○號），提起訴願（○○年○○月○○日台財訴字第○○○○○○○○○○號）迭遭駁回茲以上開處分及復查，訴願決定認事用法均有不合情、不合理、不合法之違誤，依法提起行政訴訟起訴之理由。

理由

一、按行政程序法第9條明定：「行政機關就該管行政程序，應於當事人有利及不利之情形，一律注意」此一原則正是禁止行政行為任性專斷、毫無標準的具體立法，本案原告於查帳、復查及訴願階段皆一再主張本人與公司間之資金往來純屬借貸，並且提供完整之銀行出入存摺及對帳單供行政單位仔細地核對，並作詳細說明，試想公司組織之股東代收或借用公司之款項，設若未能於相當期間內返還公司，經稅務行政機關知悉即逕行認定該款項為公司之贈與，如此之作為合理嗎？

二、次按稅務行政機關所查認$10,230,000之資金為公司贈與，歸課本人之其他所得，本人亦不知該金額係如何算出之數字，依據復查決定書所載前述金額係公司93年12月20日至22日間轉入本人帳戶，12/20 $2,510,000元、$1,990,000元，12/22 $2,800,000、$2,930,000元等四筆之金額，然公司自民國93年～94年間公司與本人往來轉帳之款項不下百筆，何以對此四筆款項獨持疑義，如此將公司與股東間相互融通轉帳之款項，選擇性

之截取作為課稅之依據，不觀前亦不顧後之認定標準，能令納稅人信服乎？

三、若依公司之資金面推算，本公司93年營業收入$28,025,032元，扣除營業成本$23,039,261元，營業費用$3,556,032元後帳載結算金額$1,432,148元，連同資本額$1,000,000元，公司何來$10,230,000元之巨款轉贈個人，因此本人不知何來其他所得$10,230,000元，縱使公司應收帳收得快，應付帳付得慢而有閒餘之資金融通個人屆時支付之應付票據到期，本人是否得將借用之款項轉入公司帳否則其不造成公司資金不足而至退票，所以依現金面講公司與本人之轉帳款項每筆皆能由銀行存摺、對帳單等之資料對出，而公司依會計原理、帳務科目即以股東往來列帳，若為貸差則是本人把注入公司之款項，若為借差則為公司借予本人之款項，此乃公認之簿記方法，稅務機關不全面整體之勾稽，而斷章取義之認定，實乃偏頗行政。

四、另就罰鍰$1,802,900元之部分，係屬應補繳稅款$3,622,233元之罰鍰，因前述其他所得$10,230,000元之認定不合理，據以核課巨額之稅款及處罰實未洽不公及冤枉，為此特依法提起行政訴訟，懇請判決如起訴聲明。

　　　　謹狀

台中高等行政法院　公鑒

中　華　民　國　○　○　年　○　○　月　○　○　日

具狀人：甲

4. 行政訴訟準備狀(一)

案號：97年度訴字第183號　　股別：○

原告：甲

訴訟代理人：黃○○律師

被告：財政部台灣省○區國稅局

代表人：乙

為93年度綜合所得稅及罰鍰事件，依法提起準備書狀事：

訴之聲明

一、訴願決定及原處分均撤銷。

二、訴訟費用由被告負擔。

事實及理由

一、被告機關認原告93年度綜合所得稅結算申報，有漏報本人及配偶之營利、執行業務、租賃及其他等所得合計新臺幣（下同）10,334,942元，補徵應納稅額3,622,233元，並處罰鍰1,802,900元。原告就其中其他所得10,230,000元及罰鍰申經復查未獲變更，提起訴願遞遭駁回，遂提起本訴訟，此為事實原委。

二、按本件所涉之93年度綜合所得稅事件，其他所得10,230,000元部分，所涉主要為攸關之銀行帳戶資金流程，即原告個人帳戶及以原告一人股東之○○興業有限公司（以下簡稱○○公司）帳戶，詳查所有資金流程，足見被告機關之認定與事實不符，原告僅係帳載會計科目之表達錯誤，並無從○○公司獲得贈與之事實：

(一)查原告個人帳戶及以原告一人股東之○○公司之帳戶，雖○○公司之負責人仍為原告一人，然而依法個人與公司應仍屬不同權利主體。○○公司發生資金短缺，由原告個人轉入○○公司帳戶時，○○公司之會計分錄，應「**借記：銀行存款，貸記：股東往來**」，此分錄之意義即為○○公司欠原告個人。若有○○公司資金流入原告個人帳戶時，○○公司之會計分錄應「**借記：股東往來，貸記：銀行存款**」，此為○○公司償還原告個人，或者原告個人向公司告貸。由於○○公司之資本額僅為新台幣一百萬元，是以○○公司之營運資金發生短缺時，原告個人即應支應；有關原告支應○○公司

之情形，詳查原告個人所有帳戶及○○公司所有帳戶之全部資金流程，即足以證明被告認定事實有違誤。

(二)詳查93年10月1日至93年12月31日原告以現金或個人所有帳戶流入○○公司所有帳戶分別爲：

1.93年10月7日原告以現金存入合作金庫銀行○○○○○號○○公司帳戶2,000,000元（證1A）。

2.93年11月23日原告由三信銀行○○○○○帳號存入合作金庫銀行○○○○○號○○公司帳戶650,000元（證2）。

3.93年11月26日原告由三信銀行0000帳號存入合作金庫銀行○○○○號○○公司帳戶950,000元（同證1B）。

4.93年12月6日原告由三信銀行○○○○○帳號存入合作金庫銀行○○○○號○○公司帳戶1,630,000元（證3A）。

5.93年12月13日原告以現金存入合作金庫銀行○○○○號○○公司帳戶500,000元（同證1C）。

6.93年12月14日原告由三信銀行○○○○帳號存入合作金庫銀行○○○○號○○公司帳戶800,000元（同證3B）。

7.93年12月17日原告由三信銀行○○○○帳號存入合作金庫銀行○○○○號○○公司帳戶1,300,000元（同證3C）。

8.上揭從93年10月7日至93年12月17日由原告個人轉入○○公司帳戶合計7,830,000元（2,000,000＋650,000＋950,000＋1,630,000＋500,000＋800,000＋1,300,000＝7,830,000）。此有上揭證一至證三爲憑。

9.同期間原告自○○公司帳戶提領現金分別爲：93年10月15日250,000元、同年月30日230,000元、同年11月5日280,000元、同年月25日200,000元、同年月30日300,000元及同年11月22日由○○公司合作金庫銀行○○○○帳號轉入原告個人合作金庫銀行○○○○帳號100,000元等合計1,360,000元。

10.又查截至93年10月1日股東往來貸方餘額爲3,800,030元（即原告個人借給公司，應屬○○公司欠原告個人之款項），加計上揭8由原告個人轉入○○公司帳戶計7,830,000元，扣除上揭9同期間原告個人自○○公司帳戶提領現金1,360,000元，○○公司股東

往來貸方餘額為10,270,030元（3,800,030＋7,830,000－1,360,000＝10,270,030）。此即至93年12月17日○○公司欠原告個人10,270,030元。（證4A）

11.原告因○○公司股東往來貸方餘額為10,270,030元，即於12月20至22日自○○公司轉入原告個人帳戶10,230,000元；從上說明至93年12月17日○○公司欠原告個人10,270,030元。縱使將10,230,000元由○○公司歸還原告個人，○○公司仍有貸記股東往來40,030元（10,270,030－10,230,000＝40,030），即○○公司仍欠原告個人40,030元。（證4B）

12.被告機關認為12月20至22日自○○公司轉入原告個人帳戶之10,230,000元，係原告之其他所得顯有違誤，實際上該10,230,000元係○○公償還原告個人，此有所有資金之流程可證。

(三)被告機關僅以原告於12月20至22日自○○公司轉入原告個人帳戶之10,230,000元，即認為係○○公司贈與原告個人，核定原告其他所得10,230,000元，顯然被告機關誤解，僅割裂對原告不利部分，並未詳查整個年度資金流程；實際上，係原告個人先有支應○○公司之資金缺口，始有從○○公司帳戶轉入原告個人，從而，被告機關認為○○公司贈與原告個人即與事實不符。

三、依被告機關答辯狀，認原告分別於93年9月10日及23日自○○公司提領現金5,280,000元及7,014,931元，該公司帳載未借記股東往來，嗣於同年11月5日至12月17日陸續以原告代該公司償還應付帳款虛增原告之股東往來，並於同年12月20至22日以該公司還款予原告而借記股東往來10,230,000元，將系爭資金以虛偽不實帳載掩飾原告自該公司提領現金事實，有○○公司之股東往來明細帳及原告自該公司帳戶提領現金資料可稽。足證被告機關之認定事實有誤：

(一)就被告認定之原告分別於93年9月10日及23日自○○公司提領現金5,280,000元及7,014,931元，該公司帳載未借記股東往來之事實。足證前揭5,280,000元及7,014,931元與原告個人無關，該5,280,000元及7,014,931元並未流入原告個人帳戶，仍屬○○公司所有，其○○公司帳載未借記股東往來，應屬正確。

四、被告機關又認：有關同年11月5日至12月17日陸續以原告代該公司償還應付帳款虛增原告之股東往來之事實，被告機關認○○公司93年11月5日至12月5日沖轉應付帳款6,672,693元。於初查時所提示之帳載會計科目為【借：應付帳款；貸：股東往來】，惟復查時所提示之帳載會計科目卻變為【借：應付帳款；貸：現金】，前後提示帳載內容不同。由上揭被告機關所認事實，即足以證明原告對於會計分錄之認知有誤，與實際交易情形，應有會計科目之表達明顯不正確，此更可知被告機關未詳查本件之實質情況：

(一)初查時所提示之帳載會計科目為【借：應付帳款；貸：股東往來】，顯然係錯誤，因○○公司係開立票據沖轉應付帳款，與股東往來科目無關。查核其93年11月5日至12月5日沖轉應付帳款6,672,693元之事實，其正確之帳載會計科目應為【借：應付帳款；貸：應付票據】。

(二)復查時所提示之帳載會計科目卻變為【借：應付帳款；貸：現金】仍然錯誤；○○公司係開立票據沖轉應付帳款，尚未支付現金，與現金科目根本即無關，其正確之帳載會計科目應為【借：應付帳款；貸：應付票據】。

(三)從前揭○○公司初查與復查時，**會計科目表達之不正確**，顯然原告並無故意可言，而會計科目之錯誤僅需更正，並不影響實際情形。因詳查其資金流程並無因為會計科目錯誤，原告個人即有獲得其他所得。由原告於復查時，所提出之帳載會計科目卻變為【借：應付帳款；貸：現金】，即無股東往來科目，此更可證明原告並無被告機關所認定之虛增原告之股東往來之事實。

(四)被告機關亦認，經進一步查核○○公司之資金流程，前揭應付帳款係於94年1至2月陸續以票據支付貨款，有該公司合作金庫銀行股份有限公司支票存款往來對帳單（帳號：1025-705-028008）影本可稽。更足以證明原告之初查與復查時之會計科目表達之不正確。其94年1至2月陸續以票據支付貨款時帳載之正確會計科目應為【借：應付票據；貸：銀行存款】，○○公司卻未記載，更可證明○○公司並不清楚帳載之正確會計科目。

(五)被告機關亦認○○公司之進貨廠商（酷伯生物科技事業有限公司）之分類帳，其銷貨收款之帳載會計科目爲【借：銀行存款；貸：應收票據】，核與資金流程之查核結果相符，與○○公司之復查時提示之支付貨款之帳載會計科目爲【借：應付帳款；貸：現金】不合。更可以證明，○○公司之帳載會計科目僅係表達不正確。苟若原告會計科目之表達正確即如前揭【借：應付票據；貸：銀行存款】即正確。

(六)原告於93年11月5日至12月5日沖轉應付帳款6,672,693元之事實，若依復查時之帳載會計科目肯定係表達不正確，而此由初查與復查兩次所提即足以證明原告個人確屬誤解會計科目。然而被告機關對於原告個人本即有輔導之義務，若被告機關能輔導原告個人更正或者提出更正分錄：【借：股東往來；貸：應付票據】即與事實相符。

五、被告機關認爲同年12月20至22日以該公司還款予原告而借記股東往來10,230,000元，將系爭資金以虛僞不實帳載掩飾原告自該公司提領現金事實。

至此可證，被告機關未體認原告先有支應○○公司之事實，且論證事實明顯誤認，所謂「以虛僞不實帳載掩飾原告自該公司提領現金事實」更與事實不符，原告提領自公司提領10,230,000元，其會計科目借記股東往來，應屬正確，是以，並無以虛僞不實帳載掩飾原告自該公司提領現金。

(一)借記股東往來之意義有兩種：公司還款予股東或股東向公司借款，若爲前者必先有貸記股東往來，即公司向股東借款之情形；若爲後者則違反公司法或者涉有刑法之背信或侵占罪嫌。

(二)原告自公司帳戶提款10,230,000元，並非一筆小金額，從而，詳查資金流程，足以證明本件係屬先有貸記股東往來之情，從而，被告機關認：以虛僞不實帳載掩飾原告自該公司提領現金，與事實不符。

六、查被告機關之認定原告有其他所得，主要爲未詳查股東往來所有流入與流出，實際上因爲○○公司之營運，資金若遇有短缺情形，原告個人即須補足○○公司；遇○○公司有收帳情形，○○公司即償還原告個人。被告認定原告個人自○○公司獲得其他所得，係僅認定從○○公司流入原告個人部分，實際上係先有從原告個人帳戶流入○○公司，始有○○

公司流入原告個人部分，此等事實，詳查原告個人與○○公司之帳戶即足以證明。

七、被告機關認為原告虛增股東往來，則與事實不符，此由原告於初查時所提示之帳載會計科目為【借：應付帳款；貸：股東往來】，復查時所提示之帳載會計科目卻變為【借：應付帳款；貸：現金】，並無股東往來科目足證。從而，原告並無虛增股東往來；反面言之，原告若有意虛增股東往來，則於復查時豈不仍貸：股東往來，卻變更仍為錯誤之【借：應付帳款；貸：現金】。

八、末查，被告機關所認有關罰鍰部分，依上揭所述，原告個人於本件並未從○○公司獲有其他所得，從而並無漏報或短報情事，即無罰鍰之問題。為此提出準備狀，期盼　鈞院詳查本件相關事證，懇請　鈞院將訴願決定及原處分撤銷，命被告機關另為適法處分，以維法治而維護權益，實感德便。

　　　　謹狀

台中高等行政法院　公鑒

證一：合作金庫銀行00000號影本。

證二：合作金庫銀行0000帳號93年11月30日存款往來對帳單影本。

證三：合作金庫銀行0000帳號93年12月31日存款往來對帳單影本。

證四：公司股東往來明細暨個人帳戶對照表。

中　華　民　國　○　○　年　○　○　月　○　○　日

　　　　　　　　具狀人：甲

　　　　　　　　訴訟代理人：黃○○律師

5. 行政訴訟準備狀(二)

案號：97年度訴字第183號　股別：○
原告：甲
訴訟代理人：黃○○律師
被告：財政部○區國稅局
代表人：乙

為93年度綜合所得稅及罰鍰事件，依法續提準備書狀事：

訴之聲明

一、訴願決定及原處分均撤銷。

二、訴訟費用由被告負擔。

事實及理由

一、被告機關於97年10月24日庭提答辯書，分別認為：

(一)本案係因案外人湯○○君於93年10月28日讓售○○○股份有限公司股票予其弟湯○○君75萬股（價款10,230,000元），係二親等以內親屬間財產之買賣未能具體提式價金流程，涉及遺產及贈與稅法第5條第6款規定以贈與論，經被告機關依規定通知贈與人湯○○君於10日內申報贈與稅，湯○○君於期限內主張其弟湯○○君於93年12月30日支付購買股票價款10,230,000元，其資金來源係向原告魏○○君借款，約定以購得股票每年獲利分期償還。惟查資金來源係取自○○興業有限公司，乃依查得資料核定原告其他所得10,230,000元（卷第153頁至第154頁）。

原告提出之抗辯：

被告機關認為系爭10,230,000元，係原告借給訴外人湯○○，此為真正事實，並不能證明原告有其他所得10,230,000元，蓋原告有貸款予○○公司10,270,030元（此有資金流程可證），從而○○公司將10,230,000元償還原告，原告將10,230,000元借給訴外人湯○○，此為原告資金之理財行為。而被告機關將原告10,230,000元借給訴外人湯○○，即核定原告有其他所得10,230,000元即有違誤。

(二)查○○興業有限公司台中商業銀行霧峰分行帳戶（帳號：00000）於93年7月8日開戶，開戶日後陸續存入票據計5,280,067元，原告於93年9月10日提領現金5,280,000元；系爭帳戶陸續存入票據6,744,931

元，原告又於同年月23日提領現金7,014,931元，合計提領12,294,931元。謹請　大院向台中商業銀行霧峰分行調查系爭帳戶於開戶日（93年7月8日）至93年12月31日所有存入票據正反面影本，以確定發票人為何？因本案攸關原告與案外人湯○○君借貸關係之釐清。

原告提出之抗辯：

1. 依據台中商業銀行霧峰分行將系爭帳戶於開戶日（93年7月8日）至93年12月31日所有存入票據正反面影本查核，足以確定各該筆資金之流程係由桐核麥生物科技股份有限公司流入○○公司，各該筆資金流程非常明確，屬於貨款，此有開立統一發票為證（證5）。被告機關將上揭有關票據誤認為原告與案外人湯○○君有借貸關係，顯然被告機關有所誤解。

2. 至於原告於93年9月10日提領現金5,280,000元、同年月23日提領現金7,014,931元，合計提領12,294,931元之流向，此由○○公司分類帳之現金科目可以證明兩筆資金係存於○○公司。蓋本件屬於93年之事實，查明現金帳戶之流程可以證明非臨訟製作，因現金存款餘額，須於資產負債表表達，並於94年5月底向被告機關申報。

(三)查申請人於93年9月10日及23日自公司帳戶提領現金12,294,931元，又於93年12月20日至22日自○○公司帳戶轉帳原告帳戶10,230,000元，共計自公司帳戶取得22,524,931元，縱如原告主張有貸款予○○公司10,270,030元，仍有12,254,901元（22,524,931元－10,270,030元）差額，原告無法舉證說明其用途為何以實其說，原核定其它所得10,230,000元，並無不合。

原告提出之抗辯：

1. 本件被告機關與原告就本件之爭議非常明確，即被告機關誤認為原告於93年12月20日至22日自○○公司帳戶轉帳至原告帳戶10,230,000元，屬於原告自○○公司獲得其他所得10,230,000元；與被告機關再提出之93年9月10日及23日自公司帳戶提領現金12,294,931元無涉。蓋被告機關再提出之「93年9月10日及23日自公司帳戶提領現金12,294,931元」與本件之爭議屬於不同之二件事實，與本件無涉。是以，被告機關就「93年9月10日及23日自公司帳戶提領現金12,294,931元」之事實，屬另一事件，從而被告機關再就另一其他事實之主張即有違誤。

2.被告機關認為原告無法舉證93年9月10日及23日自公司帳戶提領現金12,294,931元之用途，與事實完全不符；該二筆現金完全存於公司內，其用途由○○公司分類帳現金科目之收支流程可證明其用途，被告機關認為無法舉證説明其用途，與事實不符。

二、按本件所涉之93年度綜合所得稅事件，其他所得10,230,000元部分，詳查攸關銀行帳戶資金流程即可證明，非屬其他所得，顯然被告機關之認定與事實不符。另被告機關又認為調查台中商業銀行霧峰分行（帳號：13222）於開戶日（93年7月8日）至93年12月31日所有存入票據正反面影本乙節，從各該票據正反面影本，足證屬於○○○股份有限公司與○○公司之正常商業交易往來，已開立統一發票，並已入帳，有資金流程為憑。

三、綜上所述，被告機關認為原告個人自○○公司獲有其他所得，即有違誤，從而原告並無漏報或短報10,230,000元情事，亦無罰鍰之問題。為此續提出準備狀，期盼 鈞院詳查本件相關事證，懇請 鈞院將訴願決定及原處分撤銷，命被告機關另為適法處分，以維法治而維護權益，實感德便。

   謹狀

台中高等行政法院　公鑒

中　華　民　國　○　○　年　○　○　月　○　○　日

    具狀人：甲

    訴訟代理人：黃○○律師

6. 行政訴訟準備狀(三)

案號：97年度訴字第183號　股別：忠
原告：甲
訴訟代理人：黃○○律師
被告：財政部○區國稅局
代表人：乙
為93年度綜合所得稅及罰鍰事件，依法續提準備書狀事：

訴之聲明

一、訴願決定及原處分均撤銷。

二、訴訟費用由被告負擔。

事實及理由

一、被告機關於97年12月5日庭提答辯書，不爭執部分：

(一)調閱台中商業銀行霧峰分行有關○○有限公司霧峰分行帳戶（帳號：○○○○○）於93年7月8日至93年12月31日所有存入票據正反面影本查核，係屬銷貨收入以票據方式兌現；從而，即與本件無涉。

(二)原告於93年12月20日至22日自○○公司帳戶轉帳原告帳戶10,230,000元，係○○公司向原告借款之返還。

二、被告機關於97年12月5日庭提答辯書，爭執部分：

原告於93年9月10日及23日自公司帳戶提領現金12,294,931元，又於93年12月20日至22日自○○公司帳戶轉帳原告帳戶10,230,000元，共計自公司帳戶取得22,524,931元，縱如原告主張有貸款予○○公司10,270,030元，仍有12,254,901元（22,524,931元－10,270,030元）差額，原告無法舉證說明其用途為何以實其說，原核定其他所得10,230,000元，並無不合。

原告提出被告機關之認定於法不合：

(一)本件被告機關與原告就本件之爭議非常明確，即被告機關誤認為原告於93年12月20日至22日自○○公司帳戶轉帳至原告帳戶10,230,000元，屬於原告自○○公司獲得其他所得10,230,000元，此有被告機關：

1. 審查報告表二、(二)略以,惟查申請人93年9月自公司提領現金12,294,931元,加計93年12月20日至22日該公司匯款予申請人10,230,000元,合計申請人自該公司取得22,524,931元,申請人僅存入該公司10,330,000元,差額12,194,931元,原查僅核定申請人自公司取得資金借予湯○○君部分10,230,000元為其他所得,未就其他差額部分進一部審究,基於行政救濟不利益禁止變更原則,擬維持原核定(證5)。

2. 被告機關審查○科審查意見表,略以:另納稅義務人魏○○君於93年間以虛偽不實帳載記錄作掩飾,取得○○興業有限公司資金1,023萬元,核屬其他所得(證6)。

3. 被告機關再查更正報告,略以:另納稅義務人魏○○君於93年間以虛偽不實帳載記錄作掩飾,取得○○興業有限公司資金1,023萬元,核屬其他所得(證7)。

4. 被告機關復查決定書,其理由壹、其他所得三、略以:12月20日至22日以該公司還款予申請人而借記股東往來10,230,000元,…,原查依首揭規定,核認系爭所得為○○公司贈與,核定申請人其他所得10,230,000元。

(二)綜上所陳,本件之爭執,為原告於93年12月20日至22日自○○公司帳戶轉帳至原告帳戶10,230,000元,是否為原告之其他所得?

(三)上揭已證明原告於93年12月20日至22日自○○公司帳戶轉帳原告帳戶10.230,000元,係○○公司向原告借款之返還,是以原告於93年12月20日至22日自○○公司帳戶轉帳至原告帳戶10,230,000元,非為原告之其他所得。

(四)被告機關於行政訴訟程序擴大另一不同之獨立事實:即原告於93年9月10日及23日自公司帳戶提領現金12,294,931元之另一事實,顯然違反不利益變更禁止原則。蓋被告機關再提出之「93年9月10日及23日自公司帳戶提領現金12,294,931元」與本件之爭議,屬於不同之二件事實,與本件無涉。被告機關若有爭議,僅得提起反訴。是以,被告機關就「93年9月10日及23日自公司帳戶提領現金12,294,931元」之事實,屬另一事件;從而,被告機關再就另一其他事實之主張即於法不合。

2. 被告機關認為原告無法舉證93年9月10日及23日自公司帳戶提領現金12,294,931元之用途，與事實完全不符；顯然有違「基於行政救濟不利益禁止變更原則」之規定。

3. 被告機關認為原告無法舉證93年9月10日及23日自公司帳戶提領現金12,294,931元之用途，亦與事實不符。蓋被告機關已查得非常清楚，此由原告所提被告機關所製作之證5、證6、證7，即可清楚被告機關對原告所有資金流程已查的一清二楚，並無被告機關所認原告無法舉證之情。

三、按本件所涉之93年度綜合所得稅事件，非常明確為原告於93年12月20日至22日自○○公司帳戶轉帳至原告帳戶10,230,000元並非其他所得，詳查攸關銀行帳戶資金流程即可證明，**不能定性為原告獲有其他所得**。另被告機關於行政訴訟程序始追加另一獨立之事實，即93年9月10日及23日自公司帳戶提領現金12,294,931元之事實，除被告機關再提起反訴外，被告機關之追加另一事實即與不利益禁止變更原則有違。為此續提出準備書狀，期盼 鈞院詳查本件相關事證，並懇請 鈞院將訴願決定及原處分撤銷，命被告機關另為適法處分，以維法治而維護權益，實感德便。

　　　　謹狀

台中高等行政法院　公鑒

證5：被告機關之審查報告表。

證6：被告機關審查二科審查意見表。

證7：被告機關再查更正報告。

中　華　民　國　○　○　年　○　○　月　○　○　日

　　　　具狀人：甲

　　　　訴訟代理人：黃○○律師

7. 行政訴訟準備狀(四)

案號：97年度訴字第183號　股別：忠

原告：甲

訴訟代理人：黃○○律師

被告：財政部○區國稅局

代表人：乙

為93年度綜合所得稅及罰鍰事件，依法續提起準備書狀事：

訴之聲明

一、訴願決定及原處分均撤銷。

二、訴訟費用由被告負擔。

事實及理由

一、被告機關認原告分別於93年9月10日及23日自○○公司提領現金5,280,000元及7,014,931元，無法交代其現金流程，顯然與事實不符，實際上原告已將攸關之原始憑證提供被告機關查核，此由被告機關之調閱帳簿憑證為憑（證5）。上揭金額並已記入現金科目，此有分類帳為依據。茲將有關被告機關質疑93年9月10日及23日自○○公司提領現金5,280,000元及7,014,931元之資金流向，經詳查結果如下：

(一)從原告分類帳現金科目之記載：93年9月10日傳票號碼0910002貸方金額23,611元餘額為715,964元。

(二)原告就93年9月10日及23日自○○公司提領現金5,280,000元及7,014,931元已記入分類帳，加計其他日期之流入906,035元後，93年9月10日至12月31日止為13,200,966元。

(三)被告機關認為流入13,200,966元，其去向如何：實際上從（證10）分別為應付帳款、股東往來……等23項，即可說明該資金之流向，更該原始憑證已經被告機關調閱查核完畢，被告機關之主張顯然與事實不符。有關實際支出流程明細證六可以證明，其中除應付帳款6,672,693元，屬非實際支付，係於次年度始支付（證11）外，所有項目皆有支付憑證實際支付，足以為憑。

(四)攸關應付帳款6,672,693元之流程，經詳查：

1. 原告本欲以現金支付進貨所欠之應付帳款，茲因廠商未要求以現金償還貨款，原告遂以開票方式支付貨款，原告即持有從○○公司領取之前揭現金。因○○公司屬一人公司，原告對於理應將前揭現金，尚未支付之事實表達於會計科目上，即增加現金科目餘額，或者以「【借：股東往來；貸：現金】」之分錄表達系股東向公司借款，因原告未為正確之會計分錄，致使資金流向，無法窺出全貌。

2. 攸關6,672,693元原告之會計分錄之登載，於被告機關初查時，原告所提示之帳載會計科目為【借：應付帳款；貸：股東往來】，惟復查時所提示之帳載會計科目卻變為【借：應付帳款；貸：現金】，致使現金之流向無法從會計科目窺出。實際上○○公司若有正確之會計分錄，即以「【借：股東往來；貸：現金】」即表示該筆現金係由股東所貸借。是以，攸關6,672,693元實際情形，解釋為該筆資金為原告向○○公司借貸，應符實情。

3. 原告自○○公司借得6,672,693元後，94年各該6,672,693元之應付票據到期，原告仍由個人轉入○○公司以供該票據之兌現詳（證11），即足以證明各該筆資金，亦陸續由原告個人帳戶或以現金流入○○公司以供兌現，準此，被告機關所質疑部分，解釋為原告向○○公司借貸應合常理。

二、股東向公司借款，股東應支付利息，○○公司應計利息收入，惟○○公司93年度並未記入利息，從而○○公司應將借給股東之6,672,693元設算利息，○○公司就未計算利息收入部分，應補繳營利事業所得稅。

三、○○公司應補繳營利事業所得稅，與本件被告機關認原告應補繳綜合所得稅系不同權利主體，是以若依實情，被告機關若認○○公司應補繳營利事業所得稅，依稅捐稽徵法第21條第2項規定，屬依法補徵之問題，與本件係就個人無涉。

四、綜上所述，原告攸關被告機關所認無法交代流向部分，應係被告機關有所誤解，原告所有資金流向被告機關已調閱查核，93年度營利事業所得稅亦經核定（證12），為此，懇請 鈞院詳查，將訴願決定及原處分撤銷，命被告機關另為適法處分，以維法治而維護權益，實感德便。

　　謹狀

台中高等行政法院　公鑒

證5：被告機關之調閱帳簿憑證影本。

證10：現金增減明細表。

證11：應付貨款開立支票兌現資金流入過程明細表。

證12：93年度營利事業所得稅結算申報核定通知書影本。

中　華　民　國　○　○　年　○　○　月　○　○　日

　　　　　　具狀人：甲

　　　　　　訴訟代理人：黃○○律師

8. 行政訴訟言詞辯論意旨狀(一)

案號：97年度訴字第183號　股別：忠
原告：甲
訴訟代理人：黃○○律師
被告：財政部中區國稅局
代表人：乙
為93年度綜合所得稅及罰鍰事件，依法提言詞辯論意旨狀事：

訴之聲明

一、訴願決定及原處分均撤銷。

二、訴訟費用由被告負擔。

事實及理由

一、本件被告機關認原告於93年12月20日至22日自○○公司帳戶轉帳入原告帳戶10,230,000，而認原告獲有其他所得10,230,000元，此部分日期、金額非常明確，原告認為原告獲有其他所得10,230,000元。此部分原告已提出係原告個人與○○公司之股東往來，此有所有資金流程足證。

二、被告機關又於行政訴訟程序提出另一事實，即93年9月10日及23日自○○公司所提領12,294,931元現金，主張原告無法證明現金去向，實際上此部分應屬另一事實與本件無關，惟被告機關主張原告無法證明現金去向與事實不符，原告已提出所有原始憑證，並以證明○○公司所有資金之去向，此有行政訴訟準備狀(四)可證，為了證明○○公司所有資金流向，原告按月編製○○現金流量表及整年度之現金流量表，足以證明每筆資金之流向（附件）。是以被告機關認為無法證明現金去向與事實不符。

三、本件之肇因於：

(一)原查階段原告將進貨產生之應付帳款，以「借記：應付帳款，貸記：股東往來」科目表達，被告機關認會計分錄錯誤應更正，被告於復查階段更正時，又以錯誤之會計分錄表達，即「借記：應付帳款，貸記：現金」。實際上，被告機關僅要輔導原告以正確分錄表達即與實際相符：

1.初查時所提示之帳載會計科目【借：應付帳款；貸：股東往來】，更正為正確之帳載會計科目為【借：應付帳款；貸：應付票據】。

2.復查時所之帳載會計科目【借：應付帳款；貸：現金】，更正正確之會計科目【借：應付帳款；貸：應付票據】。

(二)被告機關對於本件原告會計科目分錄記載錯誤之事實，嫌以負面之「虛增原告對公司之債權」、「虛偽記載方式」、「試圖掩飾」等負面評價原告，應與事實不符，並違反一般生活經驗法則，原告所有每筆資金流程完全可以交代清楚，且○○公司屬一人股東，即原告，○○公司所有產生之經營完全由原告個人負責，即可推演出（「虛增原告對公司之債權」、「虛偽記載方式」、「試圖掩飾」）等之事實完全無據。

四、被告6月5日庭呈答辯狀主張，略以：原告於93年9月10日及23日自公司帳戶提領現金12,294,931元，又於93年12月20日至22日自○○公司帳戶轉帳入原告戶10,230,000元，共計自公司帳戶取22,524,931元，縱如原告主張自93年10月1日至12月17日有以現金或自個人其他帳戶匯入公司帳戶，對○○興業有限公司貸款計10,270,030元（3,800,030元+7,830,000元－1,360,000元=10,270,030），仍有12,254,901元（22,524,931元－10,270,030元）差額，惟仍無法舉證說明原告自公司提領之資金缺口達12,254,901元，基於不利禁止變更原則，被告機關核定原告其他所得10,230,000元，尚無不合。被告主張不合法：

(一)攸關10,230,000元原告已證明資金流向。

(二)被告認為12,254,901元部分，係以資金完全不流動方式或資金係完全靜止不動用之說理；事實上，資金係流動的，應該支付○○公司所有支出，絕無靜止不支用之道理，此部分原告已提供原始憑證、及本件提出之現金流量表，足以證明資金整個流向。

五、按本件所涉之93年度綜合所得稅事件，非常明確為原告於93年12月20日至22日自○○公司帳戶轉帳至原告帳戶10,230,000元並非其他所得，詳查所有攸關銀行帳戶資金流程即可證明，不能定性為原告獲有其他所得。另被告機關於行政訴訟程序始追加另一獨立之事實，即93年9月10日及23日自公司帳戶提領現金12,294,931元之事實，除被告機關再提起反訴外，被告機關之追加另一事實即與不利益禁止變更原則有違。期盼 鈞院詳查本件相關事證，並懇請 鈞院將訴願決定及原處分撤銷，命被告機關另為適法處分，以維法治而維護權益，實感德便。

　　　　謹狀

台中高等行政法院　公鑒

附件：現金流量表。

中　華　民　國　○　○　年　○　○　月　○　○　日

　　　　　　具狀人：甲

　　　　　　訴訟代理人：黃○○律師

9. 行政訴訟言詞辯論意旨狀(二)

案號：97年度訴字第183號　　股別：忠
原告：甲
訴訟代理人：黃○○律師
被告：財政部○區國稅局
代表人：乙
為93年度綜合所得稅及罰鍰事件，依法提言詞辯論意旨狀事：

訴之聲明

一、訴願決定及原處分均撤銷。

二、訴訟費用由被告負擔。

事實及理由

一、本件兩造間之爭議在於被告機關主張：原告93年9月10日及23日自○○公司所提領12,294,931元現金，無法證明現金去向。原告主張，實際上此部分應屬另一事實與本件無關，並對被告所主張之無法證明現金去向部分於行政訴訟準備狀（四）提出證10（如附件）已完全證明現金去向。原告並於98年7月7日提出現金流量表（見行政訴訟言詞辯論意旨狀），證明每筆資金之去向。

(一)現金流量表是以現金的流入與流出，彙總說明公司在特定期間之營業、投資及理財的活動，其主要目的在提供公司在特定期間現金收支之資訊。原告所以能夠提出一整年及按月現金流量表，即在於證明，○○公司之現金去向，原告所提出現金流量表之數據，係依據民國（下同）92年12月31日之資產負債表、93年12月31日之資產負債表及93年度損益表。各該依據之財務報表皆報經被告機關，且經被告機關核定；更且該數據係93年之數據，並非臨訟製作，尤其是每筆金額皆可對照其來源去路，足以證明，○○公司之現金去向，從而被告機關所主張，原告無法證明現金去向，即完全與事實不符。

(二)茲將現金流量表之數據（行政訴訟言詞辯論意旨狀所附證13之1。）說明如下：

1.本期損益1,021,737元，93年度之稅後淨利（見損益表）。

2.折舊125,194元，93年度所提列之折舊費用（見損益表）。

3.應收票據增加－3,578,106元，93年期初與期末之比較（見92年、93年之資產負債表）。

4.應收款增加－1,510,113元，93年期初與期末之比較（見92年、93年之資產負債表）。

5.存貨增加－405,900元，93年期初與期末之比較（見92年、93年之資產負債表）。

6.預付費用減少645元，93年期初與期末之比較（見92年、93年之資產負債表）。

7.暫付款減少385元，93年期初與期末之比較（見92年、93年之資產負債表）。

8.進項稅額增加－406,205元，93年期初與期末之比較（見92年、93年之資產負債表）。

9.應付票據增加4,529,062元，93年期初與期末之比較（見92年、93年之資產負債表）。

10.應付帳款增加3,981,556元，93年期初與期末之比較（見92年、93年之資產負債表）。

11.應付費用增加9,656元，93年期初與期末之比較（見92年、93年之資產負債表）。

12.應付稅捐增加376,451元，93年期初與期末之比較（見92年、93年之資產負債表）。

13.銷項稅額增加422,564元，93年期初與期末之比較（見92年、93年之資產負債表）。

14.購置固定資產－435,467元，93年期初與期末之比較（見92年、93年之資產負債表）。

15.期初現金及約當現金餘額20,910元，係93年1月1日資產負債表現金科目及銀行存款科目之餘額，此由92年12月31日之資產負債表足以證明為真正。

16.期末現金及約當現金餘額4,152,369元，係93年12月31日資產負債表現金科目及銀行存款科目之餘額，此由93年12月31日之資產負債表足以證明為真正。

17.本期現金及約當現金減少數4,131,459元，係由期初現金及約當現金餘額20,910元與期末現金及約當現金餘額4,152,369元相較而來。

(三)原告所主張期初約當現金20,910元與期末現金及約當現金餘額4,152,369元完全係依據見92年、93年之資產負債表，應足以證明爲真正，亦即被告機關絕無理由否定93年期初與期末現金餘額之正確性，因該資產負債表已經被告機關核定。

二、由原告所提出現金流量表證明93年期初現金科目之真正，則原告所提93年度現金科目分類帳，從93年期初至期末（附件），有每筆支出與收入流程，亦絕無造假之可能性。尤其原告於行政訴訟準備狀(四)證10已將被告機關所稱無法交代資金流程之明細完全列出，並將原始憑證送由被告機關核對，被告機關並未舉證何筆支出與事實不符，從而，原告所提行政訴訟準備狀(四)證10資金流程之明細應可證明爲真正。

三、按本件所涉之93年度綜合所得稅事件，非常明確爲原告於93年12月20日至22日自○○公司帳戶轉帳至原告帳戶10,230,000元並非其他所得，詳查所有攸關銀行帳戶資金流程即可證明，不能定性爲原告獲有其他所得。另被告機關於行政訴訟程序始追加另一獨立之事實，即93年9月10日及23日自公司帳戶提領現金12,294,931元之事實，被告機關稱原告無法交代資金流程，完全與事實不符，此由原告所提現金流量表及現金科目餘額已對所有資金流程完全清楚交代可證。且除被告機關再提起反訴外，被告機關之追加另一事實即與不利益禁止變更原則有違。期盼 鈞院詳查本件相關事證，並懇請 鈞院將訴願決定及原處分撤銷，命被告機關另爲適法處分，以維法治而維護權益，實感德便。

　　　　謹狀

台中高等行政法院　公鑒

附件：現金流量表及現金科目分類帳。

中　華　民　國　○　○　年　○　○　月　○　○　日

　　　　具狀人：甲

　　　　訴訟代理人：黃○○律師

臺中高等行政法院判決
案號：97年度訴字第183號
原　　告　甲○○
訴訟代理人　黃○○　律師
被　　告　財政部中區國稅局
代　表　人　乙○○
訴訟代理人　丙○○
上列當事人間因綜合所得稅事件，原告不服財政部中華民國97年3月13日台財
訴字第09700071050號訴願決定，提起行政訴訟，本院判決如下：

主　文
訴願決定及原處分（復查決定）均撤銷。
訴訟費用由被告負擔。

事實及理由
一、事實概要：
　　緣原告民國（下同）93年度綜合所得稅結算申報，經被告機關查獲漏
　　報其本人及配偶之營利、執行業務、租賃及其他等所得合計新臺幣
　　（下同）10,334,942元，通報被告機關所屬民權稽徵所歸課綜合所得
　　總額11,429,307元，補徵應納稅額3,622,233元，並經被告機關裁處罰鍰
　　1,802,900元。原告不服，就其他所得及罰鍰申請復查，未獲變更，提起
　　訴願，亦遭決定駁回，遂提起行政訴訟。
二、本件原告主張：
　　(一)原告於查帳、復查及訴願階段均一再主張原告與○○興業有限公司
　　　　（下稱○○公司）間之資金往來純屬借貸，並已提供完整之銀行出
　　　　入存摺及對帳單供核，並為詳細說明。而被告機關所查認10,230,000
　　　　之資金為該公司贈與，歸課原告之其他所得，依據復查決定書所
　　　　載該金額係○○公司於93年12月20日至22日間轉入原告帳戶（12月
　　　　20日轉入2,510,000元、1,990,000元；12月22日轉入2,800,000元、2
　　　　,930,000元），然自93年至94年間○○公司與原告往來轉帳之款項不
　　　　下百筆，何以對此四筆款項獨持疑義，如此將公司與股東間相互融
　　　　通轉帳之款項，選擇性之擷取作為課稅之依據，不觀前顧後之認定

標準，實難令人信服。況若依○○公司之資金推算，該公司93年營業收入28,025,032元，扣除營業成本23,039,261元，營業費用3,556,032元後，帳載結算金額1,432,148元，連同資本額1,000,000元，○○公司何來10,230,000元之鉅款轉贈原告，縱使○○公司應收帳收得快，應付帳付得慢，有閒餘之資金融通原告，屆時支付之應付票據到期，原告是否得將借用之款項轉入公司帳，否則其不造成公司資金不足而至退票，所以依現金面討論公司與原告之轉帳款項每筆皆能由銀行存摺、對帳單等之資料核對，而○○公司依會計原理，帳務科目即以股東往來列帳，若為貸差則是原告挹注○○公司之款項，若為借差則為○○公司借予原告之款項，此乃公認之簿記方法，被告機關不予整體勾稽，而為斷章取義之認定，實乃偏頗行政。

(二)本件所涉之93年度綜合所得稅事件，其他所得10,230,000元部分，所涉主要為攸關之銀行帳戶資金流程，即原告個人帳戶及以原告一人股東之○○公司帳戶，詳查所有資金流程，足見被告機關之認定與事實不符，原告僅係帳載會計科目之表達錯誤，並無從○○公司獲得贈與之事實：

1.按原告個人帳戶及以原告一人股東之○○公司之帳戶，雖○○公司之負責人仍為原告一人，然而依法個人與公司應仍屬不同權利主體。○○公司發生資金短缺，由原告個人轉入○○公司帳戶時，○○公司之會計分錄，應【借記：銀行存款，貸記：股東往來】，此分錄之意義即為○○公司欠原告個人。若有○○公司資金流入原告個人帳戶時，○○公司之會計分錄應【借記：股東往來，貸記：銀行存款】，此為○○公司償還原告個人，或者原告個人向公司告貸。由於○○公司之資本額僅為1百萬元，是以○○公司之營運資金發生短缺時，原告個人即應支應；有關原告支應○○公司之情形，詳查原告個人所有帳戶及○○公司所有帳戶之全部資金流程，即足以證明被告認定事實有違誤。

2.詳查93年10月1日至93年12月31日原告以現金或個人所有帳戶流入○○公司所有帳戶分別為：93年10月7日原告以現金存入合作金庫銀行73335號○○公司帳戶2,000,000元；93年11月23日原告由○○銀行0000000帳號存入合作金庫銀行000號○○公司帳戶650,000

元；93年11月26日原告由三信銀行0000000帳號存入合作金庫銀行000號○○公司帳戶950,000元；93年12月6日原告由三信銀行0000000帳號存入合作金庫銀行000號○○公司帳戶1,630,000元；93年12月13日原告以現金存入合作金庫銀行000號○○公司帳戶500,000元；93年12月14日原告由三信銀行0000000帳號存入合作金庫銀行000號○○公司帳戶800,000元；93年12月17日原告由三信銀行0000000帳號存入合作金庫銀行000號○○公司帳戶1,300,000元；上揭從93年10月7日至93年12月17日由原告個人轉入○○公司帳戶合計7,830,000元（2,000,000＋650,000＋950,000＋1,630,000＋500,000＋800,000＋1,300,000＝7,830,000）。此有合作金庫銀行影本及存款往來對帳單影本為憑。又同期間原告自○○公司帳戶提領現金分別為：93年10月15日250,000元、同年月30日230,000元、同年11月5日280,000元、同年月25日200,000元、同年月30日300,000元及同年11月22日由○○公司合作金庫銀行73335帳號轉入原告個人合作金庫銀行000帳號100,000元等合計1,360,000元。另截至93年10月1日股東往來貸方餘額為3,800,030元（即原告個人借給公司，應屬○○公司欠原告個人之款項），加計上揭由原告個人轉入○○公司帳戶計7,830,000元，扣除上揭同期間原告個人自○○公司帳戶提領現金1,360,000元，○○公司股東往來貸方餘額為10,270,030元（3,800,030＋7,830,000－1,360,000＝10,270,030）。此即至93年12月17日○○公司欠原告個人10,270,030元。原告因○○公司股東往來貸方餘額為10,270,030元，即於12月20至22日自○○公司轉入原告個人帳戶10,230,000元；從上說明至93年12月17日○○公司欠原告個人10,270,030元。縱使將10,230,000元由○○公司歸還原告個人，○○公司仍有貸記股東往來40,030元（10,270,030－10,230,000＝40,030），即○○公司仍欠原告個人40,030元。至被告機關認為12月20至22日自○○公司轉入原告個人帳戶之10,230,000元，係原告之其他所得顯有違誤，實際上該10,230,000元係○○公司償還原告個人，此有所有資金之流程可證。

3. 被告機關僅以原告於12月20至22日自○○公司轉入原告個人帳戶

之10,230,000元，即認為係○○公司贈與原告個人，核定原告其他所得10,230,000元，顯然被告機關誤解，僅割裂對原告不利部分，並未詳查整個年度資金流程；實際上，係原告個人先有支應○○公司之資金缺口，始有從○○公司帳戶轉入原告個人，從而，被告機關認為○○公司贈與原告個人即與事實不符。

(三)被告機關認原告分別於93年9月10日及23日自○○公司提領現金5,280,000元及7,014,931元，無法交代其現金流程，顯然與事實不符，實際上原告已將攸關之原始憑證提供被告機關查核。上揭金額並已記入現金科目，此有分類帳為依據。茲就上揭兩筆資金流向，說明如下：

1.自原告分類帳現金科目之記載，93年9月10日傳票號碼○○○○○○貸方金額23,611元餘額為715,964元。原告就93年9月10日及23日自○○公司提領現金5,280,000元及7,014,931元已記入分類帳，加計其他日期之流入906,035元後，93年9月10日至12月31日止為13,200,966元。被告機關認為流入13,200,966元，其去向如何？此從○○公司現金（自93年9月10日至同年12月31日）增減明細表可知，分別為應付帳款、股東往來……等23項，即可說明該資金之流向，且該原始憑證已經被告機關調閱查核完畢，被告機關之主張顯然與事實不符。且依有關實際支出流程明細可以證明，其中除應付帳款6,672,693元，屬非實際支付，係於次年度始支付外，所有項目皆有支付憑證實際支付。

2.關於應付帳款6,672,693元之流程：按原告本欲以現金支付進貨所欠之應付帳款，茲因廠商未要求以現金償還貨款，原告遂以開票方式支付貨款，原告即持有從○○公司領取之前揭現金。因○○公司屬一人公司，原告對於理應將前揭現金，尚未支付之事實表達於會計科目上，即增加現金科目餘額，或者以「【借：股東往來；貸：現金】」之分錄表達係股東向公司借款，因原告未為正確之會計分錄，致使資金流向，無法窺出全貌。於被告機關初查時，原告將進貨產生之應付帳款，於帳載會計科目以【借：應付帳款；貸：股東往來】為表達，惟被告機關認會計分錄錯誤應更正，於復查階段更正時，又以簡略不完整之會計分錄表達，

即【借：應付帳款；貸：現金】，致使現金之流向無法從會計科目窺出，且由會計科目表達之不正確，顯然原告並無故意可言，而會計科目之錯誤僅需更正，並不影響實際情形，故被告機關僅要輔導原告補正分錄【借：股東往來；貸：應付票據】即與實際相符。因詳查其資金流程並無因為會計科目錯誤，原告個人即有獲得其他所得。又復查時所提示之帳載會計科目並無股東往來科目，足證原告並無虛增股東往來；反面言之，原告若有意虛增股東往來，則於復查時豈不仍【貸：股東往來】，卻變更仍為錯誤之【借：應付帳款；貸：現金】。次按原告於94年1至2月陸續以票據支付貨款時帳載之正確會計科目應為【借：應付票據；貸：銀行存款】，○○公司卻未記載，證明○○公司並不清楚帳載之正確會計科目。被告機關亦認○○公司之進貨廠商（○○生物科技事業有限公司，下稱酷伯公司）之分類帳，其銷貨收款之帳載會計科目為【借：銀行存款；貸：應收票據】，核與資金流程之查核結果相符，與○○公司之復查時提示之支付貨款之帳載會計科目為【借：應付帳款；貸：現金】不合，亦可證○○公司之帳載會計科目僅係表達不正確。實際上○○公司若有正確之會計分錄，即以「【借：股東往來；貸：現金】」即表示該筆現金係由股東所貸借。是以，解釋為該筆資金為原告向○○公司借貸，應符實情。而原告自○○公司借得6,672,693元後，94年各該6,672,693元之應付票據到期，原告仍由個人轉入○○公司以供該票據之兌現，足證各該筆資金，亦陸續由原告個人帳戶或以現金流入○○公司以供兌現，準此，被告機關所質疑部分，解釋為原告向○○公司借貸應合常理。

3. 本件既係股東向公司借款，股東應支付利息，○○公司應計利息收入，惟○○公司93年度並未記入利息，從而○○公司應將借給股東之6,672,693元設算利息，○○公司就未計算利息收入部分，應補繳營利事業所得稅。且○○公司應補繳營利事業所得稅，與本件被告機關認原告應補繳綜合所得稅，兩者為不同權利主體，是以若依實情，被告機關若認○○公司應補繳營利事業所得稅，依稅捐稽徵法第21條第2項規定，屬依法補徵之問題，與本件係就個人無涉。

(四)被告機關認為同年12月20至22日以○○公司還款予原告而借記股東往來10,230,000元,將系爭資金以虛偽不實帳載掩飾原告自該公司提領現金事實。惟按借記股東往來之意義有兩種:公司還款予股東或股東向公司借款,若為前者必先有貸記股東往來,即公司向股東借款之情形;若為後者則違反公司法或者涉有刑法之背信或侵占罪嫌。原告自○○公司帳戶提款10,230,000元,並非一筆小金額,從而,詳查資金流程,足以證明本件係屬先有貸記股東往來之情。被告機關未體認原告先有支應○○公司之事實,且論證事實明顯誤認,所謂「以虛偽不實帳載掩飾原告自該公司提領現金事實」更與事實不符,原告自公司提領10,230,000元,其會計科目借記股東往來,應屬正確,是以,並無以虛偽不實帳載掩飾原告自該公司提領現金。

(五)針對被告機關所提補充答辯,主張如下:

1. 按被告機關認為系爭10,230,000元,係原告借給訴外人湯○○,此為真正事實,惟並不能證明原告有其他所得10,230,000元,蓋原告有貸款予○○公司10,270,030元(此有資金流程可證),從而○○公司將10,230,000元償還原告,原告將10,230,000元借給湯○○,此為原告資金之理財行為。而被告機關將原告10,230,000元借給湯○○,即核定原告有其他所得10,230,000元即有違誤。

2. 依據臺中商業銀行霧峰分行將○○公司系爭帳戶(帳號:○○○○○)於開戶日(93年7月8日)至93年12月31日所有存入票據正反面影本查核,足以確定各該筆資金之流程係由○○○生物科技股份有限公司(下稱○○○公司)流入○○公司,各該筆資金流程非常明確,屬於貨款,此有開立統一發票為證。被告機關將上揭有關票據誤認為原告與湯○○君有借貸關係,顯有誤解。至於原告分別於93年9月10日及23日自○○公司提領現金5,280,000元及7,014,931元之流向,因該公司帳載未借記股東往來之事實,足證與原告個人無關,且依該公司分類帳之現金科目可以證明兩筆資金係存於○○公司,並未流入原告個人帳戶,故○○公司帳載未借記股東往來,應屬正確。況本件屬於93年之事實,查明現金帳戶之流程可以證明非臨訟製作,因現金存款餘額,須於資產負債表表達,並於94年5月底向被告機關申報。

3. 被告機關與原告就本件之爭議非常明確,即被告機關誤認為原告於93年12月20日至22日自○○公司帳戶轉帳至原告帳戶10,230,000元,屬於原告自○○公司獲得之其他所得,此有被告機關:審查報告表二(二)略以,惟查申請人93年9月自公司提領現金12,294,931元,加計93年12月20日至22日該公司匯款予申請人10,230,000元,合計申請人自該公司取得22,524,931元,申請人僅存入該公司10,330,000元,差額12,194,931元,原查僅核定申請人自公司取得資金借予湯○○君部分10,230,000元為其他所得,未就其他差額部分進一部審究,基於行政救濟不利益禁止變更原則,擬維持原核定。被告機關審查二科審查意見表,略以:另納稅義務人甲○○於93年間以虛偽不實帳載記錄作掩飾,取得○○公司資金1,023萬元,核屬其他所得。被告機關再查更正報告,略以:另納稅義務人甲○○於93年間以虛偽不實帳載紀錄作掩飾,取得○○公司資金1,023萬元,核屬其他所得。被告機關復查決定書,其理由壹、其他所得略以:12月20日至22日以該公司還款予申請人而借記股東往來10,230,000元……原查依首揭規定,核認系爭所得為○○公司贈與,核定申請人其他所得10,230,000元。惟前揭已證明原告於93年12月20日至22日自○○公司帳戶轉帳原告帳戶10,230,000元,係○○公司向原告借款之返還,是以原告於93年12月20日至22日自○○公司帳戶轉帳至原告帳戶10,230,000元,非為原告之其他所得。

4. 被告機關於行政訴訟程序擴大另一不同之獨立事實:即「原告於93年9月10日及23日自公司帳戶提領現金12,294,931元」之另一事實,顯然違反不利益變更禁止原則。蓋被告機關再提出之「93年9月10日及23日自公司帳戶提領現金12,294,931元」與本件之爭議,屬於不同之二件事實,與本件無涉。被告機關若有爭議,僅得提起反訴。又被告機關認為原告無法舉證93年9月10日及23日自公司帳戶提領現金12,294,931元之用途,惟該2筆現金完全存於公司內,其用途由○○公司分類帳現金科目之收支流程可證明其用途,並有現金流量表可稽,該現金流量表係依92年12月31日及93年12月31日所得稅結算申報之資產負債表及93年度損益及稅額

計算表，前揭財務報表皆報經被告機關並經其核定，並非臨訟製作，其中期初現金及約當現金20,910元與期末現金及約當現金餘額4,152,369元，完全係據上開資產負債表，足證每筆交易事實爲眞，且帳載與報稅資料前後一致，並無被告機關所認原告無法舉證之情形。

(六)綜上所述，被告機關認爲原告自○○公司獲有其他所得，即有違誤，從而原告並無漏報或短報10,230,000元情事，亦無罰鍰之問題。爰聲明求爲判決：(一)訴願決定及原處分（復查決定）均撤銷。(二)訴訟費用由被告負擔。

三、被告則以：

(一)關於其他所得：

1.按「下列各種所得，免納所得稅……十七、因繼承、遺贈或贈與而取得之財產。但取自營利事業贈與之財產，不在此限。」「個人之綜合所得總額，以其全年下列各類所得合併計算之……第十類：其他所得：不屬於上列各類之所得，以其收入額減除成本及必要費用後之餘額爲所得額。」爲行爲時所得稅法第4條第1項第17款及第14條第1項第10類所明定。次按「當事人主張事實須負舉證責任倘其所提出之證據不足爲主張事實之證明自不能認其主張之事實爲眞實。」最高行政法院36年判字第16號著有判例。

2.本件原告係○○公司負責人，分別於93年9月10日及23日自該公司提領現金5,280,000元及7,014,931元後，藉由不實帳載虛增股東往來並沖轉股東往來10,230,000元方式取得系爭資金，初查認該等資金爲該公司贈與，核定原告其他所得10,230,000元，歸課原告綜合所得稅。原告不服，提示○○公司之帳簿憑證、銀行往來對帳單及銀行存摺影本，復查主張該公司之股東僅其一人，該公司從事之商業行爲及營運資金，皆由本人獨立行使，公司資金充裕時即轉入個人運用，若不足則由個人籌措轉入，兩者之間往來純屬借貸關係，請准予以借貸關係認定云云。經被告機關復查決定以，本件原告分別於93年9月10日及23日自○○公司提領現金5,280,000元及7,014,931元，該公司帳載未借記股東往來，嗣於同年11月5日至12月17日陸續以原告代該公司償還應付帳款虛增原告之股東

往來，並於同年12月20至22日以該公司還款予原告而借記股東往來10,230,000元，將系爭資金以虛偽不實帳載掩飾原告自該公司提領現金事實，有○○公司之股東往來明細帳及原告自該公司帳戶提領現金資料可稽。次按該公司93年11月5日至12月5日沖轉應付帳款6,672,693元，於初查時所提示之帳載會計科目爲【借：應付帳款；貸：股東往來】，惟復查時所提示之帳載會計科目卻爲【借：應付帳款；貸：現金】，前後提示帳載內容不同；且經進一步查核該公司之資金流程，前揭應付帳款係於94年1至2月陸續以票據支付貨款，有該公司合作金庫銀行股份有限公司支票存款往來對帳單（帳號：0000-000-000000）影本可稽。又該公司之進貨廠商（酷伯公司）之分類帳，其銷貨收款之帳載會計科目爲【借：銀行存款；貸：應收票據】，核與○○公司支付貨款之會計科目爲【借：應付帳款；貸：現金】不合，足見○○公司以不實帳載掩飾原告自該公司提領現金之事實，原告既未能提示其他相關事證以實其說，依前揭判例意旨，自難認其主張借貸爲眞實，初查依前揭規定，核認系爭所得爲○○公司贈與，核定原告其他所得10,230,000元，並無不合，復查後乃予維持。原告仍表不服，提起訴願，財政部持與被告機關相同之論見，駁回其訴願。

3. 本案係因訴外人○○○於93年10月28日讓售○○○公司股票予其弟湯○○75萬股（價款10,230,000元），係二親等以內親屬間財產之買賣未能具體提示價金流程，涉及遺產及贈與稅法第5條第6款規定以贈與論，經被告機關依規定通知贈與人湯○○於10日內申報贈與稅，湯○○於期限內主張其弟湯○○於93年12月30日支付購買股票價款10,230,000元，其資金來源係向原告借款，約定以購得股票每年獲利分期償還。惟原告資金來源係取自○○公司，乃依查得資料核定原告其他所得10,230,000元。

4. 次按○○公司臺中商業銀行霧峰分行帳戶（帳號：○○○○○）於93年7月8日開戶，開戶日後陸續存入票據計5,280,067元，原告於93年9月10日提領現金5,280,000元；系爭帳戶陸續存入票據6,744,931元，原告又於同年月23日提領現金7,014,931元，合計提領12,294,931元。又本案經調閱臺中商業銀行霧峰分行函覆大院

有關○○公司上開帳戶於93年7月8日至93年12月31日所有存入票
據正反面影本，皆係○○○公司開立之票據。○○公司自93年5
月起陸續銷售紙盒及包裝紙予○○○公司，93年5月至12月銷售
額2,164,706元、2,590,361元、3,596,393元、3,418,537元、987,977
元、5,618,718元、5,400,688元及3,578,106元，全年合計27,418,486
元，有○○公司93年度開立之統一發票影本可稽，且○○公司93
年度存入○○○公司開立票據計24,601,681元，係屬銷貨收入以票
據方式兌現。

5. 本件原告於復查階段提示○○公司之帳簿憑證、銀行往來對帳單
及銀行存摺影本，業經被告機關就資金流程部分查出，原告原主
張系爭款項嗣後已陸續代該公司償還應付帳款，惟初查時所提示
之帳載會計科目爲【借：應付帳款；貸：股東往來】，復查時變
更爲【借：應付帳款；貸：現金】，前後提示帳載內容不同，另
該應付帳款確係於94年1至2月陸續以票據支付貨款，有○○公司
合作金庫銀行股份有限公司支票存款往來對帳單影本附原卷可
稽。次按○○公司之進貨廠商（酷伯公司）之分類帳，其銷貨收
款之帳載會計科目爲【借：銀行存款；貸：應收票據】，核與資
金流程之查核結果相符，與○○公司之復查時提示之支付貨款之
帳載會計科目爲【借：應付帳款；貸：現金】不合，原告主張與
○○公司往來之款項係屬借貸，惟未能提示相關證明文件供核，
參諸首揭判例意旨，被告機關依原告提示之相關事證據以查核○
○公司以不實帳載掩飾原告自該公司提領現金之事實，核定原告
93年度其他所得10,230,000元，揆諸首揭規定，並無不合。

6. 原告自原查階段、復查階段至行政訴訟階段，歷次所提供之帳簿
資料皆不相符，論述如下：首先，於原查階段將進貨產生之應
付帳款，公司未實際償還應付帳款，卻以「借記：應付帳款，貸
記：股東往來」方式虛增原告對公司之債權，致93年12月20日至
22日自○○公司帳戶轉帳入原告帳戶10,230,000元，得以合理解釋
爲公司對原告借款之返還。次於復查階段就相同應付帳款，又以
【借記：應付帳款，貸記：現金】虛僞帳載方式，試圖掩飾93年
9月10日及23日自公司提領現金後未返還公司之事實。惟經被告

機關查核○○公司供應廠商帳簿憑證，發現○○公司貨款係以票據兌現，而非以現金支付，再次證明原告所提示○○公司帳簿憑證記載不實，復於行政救濟階段再次就相同事證，主張係股東向公司借款，應以「借記：股東往來，貸記：現金」方式記錄並設算公司利息。依據所提示帳證查證，後續支付應付帳款6,672,693元以現金支付，惟從資金流程及進貨廠商帳證查證，係以支票存款支付，係虛偽記載；又償還股東往來3,800,030元係增加公司對股東債權，經查所提示帳證係【借：股東往來，貸：現金】，將使公司對原告債權增加，並非原告還款予公司，故原告仍無法提出有關93年9月10日及23日自○○公司所提領12,294,931元現金，有返還公司之明確證據。至於原告所稱依據相關報表所編列之現金流量表期初數與期末數調節相符，且93年度資產負債表已經被告機關核定乙節，按原告自公司提領現金12,294,931元及虛偽帳載之事實，已如前述，又93年度資產負債表雖經被告機關核定，惟營利事業所得稅係採結算申報，該公司93年度營利事業所得稅依據帳載數申報，被告機關僅依結算申報書表書面審核，並未調帳查核，且該公司實際交易資金流程與帳載資金流程經調帳查核不符，已如前述，故該公司依帳載資產負債表所編列之現金流量表，亦非與實際資金流程相符，併此敘明。

7. 綜上，原告於93年9月10日及23日自○○公司帳戶提領現金12,294,931元，又於93年12月20至22日自○○公司帳戶轉帳入原告帳戶10,230,000元，共計自該公司帳戶取得22,524,931元，縱如原告主張自93年10月1日至12月17日有以現金或自個人其他帳戶匯入公司帳戶，對○○公司貸款計10,270,030元（3,800,030元＋7,830,000元－1,360,000元＝10,270,030元），仍有12,254,901元（22,524,931元-10,270,030元）差額，惟仍無法舉證說明原告自公司提領之資金缺口達12,254,901元，基於不利禁止變更原則，被告機關核定原告其他所得10,230,000元，尚無不合。

(二)關於罰鍰：

1. 按「納稅義務人應於每年五月一日起至五月三十一日止，填具結算申報書，向該管稽徵機關，申報其上一年度內構成綜合所得總

額……之項目及數額，以及有關減免、扣除之事實，並應依其全年應納稅額減除……扣繳稅額及可扣抵稅額，計算其應納之結算稅額，於申報前自行繳納。」「納稅義務人已依本法規定辦理結算申報，但對依本法規定應申報課稅之所得額有漏報或短報情事者，處以所漏稅額兩倍以下之罰鍰。」爲所得稅法第71條第1項前段及第110條第1項所明定。

2.原告93年度綜合所得稅結算申報，漏報本人及配偶之營利、執行業務、租賃及其他等所得合計10,334,942元，短漏報所得稅額3,611,715元，被告機關按所漏稅額9,588元及3,602,127元分別處0.2倍及0.5倍罰鍰合計1,802,900元（計至百元止）。原告併同本稅申請復查，經被告機關復查決定略以，系爭所得既經維持已如前述，原處罰鍰並無違誤，復查後乃予維持。原告不服，提起訴願，財政部持與被告機關相同之論見，予以駁回。

3.本件系爭所得既經維持已如前述，原處罰鍰並無違誤，原告提起本訴訟，並無新理由及新事證，仍復執前詞，所訴委不足採。

(三)綜上，本件復查及訴願決定並無違誤，爰聲明求爲判決駁回原告之訴。

四、兩造之爭點：

被告機關認原告受有○○公司贈與10,230,000元，歸課原告93年度綜合所得稅其他所得10,230,000元，並予追繳系爭應納稅額及罰緩，是否合法。

五、經查：

(一)按「下列各種所得，免納所得稅：……十七、因繼承、遺贈或贈與而取得之財產。但取自營利事業贈與之財產，不在此限。」「個人之綜合所得總額，以其全年下列各類所得合併計算之：……第十類：其他所得：不屬於上列各類之所得，以其收入額減除成本及必要費用後之餘額爲所得額。」所得稅法第4條第1項第17款、第14條第1項第10類定有明文。次按「納稅義務人應於每年五月一日起至五月三十一日止，填具結算申報書，向該管稽徵機關，申報其上一年度內構成綜合所得總額……之項目及數額，以及有關減免、扣除之事實，並應依其全年應納稅額減除……扣繳稅額及可扣抵稅額，計算其應納之結算稅額，於申報前自行繳納。」「納稅義務人已依本

法規定辦理結算申報，但對依本法規定應申報課稅之所得額有漏報或短報情事者，處以所漏稅額兩倍以下之罰鍰。」為所得稅法第71條第1項前段及第110條第1項所明定。

(二)本件原告93年度綜合所得稅結算申報，經被告機關查獲漏報其本人及配偶之營利、執行業務、租賃及其他等所得合計10,334,942元，通報被告機關所屬民權稽徵所歸課綜合所得總額11,429,307元，短漏報所得稅額3,611,715元，補徵應納稅額3,622,233元，並經被告機關按所漏稅額9,588元及3,602,127元分別處0.2倍及0.5倍罰鍰合計1,802,900元（計至百元止）。原告不服，就其他所得（即系爭取自○○公司10,230,000元部分）及罰鍰申請復查主張，該公司之股東僅其一人，該公司從事之商業行為及營運資金，皆由其一人獨立行使，公司資金充裕時即轉入個人運用，若不足則由個人籌措轉入，兩者之間往來純屬借貸關係，並提示○○公司之帳簿憑證、銀行往來對帳單及銀行存摺影本，請准予以借貸關係認定云云，經被告機關復查決定以，本件原告分別於93年9月10日及23日自○○公司提領現金5,280,000元及7,014,931元，該公司帳載未借記股東往來，嗣於同年11月5日至12月17日陸續以原告代該公司償還應付帳款虛增原告之股東往來，並於同年12月20至22日以該公司還款予原告而借記股東往來10,230,000元，將系爭資金以虛偽不實帳載掩飾原告自該公司提領現金事　實，有○○公司之股東往來明細帳及原告自該公司帳戶提領現金資料可稽。次按該公司93年11月5日至12月5日沖轉應付帳款6,672,693元，於初查時所提示之帳載會計科目為【借：應付帳款；貸：股東往來】，惟復查時所提示之帳載會計科目卻為【借：應付帳款；貸：現金】，前後提示帳載內容不同；且經進一步查核該公司之資金流程，前揭應付帳款係於94年1至2月陸續以票據支付貨款，有該公司合作金庫銀行股份有限公司支票存款往來對張單（帳號：0000-000-000000）影本可稽。又該公司之進貨廠商（酷伯公司）之分類帳，其銷貨收款之帳載會計科目為【借：銀行存款；貸：應收票據】，核與○○公司支付貨款之會計科目為【借：應付帳款；貸：現金】不合，足見○○公司以不實帳載掩飾原告自該公司提領現金之事實，原告既未能提示其他相關事證以實其說，自難

認其主張借貸為眞實，被告機關依前揭規定，核認系爭所得為○○公司贈與，核定原告其他所得10,230,000元，並無不合為由，駁回其復查之申請。原告不服，提起訴願主張略以：於復查階段即提供有關銀行往來帳戶及補正帳證之資料，被告機關不就其提供之資料作為有利合法之處分，違反行政程序法第5條及第9條之原則；另被告機關是否證明該款項係原告不用返還、無償受贈之款項等語，經訴願決定持與被告機關相同論見，予以駁回。揆諸首揭規定，雖非無見。

(三)惟按「行政機關應依職權調查證據，不受當事人主張之拘束，對當事人有利及不利事項一律注意」、「當事人於行政程序中，除得自行提出證據外，亦得向行政機關申請調查事實及證據。但行政機關認為無調查之必要者，得不為調查，並於第四十三條之理由中敘明之」、「行政機關為處分或其他行政行為，應斟酌全部陳述與調查事實及證據之結果，依論理及經驗法則判斷事實之眞偽，並將其決定及理由告知當事人」，為行政程序法第36條、第37條及第43條所明定。次按「行政官署對於人民有所處罰，必須確實證明其違法之事實，倘所提出之證據自相矛盾，不能確實證明違法事實之存在，其處罰即不能認為合法。」「當事人主張事實，須負舉證責任，倘其所提出之證據，不足為主張事實之證明，自不能認其主張之事實為眞實。又行政官署對於人民有所處罰，必須確實證明其違法之事實。倘不能確實證明違法事實之存在，其處罰即不能認為合法。」最高行政法院著有32年判字第16號、39年判字第2號判例可稽。又租稅法所重視者，應為足以表徵納稅能力之經濟事實，而非其外觀之法律行為，故在解釋適用稅法時，所應根據者為經濟事實，不僅止於形式上之公平，應就實質上經濟利益之享受者予以課稅，始符實質課稅及租稅法律主義之原則。準此，稅捐稽徵機關認定課徵租稅之構成要件事實時，應以實質經濟事實關係及其所生實質經濟利益之歸屬與享有為依據；稅捐稽徵機關並應就實質經濟事實關係及其所生實質經濟利益之歸屬與享有，亦即構成該課徵租稅要件之事實，負舉證責任。查○○公司係以原告一人為股東之公司，其取自於系爭年度資本額為1百萬元乙節，有經濟部中部辦公室97年8月22

日經中三字第09736118260號函檢送該公司登記資料影本附本院卷
（第47至62頁）可稽。雖公司與個人分屬不同之人格，為不同之權
利義務主體。然不同之權利義務主體間因金融機構帳戶存款匯入、
匯出所構成之法律關係或為清償；或屬借貸、贈與；亦可能為消費
寄託，或其他法律關係，而非僅為贈與一種，是不同之權利義務主
體間有上開存款匯入、匯出之情形，稅捐稽徵機關欲課以贈與稅，
或因該項贈與係取自營利事業予以課徵所得稅，自應就該項贈與之
租稅構成要件事實，負舉證責任。次查，原告於本件行政爭訟程序
一再主張，因○○公司為原告一人股東公司，資本額僅1百萬元，故
○○公司之營運資金發生短缺時原告個人即應支應，系爭10,230,000
元乃○○公司償還給原告個人之借款，並非贈與，經其詳查93年10
月1日至93年12月31日由原告以現金或個人所有帳戶流入○○公司
所有帳戶分別為：93年10月7日原告以現金存入合作金庫銀行000號
○○公司帳戶2,000,000元；93年11月23日原告由三信銀行0000000帳
號存入合作金庫銀行000號○○公司帳戶650,000元；93年11月26日
原告由三信銀行0000000帳號存入合作金庫銀行000號○○公司帳戶
950,000元；93年12月6日原告由三信銀行0000000帳號存入合作金庫
銀行000號○○公司帳戶1,630,000元；93年12月13日原告以現金存入
合作金庫銀行000號○○公司帳戶500,000元；93年12月14日原告由
三信銀行0000000帳號存入合作金庫銀行000號○○公司帳戶800,000
元；93年12月17日原告由三信銀行0000000帳號存入合作金庫銀行000
號○○公司帳戶1,300,000元；上揭從93年10月7日至93年12月17日由
原告個人轉入○○公司帳戶合計7,830,000元（2,000,000＋650,000＋
950,000＋1,630,000＋500,000＋800,000＋1,300,000＝7,830,000）。又
同期間原告自○○公司帳戶提領現金分別為：93年10月15日250,000
元、同年月30日230,000元、同年11月5日280,000元、同年月25日
200,000元、同年月30日300,000元及同年11月22日由○○公司合作金
庫銀行000帳號轉入原告個人合作金庫銀行000帳號100,000元等合
計1,360,000元。另截至93年10月1日股東往來貸方餘額為3,800,030元
（即原告個人借給公司，應屬○○公司欠原告個人之款項），加計
上揭由原告個人轉入○○公司帳戶計7,830,000元，扣除上揭同期間

原告個人自○○公司帳戶提領現金1,360,000元，○○公司股東往來貸方餘額爲10,270,030元（3,800,030＋7,830,000－1,360,000＝10,270,030）。此即至93年12月17日○○公司欠原告個人10,270,030元。原告因○○公司股東往來貸方餘額爲10,270,030元，即於12月20至22日自○○公司轉入原告個人帳戶10,230,000元；從上說明至93年12月17日○○公司欠原告個人10,270,030元。縱使將10,230,000元由○○公司歸還原告個人，○○公司仍有貸記股東往來40,030元（10,270,030－10,230,000＝40,030），即○○公司仍欠原告個人40,030元等語，並提出合作金庫銀行存摺影本及存款往來對帳單影本及○○公司股東往來之總分類帳（原處分卷第71至74頁）爲證。參以○○公司自93年5月起陸續銷售紙盒及包裝紙予訴外人桐核閎公司，93年5月至12月銷售額2,164,706元、2,590,361元、3,596,393元、3,418,537元、987,977元、5,618,718元、5,400,688元及3,578,106元，全年合計27,418,486元，有○○公司93年度開立之統一發票影本（本院卷第139至151頁）可稽乙情，則原告爲維持其一人股東公司營運，於該○○公司資金短缺不足時，適時予以挹注，再以公司所得收入償還公司借款，尚非全然無據，從而，被告機關在查核系爭款項時，自宜以○○公司之全年帳簿憑據以及原告個人所提出之相關憑證資料相互予以查核勾稽，始得明其眞實，尚難僅截取其中一二，憑以認定系爭構成租稅要件之事實。末查，原告固始終坦承於93年9月10日及23日自○○公司帳戶提領現金合計12,294,931元之事實，且於被告機關95年2月22日談話時陳稱：「該二筆款項是由本人提領，預備購地設廠之用，惟因條件談不成，未購買，該款項由本人保管，未回存○○公司之銀行帳戶」云云，然其嗣於95年3月8日被告機關談話時又稱：「【問：台端於93年11、12月間替○○興業有限公司償還應付帳款，明細：93年11月5日付968,999元；93年11月10日付809,970元；93年11月15日付916,076元；93年11月20日付913,300元；93年11月25日付948,591元；93年11月30日付1,029,472元；93年12月5日付1,086,285元（按以上合計6,672,693元）之資金來源爲何】該公司分別於93年9月10日提領現金5,280,000元及93年9月23日提領現金7,014,931元，原本打算用於購土地建廠之資金，因

買賣未成交，該等款項乃留存於本人，『以便支付公司之貨款，即上列支付明細」』」等語（以上見原處分卷第165至167頁），被告機關就上開有利於原告部分未詳加調查審認，追溯其資金之確實來源；而以依原告初查時所提示之帳載會計科目爲【借：應付帳款；貸：股東往來】，惟復查時變更爲【借：應付帳款；貸：現金】，前後提示帳載內容不同，及該應付帳款係於94年1至2月陸續以票據支付貨款，暨按○○公司進貨廠商（酷伯公司）之分類帳，其銷貨收款之帳載會計科目爲【借：銀行存款；貸：應收票據】，○○公司之復查時提示之支付貨款之帳載會計科目爲【借：應付帳款；貸：現金】不合等由，遂據以核認系爭款項爲○○公司對原告之贈與，屬其他所得，歸課原告系爭年度（93年）之綜合所得總額，予以補爭系爭稅額，並處以上揭罰鍰，尚嫌速斷，揆諸前開規定及說明，其處分即嫌違誤，原告訴訟論旨執此指摘，非無可採。

(四)綜上所述，被告原處分（復查決定）核有違誤，訴願決定持相同理由遞予維持，亦有未合。原告訴訟論旨皆求予撤銷，爲有理由，應予准許。應將訴願決定及原處分（復查決定）均撤銷，由被告機關查明後另爲處分，以符法制，並昭折服。至兩造其餘主張，並不影響本件判決之結果，無庸論述，附此敘明。

六、據上論結，本件原告之訴爲有理由，依行政訴訟法第195條第1項前段、第98條第1項前段，判決如主文。

中　華　民　國　○○　年　○○　月　○○　日

臺中高等行政法院第二庭

審判長法官　胡國棟

法官　林秋華

法官　劉錫賢

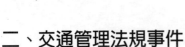

二、交通管理法規事件

(一) 交通秩序罰救濟流程圖

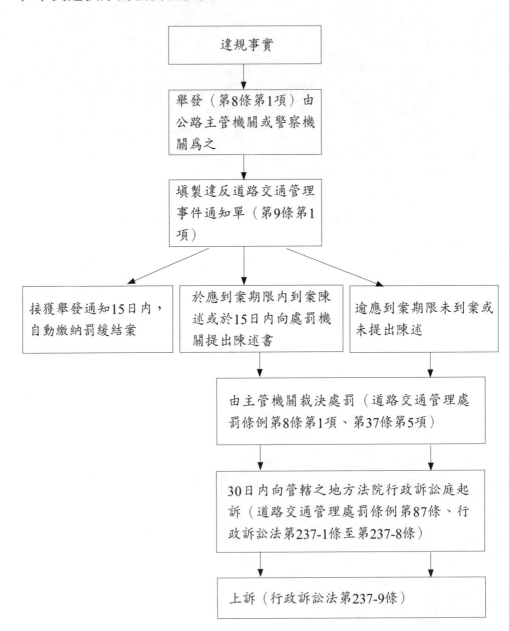

(二) 交通裁決事件訴訟程序總說明

　　交通裁決本質為行政處分，其因質輕量多，過去四十年考量行政法院未能普設，為顧及民眾訴訟便利，並兼顧行政法院負荷，而立法規定其救濟程序由普通法院行政訴訟庭依聲明異議方式，準用刑事訴訟法審理。各地方法院設置行政訴訟庭後，前開顧慮已然消除，爰將此類事件之救濟程序，改依行政救濟程序處理，自民國101年9月6日起施行。

1. 交通違規事件受處分人接獲違反道路交通管理事件通知單後，於15日內得不經裁決，逕依第92條第3項之罰鍰基準規定，向指定之處所繳納結案；不服舉發事實者，應於15日內，向處罰機關陳述意見（參見附件1陳述書）；其不依通知所定期限前往指定處所聽候裁決，且未依規定期限繳納罰鍰結案或向處罰機關陳述意見者，處罰機關得逕行裁決之（參見附件2交通裁決書）。

   不服交通違規事件主管機關即交通部公路總局○○所為之裁決者，應以原處分機關為被告，逕向管轄之地方法院行政訴訟庭提起訴訟（道路交通管理處罰條例第8條）。

2. 行政訴訟法所稱交通裁決事件如下：

(1) 不服道路交通管理處罰條例第8條[1]及第37條第5項[2]之裁決，而提起之撤銷訴訟、確認訴訟。

(2) 合併請求返還與前款裁決相關之已繳納罰鍰或已繳送之駕駛執照、計程車駕駛人執業登記證、汽車牌照。

   交通裁決事件之範圍，限於不服道路交通管理處罰條例第8條及第37條第5項之裁決，而提起之撤銷訴訟或確認訴訟（例如：認為裁決違法而提起撤銷之訴，或認為裁決無效或主張已執行之裁決為違法而無回復原狀之可能，而提起確認之訴）及合併請求返還與前款裁決相關之已繳納罰鍰或已繳送之駕駛執照、計程車駕駛人執業登記證、汽車牌照者。

3. 但若合併提起損害賠償、課予義務訴訟，或請求撤銷與交通裁決無關之行政處分時，應由地方法院行政訴訟庭另行適用簡易訴訟程序或通常訴訟程序之

1　道路交通管理處罰條例第8條第1項：「違反本條例之行為，由下列機關處罰之：
　　一、第十二條至第六十八條由公路主管機關處罰。
　　二、第六十九條至第八十四條由警察機關處罰。」

2　道路交通管理處罰條例第37條第5項：「計程車駕駛人違反前條（即道路交通管理處罰條例第36條）及本條（即同法第37條）規定，應廢止其執業登記或吊扣其執業登記證者，由警察機關處罰，不適用第八條第一項第一款規定。」

規定審理。蓋以交通裁決事件有質輕量多之特性，因而設置特殊程序規定，為免提起交通裁決訴訟並合併請求致使訴訟過於複雜（例如：合併請求損害賠償；或合併請求行政機關為某種事實行為；或合併請求撤銷與裁決無關之其他行政處分），因此限制合併提起撤銷訴訟或確認訴訟以外之訴訟者，即應另依簡易訴訟程序或通常訴訟程序審理。

4. 交通裁決事件，得由原告（即受處分人）住所地、居所地、所在地或違規行為地之地方法院行政訴訟庭管轄。實務上，部分辦理交通裁決業務者（例如監理站），並不具機關資格，而無行政訴訟之當事人能力，但因原告（受處分人）提起訴訟，須以具有機關資格者為被告（例如監理所），若貫徹以原就被之訴訟原則，將使民眾訴訟不便，因此在本次行政訴訟法第237條之2增訂特別審判籍，即於交通裁決事件，亦得由原告住所地、居所地、所在地或違規行為地之地方法院行政訴訟庭管轄。

5. 交通裁決事件訴訟之提起，免除訴願或其他先行程序，應以原處分機關為被告，直接向管轄之地方法院行政訴訟庭為之。

6. 交通裁決事件中撤銷訴訟之提起，應於裁決書送達後，30日之不變期間內為之。因撤銷訴訟之提起，宜有時間限制，以兼顧法律關係之安定性，交通裁決事件因質輕量多，而免除訴願前置程序，為使法律關係及早確定，並參酌一般須經訴願程序提起之撤銷訴訟，受處分人須於行政處分達到或公告期滿之次日起30日內提起訴願，方能獲得法律救濟，是以交通裁決事件中撤銷訴訟之起訴期間為自裁決書送達後30日。

7. 行政訴訟法修正前之交通聲明異議案件，係由受處分人將聲明異議書狀提出於原處分機關，為免修法後因原處分機關未為告知或告知錯誤，致原告誤向原處分機關提出起訴狀，原處分機關復未能即時轉遞法院，而發生起訴逾期之不利益，本次修法爰參考德國財務法院法第47條第2項規定，明定：因原處分機關（即監理所或監理站）未為告知或告知錯誤，致原告於裁決書送達30日內誤向原處分機關遞送起訴狀，視為已遵守起訴期間，並明定原處分機關應即將起訴狀移送管轄法院，以免影響原告之訴訟權益。

8. 為促使原處分機關能自我省察原裁決是否合法妥當，以符「依法行政」之要求，並使民眾就行政處分是否合目的性能獲審查之機會，暨兼顧救濟程序之簡便，以保障當事人之權益（藉由被告即原處分機關答辯及調取相關卷證之程序，使被告應重新審查；而非要求原告須經訴願等前置程序始能起訴），創設「重新審查」之特別救濟機制，以取代訴願程序。被告即原處分機關於

收受起訴狀繕本後，應於20日內重新審查原裁決是否合法妥當，並分別為如下之處置：

(1) 原告提起撤銷之訴，被告認原裁決違法或不當者，應自行撤銷或變更原裁決。但不得為更不利益之處分。

(2) 原告提起確認之訴，被告認原裁決無效或違法者，應為確認。

(3) 原告合併提起給付之訴，被告認原告請求有理由者，應即返還。

(4) 被告重新審查後，不依原告之請求處置者，應附具答辯狀，並將重新審查之紀錄及其他必要之關係文件，一併提出於管轄之地方法院行政訴訟庭。

原處分機關如於收受起訴狀繕本後自行撤銷或變更原裁決，或確認處分確為無效或違法，或已返還已繳納之罰鍰、已繳送之駕駛執照、計程車駕駛人執業登記證、汽車牌照者，應即陳報於管轄之地方法院行政訴訟庭，使法院得以知悉，此情況下，因已無訴訟實益，故以被告陳報管轄之地方法院行政訴訟庭時，視為原告撤回起訴。

但若被告審查後，或全部、或一部不依原告請求處置者，則應提出答辯狀，並將重新審查之紀錄及其他必要關係文件，一併提出於管轄之法院。

9. 交通裁決事件相較於其他行政訴訟事件而言，裁罰金額較低，如與其他行政訴訟簡易訴訟程序事件一樣起訴徵收裁判費新臺幣二千元、上訴徵收裁判費三千元、抗告徵收裁判費一千元，聲請假扣押案每件一千元，恐因此影響民眾訴訟救濟之意願，故另定下列規定徵收裁判費：

(1) 起訴，按件徵收新臺幣三百元。

(2) 上訴，按件徵收新臺幣七百五十元。

(3) 抗告，徵收新臺幣三百元。

(4) 再審之訴，按起訴法院之審級，依第一款、第二款徵收裁判費；對於確定之裁定聲請再審者，徵收新臺幣三百元。

(5) 行政訴訟法第98條之5各款聲請，徵收新臺幣三百元。

又所謂「按件」，依目前行政訴訟實務，係按訴狀件數計算，例如以一起訴狀同時對三件裁決書表示不服，則於徵收裁判費時，僅以一件計算起訴裁判費。

原處分機關如於收受起訴狀繕本後自行撤銷或變更原裁決，或確認處分確為無效或違法，因而視為原告撤回起訴者，法院應依職權退還已繳之裁判費。

10. 考量交通裁決事件質輕量多，且裁罰金額普遍不高，如卷內事證已臻明確，尚須通知兩造到庭辯論，無異增加當事人之訟累，故其裁判得不經言詞辯論

爲之。

11. 交通裁決事件，除行政訴訟法第三章有特別規定外，準用簡易訴訟程序之規定。因此，對於交通裁決事件之第一審判決或裁定，得上訴或抗告於管轄之高等行政法院。但其上訴或抗告，非以原裁判違背法令爲理由，不得爲之。對於簡易訴訟程序之裁判提起上訴或抗告，應於上訴或抗告理由中表明：原裁判所違背之法令及其具體內容，或依訴訟資料可認爲原裁判有違背法令之具體事實，提出於原地方法院行政訴訟庭。

12. 原則上，對於交通裁決事件之第二審裁判，不得上訴或抗告。

【附件一】：陳述書

交通部公路總局○○區監理所
交通違規案件陳述書

逕行舉發① 車主姓名			聯絡地址及 郵遞區號	（　）	
當場舉 發駕駛 人②	姓名		聯絡地址及 郵遞區號	（　）	
	駕照（或身 分證號碼）		聯絡電話： 行動電話：		
陳述日期		年　月　日	違規車號：		違規單號：

一、法規依據：道路交通管理處罰條例第八條第二項

二、陳述理由：（請於□內打ˇ）

□車號不符　　　　　　　□車型、車色不符（請另提供車輛實際照片）

□停車費已繳仍遭舉發　　□停車未收補繳單

□未收受紅單、照片　　　□車輛報廢後違規（報廢日期　年　月　日）

□違規事實舉發有誤　　　□前（後）車主違規（過戶日期　年　月　日）

□已繳違規罰鍰未予銷案　□車輛失竊期間違規（報案日期　年　月　日）

□違規屬實，惟另有特殊原因（請簡述理由）

□其他：

三、陳述內容補充摘要：

四、附件

採證照片（□正本□影本）　　　　□駕駛執照影本

違規通知單（□正本□影本）　　　□行車執照影本

停車繳費收據（□正本□影本）　　□其他：

此致

臺中區監理所自用車裁罰課　　　　填表人簽章：

　　　　　　　　　　　　　　　　（如為公司並請加蓋公司章）

附記：填表人如係受託辦理陳述，應附委任書。如未附委任書者應於三日
　　　內向本所提出委任書，未依限提出者，代理陳述視無效，陳述人應
　　　重新提出陳述意見書。

備註：

一、違規通知單所載應到案處所非本所者，請勿填寫。

二、車主與實際駕駛人不同之進行舉發案件，如欲歸責實際駕駛人，應由車
　　主於應到案日期前檢具相關資料（違規通知單、採證照片及駕駛人駕照
　　影本）至自用車裁罰課 窗口辦理。

三、車主如為法人、團體或外國人時，姓名欄應記明名稱及代表人或管理
　　人。

【附件二】裁決書範例

受處分人	張○○	原舉發通知單號碼	公警交字第870210-001
車輛種類及牌照號碼	自小客BC-1234	駕駛執照或身份證統一編號	普小客A123456789
住址	○○市○○街○○號	代保管物件	無
違規時間	○○年○月○日	違規地點	○○市○○路○○路口
原舉發通知單應到案日期	○○年○月○○日前	應到案處所	○○監理所
舉發違規事實	受處分人駕駛BC-1234號自用小客車於上開違規時、地行經交岔路口闖越紅燈		
舉發違反法條	道路交通管理處罰條例第53條。		
處罰主文	1. 罰款新臺幣參仟陸佰元整並記違規點數三點。罰款限於88年2月26日前繳納。 2. 上開罰款逾期不繳納者之處分: 　(1)自88年2月27日起易處吊扣駕駛執照三個月,並限於88年3月13日前繳送駕駛執照執行吊扣處分,逾期不繳送者,吊銷駕駛執照。 　(2)88年3月13日前未繳送駕駛執照者,自88年3月14日起易處吊銷,並逕行註銷駕駛執照。 　(3)駕駛執照被吊(註)銷後,自88年3月14日起一年內不得重新考領駕駛執照。		
簡要理由	1. 受處分人於上開時間、地點被舉發違規事實係違反道路交通管理處罰條例第53條規定處以罰款,並依第63條第1項第3款規定記違規點數三點。		

	2. 受處分人逾期不繳納罰款者，應依同條例第65條第1項第3款規定易處吊扣駕駛執照，不依期限繳送駕駛執照者，吊銷其駕駛執照；經吊銷駕駛執照者，依同條第1項第1款規定，由本所逕行註銷駕駛執照。 3. 經易處吊扣（銷）駕駛執照者，並依同條例第67條第3項規定處罰。 4. 爰依違反道路交通管理事件統一裁罰標準及處理細則第43條、第44條、第61條規定，裁決如處罰主文。

裁決日期： 中華民國○○年○月○○日 到案處所：○○區監理所	單位主管		承辦人	

(三) 交通裁決事件案例

1. 案例一

案例事實

原告即受處分人甲駕車於國道高速公路遭警攔停告知超速違規，遭內政部警政署國道公路警察局（以下簡稱國道警察局）逕行舉發，嗣由被告即原處分機關即交通部公路總局○○區監理所依道路交通管理處罰條例第40條及違反道路交通管理事件統一裁罰基準表之規定逕行裁決。

撰狀說明

(1) 原告甲抗辯其因工作緣故，並未居住在戶籍地或車籍地，未收受違反道路交通管理事件舉發通知單，因而未能於應到案期限繳納罰鍰，乃向管轄之地方法院行政訴訟庭提起行政訴訟。

(2) 如不服行政訴訟第一審判決，應於送達後20日內，向地方法院行政訴訟庭提出上訴狀，其未表明上訴理由者，應於提出上訴後20日內補提理由書（均須按他造人數附繕本），逾期未提出者，勿庸命補正，即得依行政訴訟法第245條第1項規定以裁定駁回。

(3) 上訴理由應表明關於原判決所違背之法令及其具體內容，或依訴訟資料可認為原判決有違背法令之具體事實。

(4) 行政訴訟法第49條第2項規定：「行政訴訟應以律師為訴訟代理人。非律師具有下列情形之一者，亦得為訴訟代理人：一、稅務行政事件，具備會計師資格者。二、專利行政事件，具備專利師資格或依法得為專利代理人者。三、當事人為公法人、中央或地方機關、公法上之非法人團體時，其所屬專任人員辦理法制、法務、訴願業務或與訴訟事件相關業務者。」故提起行政訴訟若要委任訴訟代理人，須向法院釋明該代理人為律師或符合上開條文所規定其他各款之資格，否則委任不合法，應禁止代理。

書狀內容

1. 起訴狀

狀別：起訴狀

原告　　　　　　甲○○

（即受處分人）　住○○

被　告　交通部公路總局○○監理所
　　　　設○○
代表人　乙○○
為不服交通部公路總局○○監理所中華民國○年○月○日所為之裁決，依法
起訴事：

訴之聲明

一、原處分撤銷。

二、訴訟費用由被告負擔。

事實及理由

一、原告甲其因工作緣故，並未居住在戶籍地或車籍地，且戶籍地不等同於
　　實質居住地，違反道路交通管理事件舉發通知單並未合法送達，況本件
　　原告自始未見送達通知書黏貼於戶籍地之處所或交由鄰居轉交原告，亦
　　未見有何通知書投遞於信箱之情，自不生合法送達之效力，致未能於應
　　到案期限繳納罰鍰。

二、為此依法起訴請求撤銷原處分，改以最低金額裁罰，以維權益。

謹　狀

臺灣○○地方法院行政訴訟庭　公鑑
中　華　民　國　○　○　年　○　○　月　○　○　日
具狀人：甲

相關法條

■道路交通管理處罰條例第87條：

受處分人不服第8條或第37條第5項處罰之裁決者，應以原處分機關為被告，逕
向管轄之地方法院行政訴訟庭提起訴訟；其中撤銷訴訟之提起，應於裁決書送
達後30日之不變期間內為之。

■行政程序法第一章第十一節以下「送達」之規定。

2. 上訴狀

狀別：上訴狀

上訴人即　甲○○

受處分人

被上訴人　交通部公路總局○○監理所

　　　　　設○○

代表人　　乙○○

爲不服臺灣○○地方法院中華民國○年○月○日行政訴訟判決（○年度交字第○號），提起上訴事：

上訴聲明：

原判決廢棄。

事實及理由

一、原告甲其因工作緣故，並未居住在戶籍地或車籍地，且戶籍地不等同於實質居住地，違反道路交通管理事件舉發通知單並未合法送達，況本件原告自始未見送達通知書黏貼於戶籍地之處所或交由鄰居轉交原告，亦未見有何通知書投遞於信箱之情，自不生合法送達之效力，致未能於應到案期限繳納罰鍰。

二、原判決認被告對上訴人之處分並無不當，上訴人不服，爰提起本件上訴，請求廢棄原判決，另爲適法之處分。

謹　狀

臺灣○○高等法院　公鑑

中　華　民　國　○　○　年　○　○　月　○　○　日

具狀人：甲

2. 案例二

案例事實

原告即受處分人甲為車牌號碼○○○○—AA號自用小客車（以下簡稱系爭自小客車）之登記所有人，該車於民國○年○月○日下午○時許，違規停放在○○縣○○市○○路○巷內繪有禁止臨時停車之紅實線標線處所，為○○縣政府警察局交通隊製單舉發，嗣由被告即交通部公路總局○○區監理所依道路交通管理處罰條例第56條第1項第1款，及違反道路交通管理事件統一裁罰基準表之規定逕行裁決。

撰狀說明

以原告某甲為登記所有人之系爭自小客車，早已為甲於數年前典當予A當鋪，屆期無法取贖而流當，於上開違規事實發生時並非由甲管領使用，認為違規行為應歸責於實際使用人，乃向管轄之地方法院行政訴訟庭提起行政訴訟。

書狀內容

狀別：起訴狀

原　　告　　　　　甲○○
（即受處分人）　　住○○
被　　告　　　　　交通部公路總局○○監理所
　　　　　　　　　設○○
代表人　　　　　　乙○○

為不服交通部公路總局○○監理所中華民國○年○月○日所為之裁決，依法起訴事：

訴之聲明

一、原處分撤銷。

二、訴訟費用由被告負擔。

事實及理由

一、我國動產之所有權非以登記為要件，汽車即屬動產，不以登記名義而認定實質所有權之歸屬，自可能有「實際所有權」與「登記牌號名義人」不合之情。而當鋪業法第21條之規定：「當鋪業之滿當期限屆期不取贖或順延質當者，質當物所有權移轉於當鋪業」。則本案車輛於典當到期

無法取贖或辦理付息順延質當後，該車之所有權即移轉予當鋪，縱使未至公路監理機關辦理車輛過戶登記，仍不影響該車輛所有權移轉之法律效果。原告業已於民國○年○月○日將車牌號碼○○○○─EL號自用小客車流當A當鋪數年，原告雖曾向中泰當鋪索取流當證明，然並無下文，其接獲○○拖吊場寄出之罰單後，前往○○拖吊場瞭解實際情況，得知該車係由一位案外人丙先生領走，足見該車現係由案外人丙使用，甲並非系爭自小客車違規當時之實際所有權人及使用人。

二、為此依法起訴請求撤銷原處分，以維權益。

謹　狀
臺灣○○地方法院行政訴訟庭　公鑑
證據：
證物1：典當資料影本1份。
證物2：○○縣當鋪商業同業公會證明書影本1份。
證物3：流當品讓渡合約書影本1份。

中　華　民　國　○　○　年　○　○　月　○　○　日
具狀人：甲

相關法條

■ 道路交通管理處罰條例第85條第1項：

本條例之處罰，受舉發違反道路交通管理事件之受處罰人，認為受舉發之違規行為應歸責他人者，應於舉發違反道路交通管理事件通知單應到案日期前，檢附相關證據及應歸責人相關證明文件，向處罰機關告知應歸責人，處罰機關應即另行通知應歸責人到案依法處理。逾期未依規定辦理者，仍依本條例各該違反條款規定處罰。

3. 案例三

案例事實

　　原告即受處分人甲於民國○年○月○日○時○分許，騎乘車牌號碼AAA-○○○號重型機車，行經○○市○○區○○路○段○巷口之際，經○○市政府警察局○○分局警員攔檢實施酒測結果，其呼氣中所含酒精濃度值超過規定標準，警員以受處分人有酒醉駕車之違規行為掣單舉發，經被告即交通部公路總局○○區監理所依道路交通管理處罰條例第35條第1項第1款及違反道路交通管理事件統一裁罰基準表之規定逕行裁決。

撰狀說明

　　某甲因酒醉駕車為警依違反道路交通管理處罰條例第35條第1項第1款舉發，又另經依刑法第185條之3公共危險罪移送地方法院檢察署偵辦，某甲認為「一事不應二罰」，乃向管轄之地方法院行政訴訟庭提起行政訴訟。

書狀內容

　　狀別：起訴狀

　　原　　告　　　　甲○○

　　（即受處分人）　住○○

　　被　　告　　　　交通部公路總局○○監理所

　　　　　　　　　　設○○

　　代表人　　　　　乙○○

為不服交通部公路總局○○監理所中華民國○年○月○日所為之裁決，依法起訴事：

訴之聲明

一、原處分撤銷。

二、訴訟費用由被告負擔。

事實及理由

一、原告甲於裁決書所示之時、地，酒醉駕車之違規事實，為警查獲後，依刑法第185條之3公共危險罪移送臺灣○○地方法院檢察署偵辦，業經檢察官以○○年度偵字第○○號緩起訴處分，命原告應向公益團體支付2萬5千元，經確定在案，依照「一事不二罰原則」之法理，原告已支付上

開款項，不應再受到行政罰鍰之處罰，而今被告又針對同一事件據以裁罰，於法自有未合。

二、綜上所陳，爰依法起訴請求撤銷原處分，以維權益。

謹狀

臺灣○○地方法院行政訴訟庭　公鑑

證據：

證物1：臺灣○○地方法院檢察署○年度偵字第○號緩起訴處分書1份。

中　華　民　國　○○　年　○○　月　○○　日

具狀人：甲

相關法條

■道路交通管理處罰條例第35條第8項：

汽車駕駛人，經裁判確定處以罰金低於本條例第九十二條第四項所訂最低罰鍰基準規定者，應依本條例裁決繳納不足最低罰鍰之部分。

■行政罰法第26條：

一行為同時觸犯刑事法律及違反行政法上義務規定者，依刑事法律處罰之。但其行為應處以其他種類行政罰或得沒入之物而未經法院宣告沒收者，亦得裁處之。

前項行為如經不起訴處分、緩起訴處分確定或為無罪、免訴、不受理、不付審理、不付保護處分、免刑、緩刑之裁判確定者，得依違反行政法上義務規定裁處之。

第一項行為經緩起訴處分或緩刑宣告確定且經命向公庫或指定之公益團體、地方自治團體、政府機關、政府機構、行政法人、社區或其他符合公益目的之機構或團體，支付一定之金額或提供義務勞務者，其所支付之金額或提供之勞務，應於依前項規定裁處之罰鍰內扣抵之。

前項勞務扣抵罰鍰之金額，按最初裁處時之每小時基本工資乘以義務勞務時數核算。

依第二項規定所為之裁處，有下列情形之一者，由主管機關依受處罰者之申請或依職權撤銷之，已收繳之罰鍰，無息退還：

一、因緩起訴處分確定而為之裁處，其緩起訴處分經撤銷，並經判決有罪確定，且未受免刑或緩刑之宣告。

二、因緩刑裁判確定而為之裁處，其緩刑宣告經撤銷確定。

■ 刑法第185條之3：

駕駛動力交通工具而有下列情形之一者，處二年以下有期徒刑，得併科二十萬元以下罰金：

一、吐氣所含酒精濃度達每公升零點二五毫克或血液中酒精濃度達百分之零點零五以上。

二、有前款以外之其他情事足認服用酒類或其他相類之物，致不能安全駕駛。

三、服用毒品、麻醉藥品或其他相類之物，致不能安全駕駛。

因而致人於死者，處三年以上十年以下有期徒刑；致重傷者，處一年以上七年以下有期徒刑。

■ 刑事訴訟法第253條之1：

被告所犯為死刑、無期徒刑或最輕本刑三年以上有期徒刑以外之罪，檢察官參酌刑法第五十七條所列事項及公共利益之維護，認以緩起訴為適當者，得定一年以上三年以下之緩起訴期間為緩起訴處分，其期間自緩起訴處分確定之日起算。

追訴權之時效，於緩起訴之期間內，停止進行。

刑法第八十三條第三項之規定，於前項之停止原因，不適用之。

第三百二十三條第一項但書之規定，於緩起訴期間，不適用之。

■ 交通部1000026187號函

交通部

發文字號：交路字第1000026817號

發文日期：民國100年03月28日

要　　旨：

依據司法院秘書長100.09.21秘台廳刑二字第1000006785號函意旨，汽車駕駛人違反刑法第185-3條，經檢察官為緩起訴處分，同時違反道路交通管理處罰條例第35條規定者，裁決、監理機關應於緩起訴處分確定後再裁罰之。

4. 案例四

案例事實

原告即受處分人甲於民國○年○月○日下午○時○分許，駕駛車牌號碼○○○○-AA號自用小客車沿○○市○○路行駛，行經○○路口時，適該路口號誌為紅燈，竟在行經有燈光號誌管制之交岔路口闖紅燈，違反道路交通管理處罰條例第53條第1項之規定，為○○縣政府○○分局員警當場攔停掣單舉發，但原告甲拒絕簽收逕行離去，嗣原告於通知單上所載應到案日期前向被告即交通部公路總局○○區監理所提出申訴，經原舉發單位調查結果，仍認原告有其上開違規之行為，被告乃依同上規定及違反道路交通管理事件統一裁罰基準表之規定逕行裁決。

撰狀說明

原告某甲因闖紅燈為警依違反道路交通管理處罰條例第53條第1項舉發，甲抗辯其並無闖紅燈之違規事實，乃向管轄之地方法院行政訴訟庭提起行政訴訟。

書狀內容

狀別：起訴狀

原　　告　　　　甲○○
（即受處分人）　住○○
被　　告　　　　交通部公路總局○○監理所
　　　　　　　　設○○
代表人　　　　　乙○○

為不服交通部公路總局○○監理所中華民國○年○月○日所為之裁決，依法起訴事：

訴之聲明

一、原處分撤銷。

二、訴訟費用由被告負擔。

事實及理由

一、原告甲係駕車在○○縣○○路跟隨前車直線行駛且於目視前方綠燈時，緩慢跟車通過○○路丁字路口，該丁字路口右方係學校大門出口，學生

　　　家長路人橫向進出且地上劃有班黃格線不能暫停，亦無法快速前進，隨
　　　前車緩慢魚貫而過，直行過程中並未闖紅燈，舉發警員恐有誤判該違規
　　　事實之情事。
二、原告甲並無裁決書所指之違規事實，爰依法起訴請求撤銷原處分，以維
　　　權益。

謹　狀

臺灣○○地方法院行政訴訟庭　公鑑
中　華　民　國　○　○　年　○　○　月　○　○　日
具狀人：甲

相關法條
■ 道路交通管理處罰條例第53條第1項：
汽車駕駛人，行經有燈光號誌管制之交岔路口闖紅燈者，處新臺幣一千八百元
以上五千四百元以下罰鍰。

5. 案例五

案例事實

原告即受處分人甲駕車於國道高速公路遭警攔停告知超速違規，並收受內政部警政署國道公路警察局（以下簡稱國道警察局）舉發違反道路交通管理事件通知單，原告針對上開通知單向國道警察局陳述意見，不服國道警察局回函，而未依規定期限繳納罰鍰，被告即交通部公路總局○○監理所乃逕行裁決，原告遂具狀聲明起訴。

撰狀說明

原告甲抗辯違規地點並非公告之測速地點，是員警以科學儀器攝得之照片不得作為舉發交通違規之證據，乃向管轄地方法院行政訴訟庭提起行政訴訟。

書狀內容

狀別：起訴狀
原　　告　　　　甲○○
（即受處分人）　住○○
被　　告　　　　交通部公路總局○○監理所
　　　　　　　　設○○
代表人　　　　　乙○○
為不服交通部公路總局○○監理所中華民國○年○月○日所為之裁決，依法起訴事：

訴之聲明

一、原處分撤銷。

二、訴訟費用由被告負擔。

事實及理由

一、原告甲○○於民國○年○月○日於三號國道北上○里處，遭警攔停告知超速違規，並於同年月○日收受內政部警政署國道公路警察局公警局交字第Z○○○○○○號舉發違反道路交通管理事件通知單，原告針對上開通知單，於同年月○日向國道警察局陳述意見，並於○年○月○日收受公警七交字第○○號函，原告不服，爰依法提起本件訴訟。

二、舉發地點非國道警察局網站上公布設置科學儀器測速地點，國道警察自
　　不得於舉發地點以科學儀器測速舉發原告，而無科學儀器，國道警察尚
　　無能力證明原告超速；縱使國道警察得於舉發地點以科學儀器舉發原
　　告，國道警察亦未曾提供科學儀器數據供原告檢視，亦即無任何證據得
　　證明原告曾超速駕駛；況舉發警員又未於舉發地點前三百公尺設立明顯
　　標示，顯已違反道路交通管理處罰條例。

三、綜上所陳，被告以原告有超過速限之違規事由裁處罰鍰新台幣〇〇元，
　　實屬無據，爰依法起訴，請求撤銷原處分，以維權益。

謹　狀

臺灣〇〇地方法院行政訴訟庭　公鑑

中　華　民　國　〇　〇　年　〇　〇　月　〇　〇　日

具狀人：甲

相關法條

■道路交通管理處罰條例第33條第1項第1款：

汽車行駛於高速公路、快速公路或設站管制之道路，不遵使用限制、禁止、行
車管制及管理事項之管制規則而有下列行為者，處汽車駕駛人新臺幣三千元以
上六千元以下罰鍰：

一、行車速度超過規定之最高速限或低於規定之最低速限。

6. 案例六

案例事實

　　本件原告即受處分人甲於○年○月○日○時許，駕駛車牌號碼AA─○○○○號自小客車，在○○縣○○市○○路○段○巷前，因有汽車駕駛人酒精濃度超過規定標準之違規事實，乃由員警擎單舉發，嗣經被告即交通部公路總局○○區監理所認前開違規事實明確，即依道路交通管理處罰條例第35條第1項第1款、第24條第1項第2款、違反道路交通管理事件統一裁罰基準及處理細則第43條、第44條、第67條及違反道路交通管理事件統一裁罰基準表規定，裁處原告罰鍰4萬5千元及吊扣駕駛執照12個月，並施以道安講習，原告甲遂具狀提起行政訴訟。

撰狀說明

　　某甲因酒醉駕車經裁罰罰鍰及吊扣駕駛執照，甲抗辯應僅吊扣違法或違規當時駕駛車輛之駕駛執照，不應吊扣所持有之各級車類駕駛執照，而向管轄之地方法院行政訴訟庭提起行政訴訟。

書狀內容

狀別：起訴狀
原　　告　　　　甲○○
（即受處分人）　住○○
被　　告　　　　交通部公路總局○○監理所
　　　　　　　　設○○
代表人　　　　　乙○○
為不服交通部公路總局○○監理所中華民國○年○月○日所為之裁決，依法起訴事：

訴之聲明
一、原處分撤銷。
二、訴訟費用由被告負擔。

事實及理由
一、原告甲於酒醉駕車違規當時係駕駛自小客車，伊持有聯結車駕駛執照，

以駕駛曳引車為業,如須吊扣該駕照,將迫使其失業1年,則全家生計將陷於困難。

二、次按94年12月14日修正前之道路交通管理處罰條例第68條規定:「汽車駕駛人,因違反本條例及道路交通安全規則之規定,受吊扣或吊銷駕駛執照處分時,吊扣或吊銷其持有各級車類之駕駛執照。」係指違規人持有之各級車類駕駛執照均應予吊扣或吊銷,然道路交通管理處罰條例第68條業於94年12月14日經修正公布並於95年3月1日施行,修正施行後之條文業已刪除「吊扣或」等字,即已將受吊扣駕駛執照之處分係吊扣其持有之各級車類駕駛執照部分之規定廢除,依現行條文之解釋,即係受吊銷駕照處分者,仍維持吊銷其持有之各級車類駕駛執照,至於受吊扣駕照處分者,則僅限於吊扣其違法或違規當時所駕駛車輛之駕駛執照,不得同時一併吊扣其持有之其他各級車類駕駛執照。此一條文修正之立法說明略以:「原條文將違法或違規駕駛人所持有各級車類之駕駛執照一併吊扣或吊銷,失之過酷,影響人民工作及生活甚鉅,爰修正之」等語,其立法意旨在於最高級車類之駕駛執照係受處分人賴以維生之工具,而受處分人駕駛較低級車類之車輛違規受罰,卻一併吊扣其最高級車類駕駛執照,對受處分人之工作權及生存權造成極大之損害,有違比例原則,故予修法。至上開道路交通安全規則對於汽車駕駛執照之管理,採取一照原則,固然導致駕駛人違規酒駕時,有執行吊扣駕駛執照上之困難,然此關於駕駛執照管理所衍生之問題,宜由執法機關設法解決,尚不得因執行困難或法規漏洞,即置立法修正通過之條文不予遵守適用,遽擴張解釋認應吊扣受處分人持有各級車類之駕駛執照。

三、綜上所陳,爰依法起訴請求撤銷原處分,以維權益。

謹　狀

臺灣○○地方法院行政訴訟庭　公鑑
證據:
證物1:臺灣○○地方法院檢察署○年度偵字第○號緩起訴處分書1份。

中　華　民　國　○　○　年　○　○　月　○　○　日
具狀人:甲

相關法條

■ 道路交通管理處罰條例第35條第1項至第7項：

汽車駕駛人，駕駛汽車經測試檢定有下列情形之一者，處新臺幣一萬五千元以上九萬元以下罰鍰，並當場移置保管該汽車及吊扣其駕駛執照一年；附載未滿十二歲兒童或因而肇事致人受傷者，並吊扣其駕駛執照二年；致人重傷或死亡者，吊銷其駕駛執照，並不得再考領：

一、酒精濃度超過規定標準。

二、吸食毒品、迷幻藥、麻醉藥品及其相類似之管制藥品。

汽車駕駛人有前項應受吊扣情形時，駕駛營業大客車者，吊銷其駕駛執照；因而肇事且附載有未滿十二歲兒童之人者，按其吊扣駕駛執照期間加倍處分。

汽車駕駛人於五年內違反第一項規定二次以上者，處新臺幣九萬元罰鍰，並當場移置保管該汽車及吊銷其駕駛執照；如肇事致人重傷或死亡者，吊銷其駕駛執照，並不得再考領。

汽車駕駛人，駕駛汽車行經警察機關設有告示執行第一項測試檢定之處所，不依指示停車接受稽查，或拒絕接受第一項測試之檢定者，處新臺幣九萬元罰鍰，並當場移置保管該汽車、吊銷該駕駛執照及施以道路交通安全講習；如肇事致人重傷或死亡者，吊銷該駕駛執照，並不得再考領。

汽車駕駛人肇事拒絕接受或肇事無法實施第一項測試之檢定者，應由交通勤務警察或依法令執行交通稽查任務人員，將其強制移由受委託醫療或檢驗機構對其實施血液或其他檢體之採樣及測試檢定。

汽車所有人，明知汽車駕駛人有第一項各款情形，而不予禁止駕駛者，依第一項規定之罰鍰處罰，並吊扣該汽車牌照三個月。

汽車駕駛人有第一項、第三項或第四項之情形，同時違反刑事法律者，經移置保管汽車之領回，不受第八十五條之二第二項，應同時檢附繳納罰鍰收據之限制。

■ 道路交通管理處罰條例第68條第1項：

汽車駕駛人，因違反本條例及道路交通安全規則之規定，受吊銷駕駛執照處分時，吊銷其持有各級車類之駕駛執照。

三、社會秩序維護法事件

(一) 案例一（聲明異議狀）

案例事實

移送機關○○市政府警察局認為被移送人甲○○為○市○路○號「○○MTV」○○企業有限公司之負責人，於民國○年○月○日○時24分許，於上址「○○MTV」，深夜縱容未滿18歲之少年（85年○月○日生）於店內消費，而不即時報告警察機關，有違反社會秩序維護法第77條之行為，而裁處受處分人罰鍰新臺幣（下同）15,000元。

撰狀說明

(1) 被處罰人不服警察機關之處分者，得於處分書送達之翌日起5日內聲明異議。
(2) 聲明異議，應以書狀敘明理由，經原處分之警察機關向該管簡易庭為之。

書狀內容

```
狀別：聲明異議狀
原處分機關    ○○市政府警察局○分局
             設○○
被移送人      甲○○
             住○○
為被移送人因違反社會秩序維護法案件，不服原處分機關於民國○年○月○
日之處分，依法聲明異議事：

異議聲明
一、原處分撤銷。
二、甲○○不罰。

理由
一、按公共遊樂場所之負責人或管理人，縱容兒童、少年於深夜聚集其內，
    而不即時報告警察機關者，處新臺幣一萬五千元以下罰鍰；其情節重大
    或再次違反者，處或併處停止營業或勒令歇業，社會秩序維護法第77條
    固定有明文。
```

惟該條所稱「聚集」，應係指二以上兒童、少年相聚合；如其中僅有兒童、少年一人者，當與法條規定之處罰要件有間。

二、處分機關逕以高最額為處罰，有違比例原則。

三、本件被移送人甲○○經營之上開KTV店內僅查獲少年○○一人於深夜消費，其縱未即時向警察機關報告，與社會秩序維護法第77條規定之處罰要件未符，被移送人甲○○應論以不罰。

謹狀

臺灣○○地方法院簡易庭　公鑒

中　華　民　國　○　○　年　○　○　月　○　○　日

具狀人：甲

相關法條

■社會秩序維護法第55條：

被處罰人不服警察機關之處分者，得於處分書送達之翌日起五日內聲明異議。

聲明異議，應以書狀敘明理由，經原處分之警察機關向該管簡易庭為之。

■社會秩序維護法第56條：

原處分之警察機關認為聲明異議有理由者，應撤銷或變更其處分；認為不合法定程式或聲明異議權已經喪失或全部或一部無理由者，應於收受聲明異議書狀之翌日起三日內，送交簡易庭，並得添具意見書。

■社會秩序維護法第57條：

簡易庭認為聲明異議不合法定程式或聲明異議權已經喪失者，應以裁定駁回之。但其不合法定程式可補正者，應定期先命補正。

簡易庭認為聲明異議無理由者，應以裁定駁回之。認為有理由者，以裁定將原處分撤銷或變更之。

對於簡易庭關於聲明異議所為之裁定，不得抗告。

■社會秩序維護法第77條：

公共遊樂場所之負責人或管理人，縱容兒童、少年於深夜聚集其內，而不即時報告警察機關者，處新台幣一萬五千元以下罰鍰；其情節重大或再次違反者，處或併處停止營業或勒令歇業。

(二) 案例二（答辯狀）

案例事實

移送機關○○市政府警察局認為被移送人於民國○年○月○日，於○地，無正當理由，攜帶類似真槍之玩具槍，有違反社會秩序維護法第65條第3款之行為。

撰狀說明

警察機關認為有違反社會秩序之行為，於調查及訊問後，應即移送該管簡易庭裁定。

書狀內容

移送機關　　　○○市政府警察局○分局
　　　　　　　設○○
被移送人　　　甲○○
　　　　　　　住○○

為被移送人因違反社會秩序維護法案件，經移送機關於民國○年○月○日以第○○號移送書移送，依法答辯事：

答辯聲明

甲○○不罰。

理由

一、按社會秩序維護法之立法目的在於維護公共秩序、確保社會安寧，是以行為人之行為必須確已達妨害公共秩序、擾亂社會安寧之程度，方得以違反社會秩序維護法罰之；又同法第65條第3款規定：無正當理由，攜帶類似真槍之玩具槍，而有危害安全之虞者，處3日以下拘留或新臺幣18,000元以下罰鍰。此一規定係處罰行為人攜帶類似真槍之玩具槍，而有危害安全之虞者，是行為人攜帶類似真槍枝玩具槍，必有客觀情狀足認其有妨害公共秩序、擾亂社會安寧之潛在目的者，始為本條規範對象。

二、被移送人甲○○固於上開時地攜帶之玩具槍，係朋友在網路上購得之模型槍，一直放置在自小客車後車廂，被移送人並無藉由攜帶該玩具槍之

行為以遂行妨害公共秩序與擾亂社會安寧之目的，實難以被移送人單純
　　　　攜帶玩具槍之行為，即遽而認定被移送人有移送機關所指稱之上開違反
　　　　社會秩序維護法之事實，綜上所述，被移送人應論以不罰。
謹狀
臺灣○○地方法院簡易庭　公鑒

中　華　民　國　○　○　年　○　○　月　○　○　日
具狀人：甲

相關法條

■ 社會秩序維護法第65條：

有左列各款行為之一者，處三日以下拘留或新台幣一萬八千元以下罰鍰：

一、船隻當狂風之際或黑夜航行有危險之虞，而不聽禁止者。

二、對於非病死或可疑為非病死或來歷不明之屍體，未經報請相驗，私行殮葬
　　或移置者。

三、無正當理由，攜帶類似真槍之玩具槍，而有危害安全之虞者。

四、不注意燃料物品之堆置使用，或在燃料物品之附近攜用或放置易起火警之
　　物，不聽禁止者。

(三) 案例三（答辯狀）

案例事實

　　移送機關○○市政府警察局認為被移送人甲○○為○市○路○號「00 MTV」○○企業有限公司之負責人，於民國○年○月○日○時24分許，於上址「○○MTV」，深夜縱容未滿18歲之少年（85年○月○日生）於店內消費，而不即時報告警察機關，有違反社會秩序維護法第77條之行為，經○派出所實施臨檢而查獲。

撰狀說明

　　警察機關認為有違反社會秩序之行為，於調查及訊問後，應即移送該管簡易庭裁定。

書狀內容

移送機關○○市政府警察局○分局

設○○

被移送人甲○○

住○○

為被移送人因違反社會秩序維護法案件，經移送機關於民國○年○月○日以第○○號移送書移送，依法答辯事：

答辯聲明

甲○○不罰。

理由

一、按公共遊樂場所之負責人或管理人，縱容兒童、少年於深夜聚集其內，而不即時報告警察機關者，處新臺幣一萬五千元以下罰鍰；其情節重大或再次違反者，處或併處停止營業或勒令歇業，社會秩序維護法第77條固定有明文。惟該條所稱「聚集」，應係指二以上兒童、少年相聚合；如其中僅有兒童、少年一人者，當與法條規定之處罰要件有間。

二、本件被移送人甲○○僅縱容少年○○一人於深夜，在其經營之上開KTV店內消費，其縱未即時向警察機關報告，與社會秩序維護法第77條規定之處罰要件未符，被移送人甲○○應論以不罰。

```
謹狀
臺灣○○地方法院簡易庭　公鑒
中　華　民　國　○　○　年　○　○　月　○　○　日
具狀人：甲
```

相關法條

■ 社會秩序維護法第77條：

公共遊樂場所之負責人或管理人，縱容兒童、少年於深夜聚集其內，而不即時報告警察機關者，處新台幣一萬五千元以下罰鍰；其情節重大或再次違反者，處或併處停止營業或勒令歇業。

(四) 案例四（抗告狀）

案例事實

　　移送機關○○市政府警察局以抗告人即被移送人甲○○於民國○年○月○日，在○市○○路口處，無正當理由攜帶具有殺傷力之器械（含筏木刀一支、武士刀一把、木劍一把及水果刀一支），因與他人發生爭執而為警查獲，依社會秩序維護法第45條第1項規定移送臺灣○○地方法院院○○簡易庭。經該簡易庭調查後，認抗告人確有違反社會秩序維護法第63條第1項第1款之行為，而裁處抗告人拘留3日。

撰狀說明

(1) 受裁定人對於簡易庭就社會秩序維護法第45條移送之案件所為之裁定，有不服者，得向同法院普通庭提起抗告。

(2) 本件抗告人即受處分人以其遭人冒名應訊為由提起抗告。

書狀內容

狀別：抗告狀

抗告人　　　甲○○

　　　　　　住○○

為抗告人違反社會秩序維護法案件，不服臺灣○○地方法院簡易庭民國○年○月○日裁定，依法提出抗告事：

聲明

一、原裁定撤銷。

二、甲○○不罰。

理由

一、抗告人於○年○月○日，係在○市○○○路○段○巷○號一樓附近等待女友下班，並未出現於○市○○路○段路口附近，亦未無正當理由攜帶具有殺傷力之器械（含筏木刀一支、武士刀一把、木劍一把及水果刀一支），抗告人收受上開裁定後，曾於○年○月○日前往○○市政府警察局向員警說明，經員警調取電腦存檔照片比對後，告知抗告人確遭他人冒名應訊，顯見原裁定所指並非事實。

二、爲此提出抗告，請求撤銷原裁定。

謹狀
臺灣○○地方法院　公鑒
中　華　民　國　○　○　年　○　○　月　○　○　日
具狀人：甲

相關法條

■社會秩序維護法第58條：
受裁定人或原移送之警察機關對於簡易庭就第四十五條移送之案件所爲之裁定，有不服者，得向同法院普通庭提起抗告；對於普通庭之裁定，不得再行抗告。

■社會秩序維護法第59條：
抗告期間爲五日，自送達裁定之翌日起算。
提起抗告，應以書狀敘述理由提出於簡易庭爲之。

■社會秩序維護法第63條：
有左列各款行爲之一者，處三日以下拘留或新台幣三萬元以下罰鍰：
一、無正當理由攜帶具有殺傷力之器械、化學製劑或其他危險物品者。
二、無正當理由鳴槍者。
三、無正當理由，攜帶用於開啓或破壞門、窗、鎖或其他安全設備之工具者。
四、放置、投擲或發射有殺傷力之物品而有危害他人身體或財物之虞者。
五、散佈謠言，足以影響公共之安寧者。
六、蒙面僞裝或以其他方法驚嚇他人有危害安全之虞者。
七、關於製造、運輸、販賣、貯存易燃、易爆或其他危險物品之營業，未經主管機關許可；或其營業設備及方法，違反法令規定者。
八、製造、運輸、販賣、攜帶或公然陳列經主管機關公告查禁之器械者。
前項第七款、第八款，其情節重大或再次違反者，處或併處停止營業或勒令歇業。

四、智慧財產權行政訴訟事件

(一) 智慧財產案件行政救濟流程圖

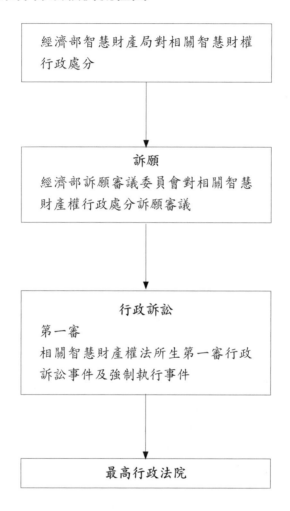

經濟部智慧財產局對相關智慧財權
行政處分

訴願
經濟部訴願審議委員會對相關智慧
財產權行政處分訴願審議

行政訴訟
第一審
相關智慧財產權法所生第一審行政
訴訟事件及強制執行事件

最高行政法院

(二) 總論

1. 管轄案件範圍：

依智慧財產案件審理細則第4條規定智慧財產法院管轄之行政訴訟事件具體範圍包括：

(1) 對於專責機關有關專利、商標、積體電路電路布局、品種及製版申請之駁回處分爭議事件。

(2) 對於專責機關有關專利權、商標權、積體電路電路布局權及品種權之撤銷或廢止處分之爭議事件，例如：專利舉發、商標異議及評定、有關專利權、商標權撤銷或商標權廢止註冊之行政訴訟事件。

(3) 對於專責機關有關智慧財產申請權之行政處分或其他智慧財產權登記申請之行政處分爭議事件，例如：專利申請分割或申請權讓與、變更之駁回處分、專利優先權主張不受理處分之爭議事件，以及取得專利權後權利之讓與、信託、授權他人實施或設定質權登記申請駁回處分之爭議事件。

(4) 於專責機關有關智慧財產強制許可利用之行政處分之爭議事件，例如：對專利特許實施准駁處分不服，所提起之行政訴訟事件。

(5) 對於海關直接依據智慧財產法令查扣侵害智慧財產權標的物之行政處分爭議事件，例如：海關依著作權法第90條之1第3項規定受理著作權人或製版權人對輸入或輸出侵害其著作權或製版權之物查扣申請，所實施查扣處分而提起之行政訴訟事件。

(6) 對於專責機關依智慧財產權法令所為獎勵、管制之行政處分爭議事件，例如：依專利法第131條主管機關為獎勵發明創作訂定獎助辦法，受獎助人不服專責機關核獎處分所提起之行政訴訟事件。

(7) 上述1至6之處分，以行政契約方式作成所生行政訴訟事件。

(8) 其他依智慧財產案件審理法所定管轄之公法爭議事件所生撤銷訴訟、給付訴訟或確認訴訟，例如：對依光碟管理條例第17條第1項第2款規定，以違反同條例第10條第2項規定，製造預錄式光碟未壓印標示來源識別碼所處罰鍰之處分不服，而提起之撤銷訴訟；又例如：依著作權法第82條第1項第1款規定，專責機關審議錄音著作使用報酬費率，而當事人對專責機關費率審議決定不服所提起之撤銷訴訟或給付之訴。

(9) 涉及違反公平交易法仿冒智慧財產權標的為不公平競爭所生公法上爭議事件，例如：以相關事業或消費者所普遍認知之他人商標，為相同或類

似之使用，致與他人商品混淆者。如所仿冒者非屬智慧財產權標的，例如：他人之姓名、商號或公司名稱、商品容器、包裝、外觀或其他顯示他人商品之表徵，即非屬智慧財產法院管轄。

(10) 前述1至9之公法上爭議之聲請停止執行事件、證據保全及保全程序事件。

2. 依智慧財產法院組織法第3條第4款規定，司法院指定下列行政訴訟事件由智慧財產法院管轄：

(1) 不當行使智慧財產權妨礙公平競爭所生行政訴訟事件。

(2) 海關依海關緝私條例第39條之1規定，對報運貨物進出口行為人侵害智慧財產權標的物所為行政處分，提起之行政訴訟事件。

3. 智慧財產行政訴訟涉及智慧財產專業，倘若適用簡易訴訟程序，其第一審不宜由地方法院行政訴訟庭管轄，允宜由智慧財產法院辦理；而智慧財產行政訴訟簡易訴訟程序事件之上訴，如仍以智慧財產法院作為上訴審管轄法院，恐生影響當事人審級利益之疑慮，若交由高等行政法院管轄，體例上亦有未合。考量此類案件數量甚少，特別於智慧財產案件審理法第30條之1增訂行政訴訟法第二編第二章地方法院行政訴訟庭簡易訴訟程序之規定，於智慧財產之行政訴訟不適用之。亦即，智慧財產之行政訴訟一律適用通常訴訟程序之規定。

(三) 發明專利申請案件

案例事實

原告前於○年○月○日以「顯示器之X構造及其製造方法」（下稱系爭案）向被告即智慧財產局申請發明專利，經被告編為第00000001號審查，不予專利。原告不服，申請再審查，並於○年○月○日提出本案申請專利範圍修正本，經被告依該修正本審查，並以○年○月○日（0）智專三(二)002字第003號專利再審查核駁審定書為不予專利之處分。原告不服，提起訴願經遭駁回。

撰狀說明

(1) 依智慧財產案件審理法第31條第1項之規定：「因專利法所生之第一審行政訴訟事件由智慧財產法院管轄」。
(2) 本案係原告向智慧財產局申請發明專利，經智慧財產局處分「不予專利」，原告不服提起訴願，經被告訴願決定駁回，原告乃依前開規定向智慧財產法院提起第一審行政訴訟，以資救濟。

書狀內容

狀別：起訴狀

原　　告　　A公司
　　　　　　設○○
代表人　　甲○○
　　　　　　住○○
被　　告　　經濟部智慧財產局
　　　　　　設○○
代表人　　乙○○
　　　　　　住○○

為不服經濟部中華民國○年○月○日經訴字第001號訴願決定，提起行政訴訟事：

訴之聲明

一、訴願決定及原處分均撤銷，並命被告作成「第001號發明專利申請案應予專利」之處分。
二、訴訟費用由被告負擔。

事實及理由

一、系爭專利申請案之申請專利範圍第1項即敘明包含「X位於該絕緣層之表面上，該X之形狀係選自梳狀與網狀中之一，而該梳狀與網狀之結構上所具有之間隙爲摻質植入通道，進而改善該X之導電能力。」因此系爭專利X本體之形狀爲梳狀或網狀，反觀初審之引證資料並非如本案的梳狀或網狀，則被告引此初審引證資料稱「有關X之形狀爲梳狀或網狀係習知技術」顯然有誤。

二、系爭專利申請案在美國之對應案已獲准，並獲美國專利第0000004號，以此佐證本案之新穎性及進步性等專利要件已獲肯定，雖被告認爲各國專利法制及審查基準仍各有差異，但美國專利法第103條對進步性之規定爲「雖然發明無第102條所述完全揭露之情事，但其間實質差異就發明當時而言，爲所屬技術領域中具有通常知識者所顯而易見的，則不能獲得專利」其基本精神與我國之專利法一致，因此其核准之審定結果，並非全然無參考價值，應可證明系爭專利申請案於某些程度上已具備進步性之專利要件。

三、綜上所述，被告所爲之原處分顯然有誤，爲此聲明求爲判決原處分及訴願決定均撤銷，被告就系爭專利申請案應作成准予專利之審定處分。

謹狀
智慧財產法院　公鑒
中　華　民　國　○　○　年　○　○　月　○　○　日
具狀人：甲

相關法條

■專利法第22條：

可供產業上利用之發明，無下列情事之一，得依本法申請取得發明專利：

一、申請前已見於刊物者。

二、申請前已公開實施者。

三、申請前已爲公眾所知悉者。

發明雖無前項各款所列情事，但爲其所屬技術領域中具有通常知識者依申請前之先前技術所能輕易完成時，仍不得取得發明專利。

申請人有下列情事之一,並於其事實發生後六個月內申請,該事實非屬第一項各款或前項不得取得發明專利之情事:

一、因實驗而公開者。

二、因於刊物發表者。

三、因陳列於政府主辦或認可之展覽會者。

四、非出於其本意而洩漏者。

申請人主張前項第一款至第三款之情事者,應於申請時敘明其事實及其年、月、日,並應於專利專責機關指定期間內檢附證明文件。

■發明專利之申請規定,詳見專利法第25條至第35條

(四) 專利舉發案件

1. 案例一（發明專利）

案例事實

原告甲於民國○年○月○日以「散熱葉片」向被告即智慧財產局申請發明專利，經被告編為第0001號審查，准予專利，並於公告期滿後，發給發明第0002號專利證書（以下簡稱系爭專利）。嗣訴外人乙人以系爭專利違反專利法第22條之規定，對之提起舉發，並提出美國公告第0003號「葉輪構造（Impeller Structure）」之發明專利（以下簡稱證據一）為證，案經被告審查，於○年○月○日以（○）智專三(一)○字第○號專利舉發審定書為「舉發成立，應撤銷專利權」之處分。原告不服，提起訴願，經被告訴願決定駁回。

撰狀說明

(1) 依智慧財產案件審理法第31條第1項之規定：「因專利法所生之第一審行政訴訟事件由智慧財產法院管轄」。

(2) 本案係訴外人以原告之系爭專利不符合發明專利要件，向智慧財產局申請發明專利舉發，經智慧財產局處分「舉發成立，應撤銷專利權」，原告不服提起訴願，經被告訴願決定駁回，原告乃依前開規定向智慧財產法院提起第一審行政訴訟。

書狀內容

狀別：起訴狀

原　　告　　A公司
　　　　　　設○○
代表人　　甲○○
　　　　　　住○○
被　　告　　經濟部智慧財產局
　　　　　　設○○
代表人　　乙○○
　　　　　　住○○
為不服經濟部中華民國○年○月○日經訴字第001號訴願決定，提起行政訴訟事：

訴之聲明

一、訴願決定及原處分均撤銷。

二、訴訟費用由被告負擔。

事實及理由

一、系爭專利之獨立項所載特徵乃一種散熱葉片，據此可使空氣流出速度加快，提高散熱成效。被告以系爭專利之此項設計，與證據1之先前技術有相同之技術手段及功效，若依證據1所揭露之先前技術，系爭專利申請專利範圍屬該技術領域中具有通常知識者，依申請前之先前技術所能輕易完成，認定系爭專利不具進步性，而為舉發成立之處分。

二、惟系爭專利之增壓葉片與證據1之葉片則設置位置不同，系爭專利非其所屬技術領域中具有通常知識者依申請前之先前技術能輕易完成，且依系爭專利之專利說明書所載，系爭專利所具備之功效，亦與證據1之先前技術所產生之功效不同。

三、綜上所述，被告所為「舉發成立，應撤銷專利權。」之處分，顯有錯誤。懇請　鈞院判決如訴之聲明，撤銷原處分及訴願決定，以維權益。

謹狀

智慧財產法院　公鑒

證據：

證據1：美國公告第0003號「○○構造」之發明專利。

中　華　民　國　○　○　年　○　○　月　○　○　日

具狀人：甲

相關法條

■ 專利法第71條：

發明專利權有下列情事之一，任何人得向專利專責機關提起舉發：

一、違反第二十一條至第二十四條、第二十六條、第三十一條、第三十二條第一項、第三項、第三十四條第四項、第四十三條第二項、第四十四條第二項、第三項、第六十七條第二項至第四項或第一百零八條第三項規定者。

二、專利權人所屬國家對中華民國國民申請專利不予受理者。

三、違反第十二條第一項規定或發明專利權人為非發明專利申請權人。

以前項第三款情事提起舉發者，限於利害關係人始得為之。

發明專利權得提起舉發之情事，依其核准審定時之規定。但以違反第三十四條第四項、第四十三條第二項、第六十七條第二項、第四項或第一百零八條第三項規定之情事，提起舉發者，依舉發時之規定。

■專利法第82條：

發明專利權經舉發審查成立者，應撤銷其專利權；其撤銷得就各請求項分別為之。

發明專利權經撤銷後，有下列情事之一，即為撤銷確定：

一、未依法提起行政救濟者。

二、提起行政救濟經駁回確定者。

發明專利權經撤銷確定者，專利權之效力，視為自始不存在。

2. 案例二（新型專利）

案例事實

　　原告於民國○年○月○日以「雙層式X機」向被告即智慧財產局申請新型專利，經被告編為第○○○○○○○號審查，准予專利，並於公告期滿後，發給新型第0002號專利證書（以下簡稱系爭新型專利）。嗣訴外人A人提出系爭新型專利公報影本、西元○年○月○日公開之日本特開平第0003-1號專利案（以下簡稱證引1）為證，主張原告之系爭新型專利已違反核准時專利法之規定，不符新型專利要件，對之提起舉發。案經被告審查，認為系爭新型專利有違核准時專利法規定，乃以○年○月○日（○）智專三(三) 004字第○○○○號專利舉發審定書為「舉發成立，應撤銷專利權」之處分。原告不服，提起訴願仍經決定駁回。

撰狀說明

(1) 依智慧財產案件審理法第31條第1項之規定：「因專利法所生之第一審行政訴訟事件由智慧財產法院管轄」。

(2) 本案係訴外人A以原告之系爭專利不符合新型專利要件，向智慧財產局申請新型專利舉發，經智慧財產局處分「舉發成立，應撤銷專利權」，原告不服提起訴願，經被告訴願決定駁回，原告乃依前開規定向智慧財產法院提起第一審行政訴訟，以資救濟。

書狀內容

```
狀別：起訴狀
原　告　　甲○○
　　　　　住○○
被　告　　經濟部智慧財產局
　　　　　設○○
代表人　　乙○○
　　　　　住○○
為不服經濟部中華民國○年○月○日經訴字第001號訴願決定，提起行政訴訟
事：
```

訴之聲明

一、訴願決定及原處分均撤銷。

二、訴訟費用由被告負擔。

事實及理由

一、被告以引證案之引證1振動篩係由電動機產生動力，與系爭新型專利之申請範圍第1項所載X機及作動方式並無不同為由，認定系爭新型專利之申請專利範圍第1項不具新穎性。惟引證1之振動源，係採用習知之振動電動機而成，且引證案並未提及如何安裝振動電動機，而系爭新型專利則係第一個指出將X機具安裝於馬達板上之技術，詎被告竟未參酌上開論點，顯有失客觀及公正性。

二、（敘述系爭新型之新穎性，與引證1不同之處），由此可證引證1並未揭露出系爭新型專利之技術特徵，自無法證明系爭新型專利不具新穎性。

三、系爭新型專利並未於申請前已見於刊物或已公開使用，或有相同之發明或新型申請在先並經核准專利，自未違反核准時專利法第98條第1項第1款第一個指出將X機具安裝於馬達板上之技術。

四、系爭新型專利並未於申請前已見於刊物或已公開使用，或有相同之發明或新型申請在先並經核准專利，自未違反核准時專利法之規定。是以系爭新型專利之申請專利範圍第1項，相較於引證案之引證1、引證2及引證3顯有功效之增進，而具進步性。

五、綜上所述，系爭專利並未違反核准時專利法之規定，原處分及訴願決定均有違誤，懇請 鈞院鑑察，賜判如訴之聲明，以維原告合法權益。

謹狀

智慧財產法院　公鑒

證據1：西元○年○月○日公開之日本特開平第0003-1號專利公報1份。

中　華　民　國　○　○　年　○　○　月　○　○　日

具狀人：甲

相關法條

■專利法第112條：

新型專利申請案，經形式審查認有下列各款情事之一，應為不予專利之處分：

一、新型非屬物品形狀、構造或組合者。

二、違反第一百零五條規定者。

三、違反第一百二十條準用第二十六條第四項規定之揭露方式者。

四、違反第一百二十條準用第三十三條規定者。

五、說明書、申請專利範圍或圖式未揭露必要事項,或其揭露明顯不清楚者。

六、修正,明顯超出申請時說明書、申請專利範圍或圖式所揭露之範圍者。

■專利法第119條:

新型專利權有下列情事之一,任何人得向專利專責機關提起舉發:

一、違反第一百零四條、第一百零五條、第一百零八條第三項、第一百十條第
二項、第一百二十條準用第二十二條、第一百二十條準用第二十三條、第
一百二十條準用第二十六條、第一百二十條準用第三十一條、第一百二十
條準用第三十四條第四項、第一百二十條準用第四十三條第二項、第
一百二十條準用第四十四條第三項、第一百二十條準用第六十七條第二項
至第四項規定者。

二、專利權人所屬國家對中華民國國民申請專利不予受理者。

三、違反第十二條第一項規定或新型專利權人為非新型專利申請權人者。

以前項第三款情事提起舉發者,限於利害關係人始得為之。

新型專利權得提起舉發之情事,依其核准處分時之規定。但以違反第一百零八
條第三項、第一百二十條準用第三十四條第四項、第一百二十條準用第四十三
條第二項或第一百二十條準用第六十七條第二項、第四項規定之情事,提起舉
發者,依舉發時之規定。

舉發審定書,應由專利審查人員具名。

3. 案例三（設計專利，舊稱新式樣專利）

案例事實

　　緣訴外人A前於民國○年○月○日以「X機」向被告即智慧財產局申請新式樣專利，經被告編為第0001號審查，准予專利，並於公告期滿後，發給新式樣第0002號專利證書。嗣原告以其違反核准審定時專利法第107條第2項（現行專立法第122條）之規定，不符新式樣專利要件，對之提起舉發。案經被告審查，於○年○月○日以（○）智專三(一)002字第003號專利舉發審定書為「舉發不成立」之處分。原告不服，提起訴願，經遭決定駁回。

撰狀說明

(1) 依智慧財產案件審理法第31條第1項之規定：「因專利法所生之第一審行政訴訟事件由智慧財產法院管轄」。

(2) 本案係原告以訴外人A之系爭專利不符合新式樣專利（即現稱之設計專利）要件，向智慧財產局申請新式樣專利舉發，經智慧財產局處分「舉發不成立」，原告不服提起訴願，經被告訴願決定駁回，原告乃依前開規定向智慧財產法院提起第一審行政訴訟，以資救濟。

書狀內容

```
狀別：起訴狀
原　　告　　A公司
　　　　　　設○○
代表人　　甲○○
　　　　　　住○○
被　　告　　經濟部智慧財產局
　　　　　　設○○
代表人　　乙○○
　　　　　　住○○
為不服經濟部中華民國○年○月○日經訴字第001號訴願決定，提起行政訴訟
事：
訴之聲明
一、撤銷訴願決定及原處分。
```

二、判命被告就前開第003號專利舉發案作成舉發成立之處分。

事實及理由

一、系爭專利主要部位之設計特徵已為引證案所涵蓋，不具創作性：

新式樣專利之申請專利範圍應以圖面為準，亦即以專利說明書之立體圖及六面圖為準，此係解釋新式樣申請專利範圍之基本原則。本案中，參酌系爭專利之圖面可知，系爭專利之外形與原告於舉發時所提呈之舉發證據1（即原告美國第D002號新式樣專利），系爭專利與引證案間除鍵盤形狀略有不同外，其餘主要部位之外形特徵與配置方式大致均相同。由系爭專利主要部位之設計特徵均為引證案所涵蓋之事實可知，系爭專利實係運用既有技藝之創作，只要熟習此項技術者均能輕易完成系爭專利之設計，故依專利法之規定，系爭專利實不具創作性。

二、系爭專利不同於引證案之部分，僅係增加、刪減或些微修飾引證案之局部設計，其整體設計仍未脫離引證案原有設計所產生之視覺效果，此等次要特徵不足以使其具有創作性：

按專利審查基準第三篇第3節關於審查創作性之規定，「若該新式樣整體設計與該先前技藝之間雖然不相同亦不近似，但該不相同亦不近似的部分僅為其他先前技藝之置換或組合等，或該不相同亦不近似的部分僅為非主要設計特徵之局部設計的改變、增加、刪減或修飾等，而未產生特異之視覺效果者，亦應認定該新式樣為易於思及，不具創作性」。查原處分主張關於系爭專利與引證案間之不同處，僅係以三角形本體為主之架構下所作之次要變化，其所佔據部位不僅比例甚小，亦非屬形狀輪廓上之主要變化，而僅能視為系爭專利之次要特徵。

三、依專利審查基準第3.4.1.6節關於判斷創作性之原則：「申請專利之新式樣的整體或主要設計特徵係改變相關先前技藝中之設計的比例、位置或數目而構成者，若整體設計並未產生特異之視覺效果，應認定該新式樣為易於思及」（專利審查基準第3-3-26頁）。查系爭專利之設計僅係改變前揭引證1美國新式樣專利關於凹槽設計之數目或按鍵局部排列，其整體設計既未產生特異之視覺效果，自不應認定其具備創作性。

四、綜上所述，系爭專利與引證案相較下，系爭專利僅在次要部位之設計上作變化，惟就其整體造型所給予人之視覺印象，仍未能脫離引證案所示之外觀特徵，尚不足造成特異視覺效果，故系爭專利不具創作性無疑，

原處分對此不察，顯已違反專利法與專利審查基準關於審查創作性之規定，其經原告提起舉發後仍不作成舉發成立之審定，亦有違專利法之規定。

謹狀
智慧財產法院　公鑒
中　華　民　國　○　○　年　○　○　月　○　○　日
具狀人：甲

相關法條

■ 專利法第122條：

可供產業上利用之設計，無下列情事之一，得依本法申請取得設計專利：

一、申請前有相同或近似之設計，已見於刊物者。

二、申請前有相同或近似之設計，已公開實施者。

三、申請前已為公眾所知悉者。

設計雖無前項各款所列情事，但為其所屬技藝領域中具有通常知識者依申請前之先前技藝易於思及時，仍不得取得設計專利。

申請人有下列情事之一，並於其事實發生後六個月內申請，該事實非屬第一項各款或前項不得取得設計專利之情事：

一、因於刊物發表者。

二、因陳列於政府主辦或認可之展覽會者。

三、非出於其本意而洩漏者。

申請人主張前項第一款及第二款之情事者，應於申請時敘明事實及其年、月、日，並應於專利專責機關指定期間內檢附證明文件。

■ 專利法第124條：

下列各款，不予設計專利：

一、純功能性之物品造形。

二、純藝術創作。

三、積體電路電路布局及電子電路布局。

四、物品妨害公共秩序或善良風俗者。

■最高行政法院71年判字第399、877號、79年判字第678號、82年判字第2109、
2916號、5年判字第1081號判決要旨：

判斷申請專利之新式樣（現稱設計專利）是否於整體形狀能顯現特異之視覺效
果，以及判斷申請專利之新式樣與先前技藝是否易發生混同或誤認時，除將申
請專利之新式樣與先前技藝併排，以肉眼直接觀察比對外，亦應考量間接觀察
比對兩者之結果。

(五) 商標異議案件

案例事實

　　原告前於民國○年○月○日以「X茶及設計圖」商標（圖樣中之「茶」業經聲明不在專用之列，以下簡稱系爭商標），指定使用於商標法施行細則第13條所定商品及服務分類表第32類之「綜合植物飲料等」商品，向被告即智慧財產局申請註冊，經被告審查，核准列爲註冊第○○○○○○○號商標。嗣訴外人乙以系爭商標與註冊第0001號「Y及圖」商標（以下簡稱據以異議商標）構成近似，復指定使用於同一或類似之商品，有致相關消費者混淆誤認之虞，是以系爭商標之註冊有違修正前商標法第23條第1項第12款及13款（即現行商標法第30條第1項第10款及12款）之規定，對之提起異議，經智慧財產局審查，認系爭商標之註冊有違修正前商標法第23條第1項第13款規定（即現行商標法第30條第1項第10款），以○年○月○日中台異字第0002號商標異議審定書爲「第○○○○○○○號『X茶及設計圖』商標之註冊應予撤銷」之處分，原告不服，提起訴願，經訴願決定駁回。

撰狀說明

(1) 依智慧財產案件審理法第31條第1項之規定：「因商標法所生之第一審行政訴訟事件由智慧財產法院管轄」。

(2) 原告向主管機關智慧財產局申請註冊之商標，經訴外人異議後遭撤銷註冊，經原告提起訴願又經駁回，自得依前開規定向智慧財產法院提起第一審行政訴訟。

書狀內容

```
狀別：起訴狀
原　告　　A公司
　　　　　　設○○
代表人　　甲○○
　　　　　　住○○
被　告　　經濟部智慧財產局
　　　　　　設○○
代表人　　乙○○
　　　　　　住○○
```

爲不服經濟部中華民國○年○月○日經訴字第001號訴願決定，提起行政訴訟事：

訴之聲明
一、訴願決定及原處分均撤銷。
二、訴訟費用由被告負擔。

事實及理由
一、判斷商標是否近似，應以商標圖樣整體觀察，有無致相關消費者混淆或誤認之虞，而非因商標有部分近似，即率爾認定兩商標近似。查系爭商標外觀係一心型圖案，據以異議商標雖亦有心型圖案，但其外觀係一矩形圖案，再將此一矩形圖案區分爲上下二個矩形圖案，下矩形圖案塗以綠色，並有英文，上矩形圖案塗以灰色，再以心型爲其圖案，故據以異議商標可分別出中、英文二個部份，系爭商標則僅以中文爲其商標，系爭商標之心型圖案之中文字係直書，據以異議商標之心型圖案之中文字係橫書，兩商標確有不同。
二、況商標圖案中縱有聲明不專用部份，在與其他商標間判斷商標是否近似時，亦須就包括聲明不專用部分爲整體比對，此係整體觀察原則之必然體現，訴願決定及原處分徒以「X」與「Y」比較，而漏未斟酌系爭商標應係「X茶」之整體組合，自有違誤。
三、綜上所述，據以異議商標與系爭商標並非相同或近似商標，故本案應爲異議不成立之審定。

謹狀
智慧財產法院　公鑒
中　華　民　國　○　○　年　○　○　月　○　○　日
具狀人：甲

相關法條及裁判要旨
■商標法第30條：
商標有下列情形之一，不得註冊：
一、僅爲發揮商品或服務之功能所必要者。

二、相同或近似於中華民國國旗、國徽、國璽、軍旗、軍徽、印信、勳章或外國國旗，或世界貿易組織會員依巴黎公約第六條之三第三款所為通知之外國國徽、國璽或國家徽章者。

三、相同於國父或國家元首之肖像或姓名者。

四、相同或近似於中華民國政府機關或其主辦展覽會之標章，或其所發給之褒獎牌狀者。

五、相同或近似於國際跨政府組織或國內外著名且具公益性機構之徽章、旗幟、其他徽記、縮寫或名稱，有致公眾誤認誤信之虞者。

六、相同或近似於國內外用以表明品質管制或驗證之國家標誌或印記，且指定使用於同一或類似之商品或服務者。

七、妨害公共秩序或善良風俗者。

八、使公眾誤認誤信其商品或服務之性質、品質或產地之虞者。

九、相同或近似於中華民國或外國之葡萄酒或蒸餾酒地理標示，且指定使用於與葡萄酒或蒸餾酒同一或類似商品，而該外國與中華民國簽訂協定或共同參加國際條約，或相互承認葡萄酒或蒸餾酒地理標示之保護者。

十、相同或近似於他人同一或類似商品或服務之註冊商標或申請在先之商標，有致相關消費者混淆誤認之虞者。但經該註冊商標或申請在先之商標所有人同意申請，且非顯屬不當者，不在此限。

十一、相同或近似於他人著名商標或標章，有致相關公眾混淆誤認之虞，或有減損著名商標或標章之識別性或信譽之虞者。但得該商標或標章之所有人同意申請註冊者，不在此限。

十二、相同或近似於他人先使用於同一或類似商品或服務之商標，而申請人因與該他人間具有契約、地緣、業務往來或其他關係，知悉他人商標存在，意圖仿襲而申請註冊者。但經其同意申請註冊者，不在此限。

十三、有他人之肖像或著名之姓名、藝名、筆名、字號者。但經其同意申請註冊者，不在此限。

十四、有著名之法人、商號或其他團體之名稱，有致相關公眾混淆誤認之虞者。但經其同意申請註冊者，不在此限。

十五、商標侵害他人之著作權、專利權或其他權利，經判決確定者。但經其同意申請註冊者，不在此限。

前項第九款及第十一款至第十四款所規定之地理標示、著名及先使用之認定，以申請時為準。

第一項第四款、第五款及第九款規定，於政府機關或相關機構為申請人時，不適用之。

前條第三項規定，於第一項第一款規定之情形，準用之。

■商標法第48條：

商標之註冊違反第二十九條第一項、第三十條第一項或第六十五條第三項規定之情形者，任何人得自商標註冊公告日後三個月內，向商標專責機關提出異議。

前項異議，得就註冊商標指定使用之部分商品或服務為之。

異議應就每一註冊商標各別申請之。

條文解析：

1. 所謂「有致相關消費者混淆誤認之虞」者，係指兩商標因相同或構成近似，致使相關消費者誤認為同一商標，或雖不致誤認兩商標為同一商標，但極有可能誤認兩商標之商品／服務為同一來源之系列商品／服務，或誤認兩商標之使用人間存在關係企業、授權關係、加盟關係或其他類似關係而言。

2. 所謂商標構成相同或近似者，係指以具有普通知識經驗之一般商品購買人，於購買時施以普通所用之注意，就兩商標主要部分之外觀、觀念或讀音隔離觀察，有無引起混同誤認之虞以為斷。故兩商標在外觀、觀念或讀音上，其主要部分之文字、圖形或記號，有一近似，足以使一般相關消費者產生混淆誤認之虞者，即為近似之商標。

(六) 商標評定案件

案例事實

　　原告甲前於民國○年○月○日以「X及圖」商標（下稱系爭商標），指定使用於商標法施行細則第13條所定商品及服務分類表第12類之大客車、卡車、越野車、小汽車、公共汽車、機車、混凝土攪拌車、航空運輸機、起重車、汽車底盤、車輛用液壓系統、拖車、牽引車、曳引車及汽車車身等商品，向被告即智慧財產局申請註冊，經被告審查，核准列為註冊第○○○○○○號商標。嗣訴外人德國商A公司以註冊第0001、0002及0003號等商標（下稱據爭諸商標）主張系爭商標之註冊違反修正前商標法第23條第1項第12款、第13款及第14款（即現行商標法第30條第1項第10、11款及2款）之規定，對之申請評定。案經被告審查，認系爭商標有違修正前商標法第23條第1項第13款（即現行商標法第30條第1項第10款）規定，以○年○月○日中台評字第0004號商標評定書為系爭商標之註冊應予撤銷之處分。原告不服，提起訴願而遭駁回。

撰狀說明

(1) 依智慧財產案件審理法第31條第1項之規定：「因商標法所生之第一審行政訴訟事件由智慧財產法院管轄」。
(2) 是以原告之註冊商標經訴外人A向智慧財產局申請評定成立，撤銷系爭商標之註冊，自應依前開規定向智慧財產法院提起第一審行政訴訟，以資救濟。

書狀內容

```
狀別：起訴狀
原　　告　　A公司
　　　　　　設○○
代表人　　甲○○
　　　　　　住○○
被　　告　　經濟部智慧財產局
　　　　　　設○○
代表人　　乙○○
　　　　　　住○○
為不服經濟部中華民國○年○月○日經訴字第001號訴願決定，提起行政訴訟
事：
```

訴之聲明

一、訴願決定及原處分均撤銷。

二、訴訟費用由被告負擔。

事實及理由

一、按判斷商標近似與否，應以商標圖樣整體爲觀察，此乃因商標呈現消費者眼前係整體圖樣，而非割裂爲各部分分別呈現，故商標近似與否，應係指依二商標圖樣之外觀、觀念或讀音整體觀察，就商標或服務之消費者，施以普通注意所得印象，已達可能混淆的相近程度者而言。又二商標是否予消費者可能混淆之相近程度，雖應注意比較二者之顯著部分相近之程度，但如該顯著部分係屬不具識別性或識別性較弱之文字、圖形者，則近似程度之判斷，自仍應以整體商標圖樣作爲判斷之基礎，而不能單就不具識別性或識別性較弱之商標圖樣顯著部分，加以比較其差異，而作爲近似與否論斷之依據。

二、系爭商標圖樣係由三個粗形墨字體之「1」，並結合外文「X」字樣組合而成，與據爭第001號商標無外文圖樣，組合態樣已有差異，況系爭商標另附有外文「X」，亦爲其主要部分，足資區辨，客觀上顯毋庸細微比對即可見其差異，尚非屬近似之商標甚明，消費者自無混淆誤認之可能。

三、又中英文組合商標，其通常以唱呼爲主要行銷方式者，主管機關於比對時，對於讀音之近似比對部分，應提高其判斷之比重，查系爭商標與據爭商標，兩者在讀音部分，明顯有甚大之差別性存在，一般消費者於唱呼之際，認知上實不易將二者之商品來源混淆誤認，從而，就讀音而言，二者之唱呼方式亦截然不同，應屬非近似之商標。

四、再查商品性質之不同，難免會影響消費者購買時之注意程度；就普通日常消費品而言，消費者之注意程度較低，對於商標之差異辨識度，通常亦因而較容易忽略，倘係關於專業性質較高之商品時，會施以較高之注意程度，因而對於商標、品牌間之差異，亦較能區辨清楚，是於判斷商標近似與否時，其採購商品之性質爲何，自亦應列爲判斷商標近似程度之依據。查系爭商標固亦指定使用於大客車、卡車、越野車等類商品，車輛買賣並非似一般之日常消費用品之販售，其專業性層次本屬較高，一般消費者會將系爭商標及據爭商標商品之使用而相混淆、誤認之機率

甚微。

五、綜上所述，原處分以系爭商標與據爭諸商標構成近似，而有修正前商標法第23條第1項第13款（即現行商標法第30條第1項第10款）前段不得註冊為由，遽為評定成立，撤銷系爭商標註冊之處分，應屬不足以維持，訴願決定未予糾正，亦有未合之處，為此依法起訴請求撤銷原處分及訴願決定。

謹狀

智慧財產法院　公鑒

中　華　民　國　○　○　年　○　○　月　○　○　日

具狀人：甲

相關法條

■ 商標法第57條：

商標之註冊違反第二十九條第一項、第三十條第一項或第六十五條第三項規定之情形者，利害關係人或審查人員得申請或提請商標專責機關評定其註冊。

以商標之註冊違反第三十條第一項第十款規定，向商標專責機關申請評定，其據以評定商標之註冊已滿三年者，應檢附於申請評定前三年有使用於據以主張商品或服務之證據，或其未使用有正當事由之事證。

依前項規定提出之使用證據，應足以證明商標之真實使用，並符合一般商業交易習慣。

■ 商標法第30條第1項第10款：

商標相同或近似於他人同一或類似商品或服務之註冊商標或申請在先之商標，有致相關消費者混淆誤認之虞者，不得註冊。

條文解析：

所謂「有致相關消費者混淆誤認之虞者」，係指兩商標因相同或構成近似，致使相關消費者誤認為同一商標，或雖不致誤認兩商標為同一商標，但極有可能誤認兩商標之商品／服務為同一來源之系列商品／服務，或誤認兩商標之使用人間存在關係企業、授權關係、加盟關係或其他類似關係而言。而判斷有無混淆誤認之虞，則應參酌商標識別性之強弱、商標之近似及商品／服務類似等相關因素之強弱程度、相互影響關係及各因素等綜合認定是否已達有致相關消費者產生混淆誤認之虞。

(七) 商標註冊案件（起訴狀）

案例事實

緣原告前於民國○年○月○日以「XX」商標（以下簡稱系爭商標），指定使用於商標法施行細則第13條所定商品及服務分類表第30類之「茶葉、茶葉製成之飲料、茶葉包、咖啡、咖啡製成之飲料、冰、調味用香料、蜂蜜、蜂膠」等商品，向被告申請註冊（申請案號○○○○○○○○○），經經濟部智慧財產局（以下簡稱智慧財產局）審查，認系爭商標與據以核駁之註冊第○○○○○○○號「YY及圖」商標（以下簡稱據以核駁商標）構成近似，復均指定使用於同一或類似之商品，有致相關消費者產生混淆誤認之虞，違反修正前商標法第23條第1項第13款（即現行商標法第30條第1項第10款）之規定，以○年○月○日商標核駁第○○○○號審定書為核駁之處分。原告不服，提起訴願，經訴願決定駁回。

撰狀說明

(1) 依智慧財產案件審理法第31條第1項之規定：「因商標法所生之第一審行政訴訟事件由智慧財產法院管轄」。
(2) 原告之商標註冊申請案經智慧財產局予以核駁，又經訴願駁回，自得依前開規定向智慧財產法院提起第一審行政訴訟，以資救濟。

書狀內容

狀別：起訴狀
原　告　　A公司
　　　　　設○○
代表人　　甲○○
　　　　　住○○
被　告　　經濟部智慧財產局
　　　　　設○○
代表人　　乙○○
　　　　　住○○
為不服經濟部中華民國○年○月○日經訴字第001號訴願決定，提起行政訴訟事：

訴之聲明

一、訴願決定及原處分均撤銷。

二、被告應為系爭商標准予註冊之審定。

事實及理由

一、系爭商標與據以核駁商標無使相關消費者產生混淆誤認之近似：

以「XX」2字之組合作為商標圖樣，在我國消費市場上已屬普通習見，並非創意性或識別性高之商標。據原告查名檢索之結果發現，以「XX」作為商標圖樣或圖樣一部分者，甚為普通習見，諸如：註冊第0001、0002、0003號等「XX」商標；註冊第0004、0005號等「XX反攻」商標（以上為本案原告所有）；註冊第0006、0007號等「XX熊」商標；註冊第0008號「XX之光」商標。由上述事實可見，「XX」2字並非任何人所首創，其創意性甚低，識別性自較為薄弱，是以據以核駁商標圖樣上之「YY」2字識別力既不高，其區別商品來源之功能有限，保護範圍自應該予以縮小，在其他商標圖樣與據以核駁商標相比較時，在近似性的判斷上，自然也須有比較嚴格的標準。

二、系爭商標與據以核駁商標之整體外觀、各自表彰之觀念不構成近似：

判斷商標近似，應以商標圖樣整體為觀察。此乃係由於商標呈現在商品／服務之消費者眼前的是整體圖樣，而非割裂為各部分分別呈現。至所謂「主要部分觀察」，仍不得背於整體觀察之原則，易言之，主要部分最終仍是影響商標給予消費者的整體印象，是以，判斷商標近似，必須以整體觀察為依歸（請參見「混淆誤認之虞審查基準」5.2.3）。就二商標圖樣相較，據以核駁商標整體構圖繁複，與系爭商標簡單中文所呈現之成語意念，客觀上顯然已有不同之主題，外觀構圖更是分別迥然，即便二者中文「XX」與「YY」之間亦各具特定欲表彰之意涵，雙方基於不同之文字內容與設計手法，因而產生截然不同之識別作用，相關消費者實極易產生區隔之印象，應不致產生混淆誤認之虞，自非屬近似之商標，無商標法第30條第1項第10款之適用。

三、原處分及訴願決定不察，竟以其「圖樣起首均為中文『XX』二字」為由，即遽認二造商標構成近似，顯屬理由不備及恣意裁量之違法處分，爰依法提起行政訴訟，請求撤銷訴願決定及原處分。

謹狀

智慧財產法院　公鑒

中　華　民　國　○　○　年　○　○　月　○　○　日

具狀人：甲

相關法條

■ 商標法第19條：

申請商標註冊，應備具申請書，載明申請人、商標圖樣及指定使用之商品或服務，向商標專責機關申請之。

申請商標註冊，以提出前項申請書之日為申請日。

商標圖樣應以清楚、明確、完整、客觀、持久及易於理解之方式呈現。

申請商標註冊，應以一申請案一商標之方式為之，並得指定使用於二個以上類別之商品或服務。

前項商品或服務之分類，於本法施行細則定之。

類似商品或服務之認定，不受前項商品或服務分類之限制。

■ 商標法第30條：

商標有下列情形之一，不得註冊：

一、僅為發揮商品或服務之功能所必要者。

二、相同或近似於中華民國國旗、國徽、國璽、軍旗、軍徽、印信、勳章或外國國旗，或世界貿易組織會員依巴黎公約第六條之三第三款所為通知之外國國徽、國璽或國家徽章者。

三、相同於國父或國家元首之肖像或姓名者。

四、相同或近似於中華民國政府機關或其主辦展覽會之標章，或其所發給之褒獎牌狀者。

五、相同或近似於國際跨政府組織或國內外著名且具公益性機構之徽章、旗幟、其他徽記、縮寫或名稱，有致公眾誤認誤信之虞者。

六、相同或近似於國內外用以表明品質管制或驗證之國家標誌或印記，且指定使用於同一或類似之商品或服務者。

七、妨害公共秩序或善良風俗者。

八、使公眾誤認誤信其商品或服務之性質、品質或產地之虞者。

九、相同或近似於中華民國或外國之葡萄酒或蒸餾酒地理標示，且指定使用於

　　與葡萄酒或蒸餾酒同一或類似商品，而該外國與中華民國簽訂協定或共同
　　參加國際條約，或相互承認葡萄酒或蒸餾酒地理標示之保護者。
十、相同或近似於他人同一或類似商品或服務之註冊商標或申請在先之商標，
　　有致相關消費者混淆誤認之虞者。但經該註冊商標或申請在先之商標所有
　　人同意申請，且非顯屬不當者，不在此限。
十一、相同或近似於他人著名商標或標章，有致相關公眾混淆誤認之虞，或有
　　　減損著名商標或標章之識別性或信譽之虞者。但得該商標或標章之所有
　　　人同意申請註冊者，不在此限。
十二、相同或近似於他人先使用於同一或類似商品或服務之商標，而申請人因
　　　與該他人間具有契約、地緣、業務往來或其他關係，知悉他人商標存
　　　在，意圖仿襲而申請註冊者。但經其同意申請註冊者，不在此限。
十三、有他人之肖像或著名之姓名、藝名、筆名、字號者。但經其同意申請註
　　　冊者，不在此限。
十四、有著名之法人、商號或其他團體之名稱，有致相關公眾混淆誤認之虞
　　　者。但經其同意申請註冊者，不在此限。
十五、商標侵害他人之著作權、專利權或其他權利，經判決確定者。但經其同
　　　意申請註冊者，不在此限。
前項第九款及第十一款至第十四款所規定之地理標示、著名及先使用之認定，
以申請時為準。
第一項第四款、第五款及第九款規定，於政府機關或相關機構為申請人時，不
適用之。
前條第三項規定，於第一項第一款規定之情形，準用之。
條文解析：
所謂商標構成相同或近似者，係指以具有普通知識經驗之一般商品購買人，於
購買時施以普通所用之注意，就兩商標主要部分之外觀、觀念或讀音隔離觀
察，有無引起混同誤認之虞以為斷。而衡酌商標在外觀或觀念上有無混同誤認
之虞，應本客觀事實，按下列原則判斷之：以具有普通知識經驗之購買者，施
以普通所用之注意為標準；商標之文字、圖形或記號，應異時異地隔離及通體
觀察為標準；商標以文字、圖形或記號為聯合式者，應就其各部分觀察，以構
成主要之部分為標準。故判斷兩商標是否近似，應就各商標在「外觀」、「觀
念」、「讀音」上特別突出顯著，足以讓消費者對標誌整體形成核心印象之主
要部分異時異地隔離各別觀察，以辨其是否足以引起混淆誤認之虞。

(八) 商標廢止案件（起訴狀）

案例事實

　　訴外人A公司前於○年○月○日，以「X及外文Y」商標，指定使用於醫療補助用營養製劑商品，向被告智慧財產局申請註冊，經被告即智慧財產局核准列爲註冊第0001號商標（下稱系爭商標，如附圖所示）。嗣原告甲以其註冊後有違商標法第63條第1項第2款規定，對之申請廢止處分，經被告審查，以○年○月○日中台廢字第0002號商標廢止處分書爲「申請不成立」之處分。原告不服，提起訴願經遭決定駁回。

撰狀說明

(1) 依智慧財產案件審理法第31條第1項之規定：「因商標法所生之第一審行政訴訟事件由智慧財產法院管轄」。
(2) 原告以據爭商標自註冊後無正當事由迄未使用或繼續停止使用已滿3年之形，而向被告即智慧財產局申請商標廢止，經智慧財產局處分申請不成立，原告不服提起訴願，經被告訴願決定駁回，原告乃依前開規定向智慧財產法院提起第一審行政訴訟，以資救濟。

書狀內容

原　　告　　A有限公司
　　　　　　設○○
代表人　　甲○○
　　　　　　住○○
被　　告　　經濟部智慧財產局
　　　　　　設○○
代表人　　乙○○
　　　　　　住○○
爲不服經濟部中華民國○年○月○日經訴字第001號訴願決定，提起行政訴訟事：

訴之聲明
一、撤銷訴願決定及原處分。
二、被告應就註冊第0001號「X」商標爲應予廢止之處分。

事實及理由

一、訴外人A公司出具之統一發票僅標示「X」，未標示外文Y，僅使用商標之一部，視為未使用。

二、訴外人A公司為製造本案商標使用證據，將於新加坡販售之商品貼上「經銷商：B國際股份有限公司」及「製造日期SEP 2006、有效期限AUG 2008」之貼紙，佯稱為我國販售之商品，實際上參加人檢送之包裝的商品係由新加坡C出入口有限公司由中國進口至新加坡販售，並非於我國販售，非屬系爭商標之使用證據。

三、綜上所述，系爭商標註冊後有無正當事由繼續停止使用已滿3年之情形，被告本即應依職權或據申請廢止其註冊，原處分及訴願決定未斟酌此點，懇請 鈞院鑑察，賜判如訴之聲明，以維原告合法權益。

謹狀

智慧財產法院　公鑒

中　華　民　國　○　○　年　○　○　月　○　○　日

具狀人：甲

──────────

相關法條

■商標法第63條第1項第2款：

商標註冊後有無正當事由迄未使用或繼續停止使用已滿3年之情形者，商標專責機關應依職權或據申請廢止其註冊。

五、政府採購法事件

按政府採購法第74條規定，廠商與機關間關於招標、審標、決標之爭議，得依該法第六章規定提出異議及申訴，同法第75條並規定廠商對於機關辦理採購有違反法令或我國締結之條約、協定（以下合稱法令），致損害其權利或利益時得提出異議（即俗稱之招、審、決異議）。另同法第102條就廠商與機關間就機關通知將廠商刊登政府採購法不良廠商所生之爭議（即俗稱之停權爭議），廠商亦得提出異議及申訴，並準用同法第六章之規定。招審決標之異議及申訴與停權之異議申訴在程序雖適用極類似之程序，但由於涉及的適用法條及實體事項仍有不同，故特區分為二單元並分別介紹，惟就相同部分則不重複論述。

(一) 廠商與機關間關於招標、審標、決標之爭議，所提異議及申訴事件

1. 廠商與機關間關於招標、審標、決標之爭議，所提異議流程示意圖

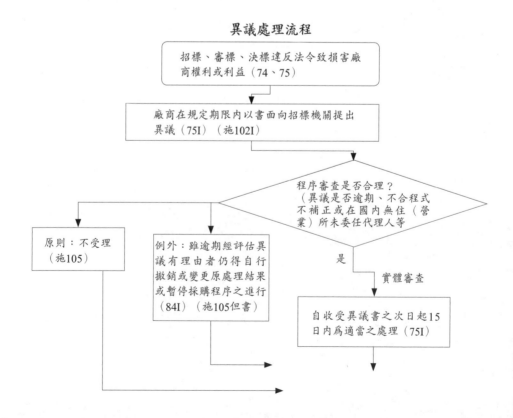

異議處理流程

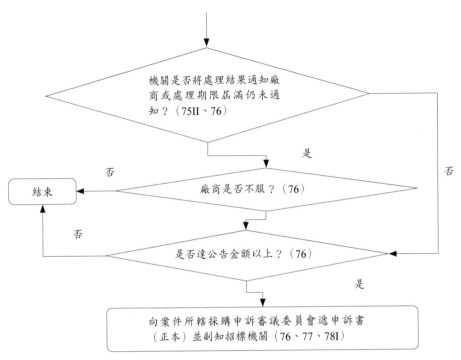

註：招、審、決標之申訴及後續行政訴訟之流程圖，因與（二）1.流程圖相同，故請參見（二）1.流程圖。

2. 案例

案例事實

緣招標機關乙學校辦理「會議室設備工程採購案」招標案，工程總預算為新台幣（下同）八百萬元，但乙學校於招標須知中規定投標廠商資本資格須在新台幣二千萬元以上，招標須知另復規定「設備型錄應加蓋代理商公司及負責人章」等限制。申訴廠商甲廠商之資本額僅為新台幣一千五百萬元，故投標後經乙學校認定不符廠商資格。甲廠商認為乙學校所訂之投標須知中有關廠商資本資格規定有不當限制競爭之嫌而損及其投標權益，另爭執招標機關乙學校就招標須知規定「設備型錄應加蓋代理商公司及負責人章」亦屬違法，故向招標機關提出異議，招標機關於收受甲廠商之異議書後，為駁回異議之處理結果並通知甲廠商，甲廠商於到異議處理結果後向該管採購申訴審議委員會提出申訴，並請求撤銷原異議處理結果。

撰狀說明

(1) 甲廠商認為招標機關乙學校辦理系爭招標案中有關廠商資本資格限定須在二千萬元以上，與「投標廠商資本額與特殊或巨額採購認定標準」第5條之規定符，另招標須知規定「設備型錄應加蓋代理商公司及負責人章」亦屬違法，故認招標及審標程序均有違反法令而損害投標廠商之權利，故依政府採購法第75條規定向招標機關提出異議，復因招標機關駁回其異議，乃據同法第76條規定向案件該管採購申訴審議委員會提出申訴（如申訴書範例）。

(2) 按政府採購法第74條規定，廠商與機關關於招標、審標、決標之爭議，得依同法第六章「爭議處理」之規定提出異議及申訴。惟須注意者為，廠商提出異議必須是機關辦理採購而有違反法令或我國締結之條約、協定（下稱法令），致損害其權利或利益者為限，且必須以書面提出並符合下開期限規定：對於招標文件規定提出異議，為自公告或邀標之次日起等要期之四分之一（不得低於十日）；對招標文件規應之釋疑、後續說明、變更或補充提出異議，為接獲機關通知或機關公告之次日起十日；如係對採購之過程、結果提出異議，則為接獲機關通知或機關公告之次日起十日，但其過程或結果未經通知或公告者，為知悉或可得知悉之次日起十日，但至遲不得逾決標日之次日起十五日。

(3) 另由於針對招標、審標或決標之異議，往往具有時效性，故機關收受異議之次日起十五日內為適當之處理，並將處理結果以書面通知提出異議之廠商，

但如機關怠於為適當之處理及通知義務時，提出異議之廠商得於上述期限屆滿之次日起十五日內向該管採購申訴審議委員會提出申訴。如提出異議之廠商不服異議處理結果，亦得於收受異議處理結果之次日起十五日內提出申訴，此一期限規定為不可補正之事項，提出申訴之廠商務必遵守申訴期限之規定，違反者將被該管採購申訴審議委員會視為不合程式而依第79條規定為申訴不受理之判斷。

(4) 政府採購法第77條就申訴書應載明事項及內容訂有明文，至異議書則無，但為避免掛一漏萬，建議仍宜參考申訴書之方式製作。

(5) 提出申訴程序必須向採購申訴審議委員會繳交申訴費用，且申訴費用不得請求招標機關負擔，故無庸於申訴書狀記載「申訴費用由招標機關負擔」等字句。

書狀內容

申訴書（範例）

標的名稱：「會議室設備工程採購案」（採購編號：○○○）

申訴廠商：甲廠商
代表人：A君
代理人：○○○律師

招標機關：乙學校
代表人：B君

上開廠商因「會議室設備工程採購案」招標案，不服採購機關乙學校於○○年○○月○○之異議處理結果，爰於法定期限提出申訴：

申訴請求之事項
原異議處理結果撤銷。

申訴事實及理由
一、首查，申訴廠商於○○年○○月○○日針對招標機關乙學校所為之招標及審標決定提出書面異議，經招標機關於同年○○月○○日駁回申訴廠商之異議，申訴廠商不服，爰依政府採購法第76條規定於收受異議處理結果之十五日內提出申訴，並已繳交申訴費用，申訴程序應屬適法，合

先敘明。

二、本件申訴事實略為招標機關乙學校辦理「會議室設備工程採購案」招標案（下稱本招標案），工程總預算為新台幣（下同）八百萬元，非屬特殊或巨額採購，但乙學校竟於招標須知第○○條規定投標廠商資本資格須在二千萬元以上，以及在招標須知中另訂定「檢附原廠正本型錄並加蓋代理商公司及負責人章」等限制。今申訴廠商之資本額僅為一千五百萬元，故經參與投標後遭招標機關認定為資本資格不符規定而不予開標，申訴廠商認招標機關作法顯有違反法令而損害申訴商之權益，應屬違法。

三、按「資本額」之限制，為「投標廠商資本額與特殊或巨額採購認定標準」第5條規定之「特定資格」，此由該標準之第3項規定可知：「機關辦理特殊或巨額採購，除依第二條規定訂定基本資格外得式採購案件之特性及實際需要，就下列事項擇定投標廠商之特定資格，並載明於招標文件……三、具有相當財力者」。由於必須為「特殊或巨額採購」之採購案件，招標機關始有訂定資本額門檻之可能，故招標機關此等作法顯已違反法令，此復有行政院公共工程委員會88年12月7日（88）工程企自第8820186號函說明意旨足參。今招標機關既明知本件招標案之預算金額僅為八百萬元，並不屬於「巨額或特殊」之採購案件，依法不得制定規範廠商之特別資格。迺招標機關竟無視於上揭法令及函釋，執意訂定投標廠商資本資格之特別資格，作法已有違法之嫌。

四、次查，招標機關於投標須知另訂定「檢附原廠正本型錄並加蓋代理商公司及負責人章」等規定，亦屬違法，此得由行政院公共工程委員會89年6月8日（89）工程企字第8901593號函所附之「政府採購錯誤行為態樣」三規格限制競爭「……型錄須加蓋代理商之章　型錄須為正本」所示係屬規格限制競爭，並與政府採購法第26條第2項「機關所擬定、採用或適用之技術規格，其所標示之擬採購產品或服務之特性，諸如品質、性能、安全、尺寸、符號、術語、包裝、標誌及標示或生產程序、方法及評估之程序，在目的及效果上均不得限制競爭」觀之，招標機關有關此等之規定亦與法令規範有間。

五、綜上，招標機關所訂之投標須知中有關廠商資本資格之限制及須檢附型錄正本及代理商印文本等規定，均有不當限制競爭之嫌，實已嚴重影響

　　申訴廠商之投標權益及利益，申訴廠商雖經合法異議但無效果，不得已僅能向　貴會提出申訴並請求撤銷原異議處理結果。

證據名稱及件數

（略）

　　謹　　陳

行政院公共工程委員會

或

○○市採購申訴審議委員會　公鑒

申訴廠商：甲公司　（簽章）

　　　　　　代表人：A（簽章）

代　理　人：○○○律師

中　華　民　國　○　○　年　○　○　月　○　○　日

相關法條

■ **政府採購法第74條：**

廠商與機關間關於招標、審標、決標之爭議，得依本章規定提出異議及申訴。

■ **政府採購法第75條：**

廠商對於機關辦理採購，認為違反法令或我國所締結之條約、協定（以下合稱法令），致損害其權利或利益者，得於下列期限內，以書面向招標機關提出異議：

一、對招標文件規定提出異議者，為自公告或邀標之次日起等標期之四分之一，其尾數不足一日者，以一日計。但不得少於十日。

二、對招標文件規定之釋疑、後續說明、變更或補充提出異議者，為接獲機關通知或機關公告之次日起十日。

三、對採購之過程、結果提出異議者，為接獲機關通知或機關公告之次日起十日。其過程或結果未經通知或公告者，為知悉或可得而知悉之次日起十日。但至遲不得逾決標日之次日起十五日。

招標機關應自收受異議之次日起十五日內為適當之處理，並將處理結果以書面通知提出異議之廠商。其處理結果涉及變更或補充招標文件內容者，除選擇性

招標之規格標與價格標及限制性招標應以書面通知各廠商外，應另行公告，並視需要延長等標期。

■ 政府採購法第76條：

廠商對於公告金額以上採購異議之處理結果不服，或招標機關逾前條第二項所定期限不為處理者，得於收受異議處理結果或期限屆滿之次日起十五日內，依其屬中央機關或地方機關辦理之採購，以書面分別向主管機關、直轄市或縣（市）政府所設之採購申訴審議委員會申訴。地方政府未設採購申訴審議委員會者，得委請中央主管機關處理。

廠商誤向該管採購申訴審議委員會以外之機關申訴者，以該機關收受之日，視為提起申訴之日。

前項收受申訴書之機關應於收受之次日起三日內，將申訴書移送於該管採購申訴審議委員會，並通知申訴廠商。

■ 政府採購法第77條：

申訴應具申訴書，載明下列事項，由申訴廠商簽名或蓋章：

一、申訴廠商之名稱、地址、電話及負責人之姓名、性別、出生年月日、住所或居所。

二、原受理異議之機關。

三、申訴之事實及理由。

四、證據。

五、年、月、日。

申訴得委任代理人為之，代理人應檢附委任書並載明其姓名、性別、出生年月日、職業、電話、住所或居所。

民事訴訟法第七十條規定，於前項情形準用之。

■ 政府採購法第78條：

廠商提出申訴，應同時繕具副本送招標機關。機關應自收受申訴書副本之次日起十日內，以書面向該管採購申訴審議委員會陳述意見。

採購申訴審議委員會應於收受申訴書之次日起四十日內完成審議，並將判斷以書面通知廠商及機關。必要時得延長四十日。

■ 政府採購法第79條：

申訴逾越法定期間或不合法定程式者，不予受理。但其情形可以補正者，應定期間命其補正；逾期不補正者，不予受理。

(二) 廠商違反政府採購法第101條遭採購機關通知刊登政府採購公報事件

廠商不服招標機關停權通知而提出異議、申訴及行政訴訟流程示意圖

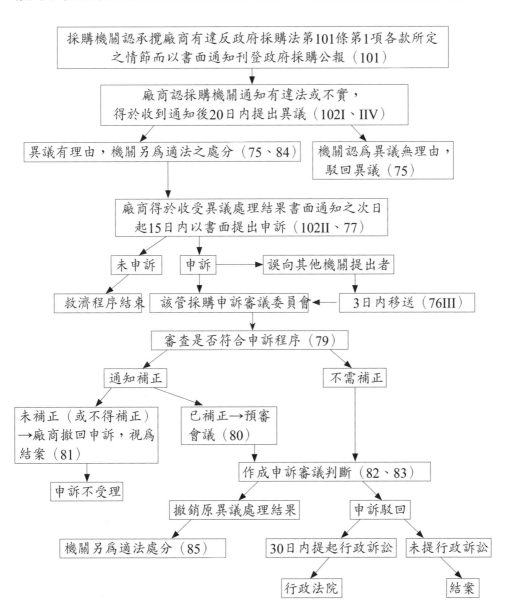

案例事實

　　甲廠商依政府採購法承攬乙採購機關之財物採購案件，兩造並簽訂採購契約，其中約定甲廠商應於簽約後90日內交貨，但甲廠商逾越上揭交貨期限，遭乙採購機關認為甲廠商之交貨已逾期，遂以甲廠商有政府採購法第101條第1項第10款情節，通知甲廠商如未提出異議將刊登政府採購公報，經甲廠商依法提起異議遭乙採購機關駁回後，甲廠商向行政院公共工程委員會採購申訴審議委員會（下稱採購申訴審議委員會）提出申訴，案經採購申訴審議委員會作成申訴駁回之審議判斷，甲廠商不服乃向行政法院提起行政訴訟。

撰狀說明

(1) 甲廠商認並無逾期而無該當政府採購法第101條第1項10款之情事，依法向乙採購機關提出異議但遭駁回，故甲廠商乃向採購申訴審議委員會提起申訴請求撤銷異議決定（如申訴書範例）。

(2) 承前，但經作成駁回甲廠商申訴之審議判斷，故甲廠商依政府採購法第83條及行政訴訟法第4條規定對原決定、異議決定及申訴審議判斷向行政法院提起本件行政訴訟（如起訴書範例）。

(3) 按政府採購法有關停權通知係規定於該法第101條，因其性質上為對廠商之不利益行政處分，故應採行政救濟程序，但因政府採購法事件為特殊之公法事件，故應循該法特定之救濟程序，故應參考該法第102條有關異議及申訴之規定並準用該法第六章之相關規定。須特別注意者為政府採購法之救濟程序期間較一般行政處分之救濟期間為短，且有其先行程序，以本案為例，廠商應於收受採購機關通知刊登政府採購公報後20日內提出書面異議，如對異議決定不服應於收受機關書面之異議決定之次日起15日內，或機關未於接獲廠商異議之次日起15日內作成異議決定者，廠商應向該管採購申訴審議委員會提出書面申訴，且申訴應循其特定之程式為之，並繳納申訴費用。

(4) 另依同法第83條規定，申訴審議判斷之效力視同訴願決定，故如對申訴審議判斷不服應起行政訴訟。

書狀內容

1. 申訴書（政府採購法刊登政府採購公報不良廠商範例）

申訴書（範例）

標的名稱：○○○採購案（採購編號：○○○）

（註：請依招標公告所載採購案名稱填寫並填寫刊登於政府採購公報資料之
「案號」）

招標方式：□公開招標、□限制性招標、□選擇性招標

（註：請依採購案勾選）

金額：□在公告金額以上、□未達公告金額

（註：請依採購案勾選）

稱謂	名稱或姓名	性別	出生年月日	電話	地址、住所或居所
申訴廠商	甲營造股份有限公司				
代表人或 負責人	A		（略）		
代理人	○○○		（略）		
招標機關	乙（招標機關代碼：000）				
	（註：若有不明，請逕洽招標機關查詢）				
代表人	B				

上開廠商因「xxx」採購案，不服丙機關於民國○○年○○月○○日之異議處
理結果，爰於法定期限申訴如下：

請求

一、原異議處理結果撤銷。

二、申訴費用由招標機關負擔。

事實

一、本標案業於○○年○月○○日公告，定於○○年○月○○日開標，由申
　　訴廠商得標。○○年○月○○日申訴廠商與招標機關簽訂採購契約。

二、依系爭採購契約第○○條之規定，申訴廠商應於簽約後90日內交貨，於

扣除招標期間看樣審查期間及風災展延期間後，交貨期限為○○年○月○○日，惟申訴廠商遲至○○年○月○○日交貨，逾期24日。招標機關遂以申訴廠商有政府採購法第101條第10款情節，於○○年○月○○日通知其如未提出異議將刊登政府採購公報。

三、申訴廠商於○○年○月○○日提出異議，經招標機關於○○年○月○○日以○○字第○○○○號函通知申訴廠商所異議事項為無理由，申訴廠商不服，爰於法定期限內依法向　貴會提出申訴。

申訴事實及理由

一、申訴廠商依約將圖樣送審，無論規格、尺寸、品質均符合招標規範，然嗣後因招標機關不滿意抽樣部分，遂要求申訴廠商更改材質。因招標機關更改合約材質，因而延長交貨日期，導致之後遭遇颱風，造成申訴廠商交貨遲延，招標機關對於遲延應難免其責任。申訴廠商於颱風前已完成進度80%，只差組合即全部完成。申訴廠商於○○年8月1日陸續組裝準備開始交貨，不幸碰上8月8日因颱風河堤崩潰，廠房淹水三層樓高，所有成品全部泡湯，申訴廠商重新製作，也呈請延期交貨，預估9月1日可完成，但機械經泡水，零件常出毛病，遂因而導致交貨遲延24天。

（註：本段為申訴事實概述）

二、按政府採購法第101條第10款規定：「機關辦理採購，發現廠商有下列情形之一，應將其事實及理由通知廠商，並附記如未提出異議者，將刊登政府採購公報：…十一、因可歸責於廠商之事由，致延誤履約期限，情節重大者。…」；同法施行細則第111條規定：「本法第101條第10款所稱延誤履約期限情節重大者，於巨額工程採購，指履約進度落後百分之十以上；於其他採購，指履約進度落後百分之二十以上」；再徵諸本法第101條之立法理由為：「明定對於廠商有違法與重大違約情形時，機關應將其情形通知廠商，並經異議及申訴之處理程序後，視其結果刊登於政府採購公報，以作為各機關辦理其他採購案時，於招標文件規定該案廠商不得參加投標、作為決標對象或分包廠商之依據，以杜不良廠商之違法、違約行為，避免其再危害其他機關，並利建立廠商間之良性競爭環境。」是以，採購法第101條之適用，必須該廠商確實具有違法或重大違約之情事且情節重大者，方得刊登政府採購公報。換言之，如廠商履約進度落後未達採購法施行細則第111條規定，即不得謂有延誤履約情

重大；而如履約進度落後已達採購法施行細則第111條規定，廠商有非因可完全歸責於己之事由所致者，亦非該當於修正前本法第101條第10款之構成要件，招標機關仍不得將之刊登於政府採購公報（註：以上該段為法律規範之論述）。

三、復按行政程序法第7條規定：「行政行為，應依下列原則為之：一、採取之方法應有助於目的之達成。二、有多種同樣能達成目的之方法時，應選擇對人民權益損害最少者。三、採取之方法所造成之損害不得與欲達成目的之利益顯失均衡」。國家對人民為制裁性之行政處分，除須考量目的正當性，施以處分有助於立法目的之達成，且別無其他侵害較小亦能達成相同目的之手段可資運用時，始得為之；而行政處分對人民權利之限制與機關所欲維護法益之重要性及行為對採購秩序危害之程度，尚須處於合乎比例之關係。刊登政府採購公報，限制自刊登公報之日起，一定期間不得參加政府採購投標或作為決標對象或分包廠商之行政處分，為裁罰性之行政處分，與民事關係上之契約責任不同，機關適用本法第101條時，除在構成要件上應與民事契約責任嚴予區分外，縱使廠商該當本法第101條之要件，是否依本法第101條之規定通知廠商，仍應審酌行政處分目的正當性、手段必要性及限制妥當性，有行政程序法第7條之適用。

四、據此而論，本件申訴廠商雖有延誤履約期限，該當政府採購法第101條第10款之要件，但衡諸上開各項情形，申訴廠商之違約情事尚非重大，如遽以刊登政府採購公報，限制其自刊登公報之日起，一年不得參加政府採購投標或作為決標對象或分包廠商之行政處分相繩，法重情輕，不符比例原則。是以，招標機關尚不得將申訴廠商刊登於政府採購公報。
（註：以上該段為法律規範之論述）。

五、綜上所述，招標機關通知申訴廠商將刊登政府採購公報之處分，不符前開比例原則。招標機關○○年○月○○日以○○字第○○○○號函所為之異議處理結果未察，維持原處分，於法未合，應予撤銷。因此申訴廠商對此提出申訴。請　貴會審議，判定如請求事項（註：本段為結論）。

證據名稱及件數
（省略）

綜上所陳，敬請

行政院公共工程委員會
或
○○縣（市）政府採購申訴審議委員會　公鑒

申訴廠商：甲營造股份有限公司　　（簽章）
　　　　　代表人：A（簽章）

中　華　民　國　○　○　年　○　○　月　○　○　日

相關法條

■ 政府採購法第85條之3：

調解經當事人合意而成立；當事人不能合意者，調解不成立。

調解過程中，調解委員得依職權以採購申訴審議委員會名義提出書面調解建議；機關不同意該建議者，應先報請上級機關核定，並以書面向採購申訴審議委員會及廠商說明理由。

■ 政府採購法第85條之4：

履約爭議之調解，當事人不能合意但已甚接近者，採購申訴審議委員會應斟酌一切情形，並徵詢調解委員之意見，求兩造利益之平衡，於不違反兩造當事人之主要意思範圍內，以職權提出調解方案。

當事人或參加調解之利害關係人對於前項方案，得於送達之次日起十日內，向採購申訴審議委員會提出異議。

於前項期間內提出異議者，視為調解不成立；其未於前項期間內提出異議者，視為已依該方案調解成立。

機關依前項規定提出異議者，準用前條第二項之規定。

2. 行政訴訟起訴狀（政府採購法刊登政府採購公報不良廠商範例）

案號：年字第號（股別：　）

原　告　　　甲廠商　　　　　　　　　　（住址略）
代表人　　　A　　　　　　　　　　　　（住址略）
訴訟代理人　○○○律師　　　　　　　　（住址略）
被　告　　　乙採購機關（即採購機關）　（住址略）
代表人　　　B　　　　　　　　　　　　（住址略）

爲不服乙採購機關「xxx」採購案○○年○○月○○日所爲之原決定（下稱原決定）、○○年○○月○○日所爲之異議處理結果（下稱異議決定）及採購申訴審議機關（填入行政院公共工程委員會或縣市政府名稱）之○○號申訴審議判斷（下稱申訴審議判斷），依法提起行政訴訟事：

訴之聲明

一、申訴審議判斷、異議決定及原決定均撤銷。
二、訴訟費用由被告負擔。

事實及理由

一、本標案業於○○年○月○○日公告，定於○○年○月○○日開標，由原告得標，○○年○月○○日原告與被告（即採購機關）簽訂採購契約。依系爭採購契約第○○條之規定，原告應於簽約後90日內交貨，被告認原告於扣除招標期間看樣審查期間及風災展延期間後，交貨期限爲○○年○月○○日，惟原告遲至○○年○月○○日交貨，逾期24日。被告遂以原告有政府採購法第101條第10款情節，於○○年○月○○日通知其如未提出異議將刊登政府採購公報。原告於○○年○月○○日提出異議，經被告於○○年○月○○日以○○字第○○○○號函通知原告所異議事項爲無理由，原告不服，爰於法定期限內依法向○○採購申訴審議委員會提出申訴。

二、迨○○採購申訴審議委員會作成駁回原告之申訴之審議判斷，原告對此審議判斷之理由實難甘服，依政府採購法第83條規定，原告自得提起行政訴訟以茲救濟，爰於行政訴訟法第106條第1項所規定之2個月不變期間內依同法第4條第1項規定提起本件撤銷訴訟。（註：本段爲提起行政訴訟之法源及期間）

三、原告依約將圖樣送審，無論規格、尺寸、品質均符合招標規範，然嗣後因被告不滿意抽樣部分，遂要求原告更改材質。因被告更改合約材質，因而延長交貨日期，導致之後遭遇颱風，造成原告交貨遲延，被告對於遲延應難免其責任。原告於颱風前已完成進度80%，只差組合即全部完成。原告於○○年8月1日陸續組裝準備開始交貨，不幸碰上8月8日因颱風河堤崩潰，廠房淹水三層樓高，所有成品全部泡湯，原告重新製作，也呈請延期交貨，預估9月1日可完成，但機械經泡水，零件常出毛病，遂因而導致交貨遲延24天（註：本段爲申訴事實概述）。

四、按政府採購法第101條第10款規定：「機關辦理採購，發現廠商有下列情形之一，應將其事實及理由通知廠商，並附記如未提出異議者，將刊登政府採購公報：…十一、因可歸責於廠商之事由，致延誤履約期限，情節重大者。…」；同法施行細則第111條規定：「本法第101條第10款所稱延誤履約期限情節重大者，於巨額工程採購，指履約進度落後百分之十以上；於其他採購，指履約進度落後百分之二十以上」；再徵諸本法第101條之立法理由爲：「明定對於廠商有違法與重大違約情形時，機關應將其情形通知廠商，並經異議及申訴之處理程序後，視其結果刊登於政府採購公報，以作爲各機關辦理其他採購案時，於招標文件規定該案廠商不得參加投標、作爲決標對象或分包廠商之依據，以杜不良廠商之違法、違約行爲，避免其再危害其他機關，並利建立廠商間之良性競爭環境。」是以，採購法第101條之適用，必須該廠商確實具有違法或重大違約之情事且情節重大者，方得刊登政府採購公報。換言之，如廠商履約進度落後未達採購法施行細則第111條規定，即不得謂有延誤履約情節重大；而如履約進度落後已達採購法施行細則第111條規定，廠商有非因可完全歸責於己之事由所致者，亦非該當於修正前本法第101條第10款之構成要件，被告仍不得將之刊登於政府採購公報（註：本段爲法律規範之論述）。

五、復按行政程序法第7條規定：「行政行爲，應依下列原則爲之：一、採取之方法應有助於目的之達成。二、有多種同樣能達成目的之方法時，應選擇對人民權益損害最少者。三、採取之方法所造成之損害不得與欲達成目的之利益顯失均衡」。國家對人民爲制裁性之行政處分，除須考量目的正當性，施以處分有助於立法目的之達成，且別無其他侵害較小亦能達成相同目的之手段可資運用時，始得爲之；而行政處分對人民權利之限制與機關所欲維護法益之重要性及行爲對採購秩序危害之程度，尚

須處於合乎比例之關係。刊登政府採購公報，限制自刊登公報之日起，一定期間不得參加政府採購投標或作為決標對象或分包廠商之行政處分，為裁罰性之行政處分，與民事關係上之契約責任不同，機關適用本法第101條時，除在構成要件上應與民事契約責任嚴予區分外，縱使廠商該當本法第101條之要件，是否依本法第101條之規定通知廠商，仍應審酌行政處分目的正當性、手段必要性及限制妥當性，有行政程序法第7條之適用（註：本段為法律規範之論述）。

六、據此而論，本件原告雖有延誤履約期限，該當政府採購法第101條第10款之要件，但衡諸上開各項情形，原告之違約情事尚非重大，如遽以刊登政府採購公報，限制其自刊登公報之日起，一年不得參加政府採購投標或作為決標對象或分包廠商之行政處分相繩，法重情輕，不符比例原則。是以，被告尚不得將原告刊登於政府採購公報（註：本段為法律適用之論述）。

七、綜上所述，被告通知原告將刊登政府採購公報之處分，不符前開比例原則。被告○○年○月○○日以○○字第○○○○號函所為之異議處理結果未察，維持原處分，於法未合，應予撤銷。因此原告對此提出申訴，迺○○採購申訴審議委員會不查，竟仍為不利於原告之認定，而為駁回原告申訴之審議判斷，實屬違法不當，原告不得已乃提起本件行政訴訟，懇請 鈞院明鑑，依法賜判如訴之聲明所示，以維權益。（註：本段為結論）。

謹　狀

臺灣○○高等行政法院　公鑒
證據名稱及件數
　（略）

中　華　民　國　○　○　年　○　○　月　○　○　日

　　　　　　　　　　具狀人：原告甲廠商　　（簽章）
　　　　　　　　　　代表人　Ａ　（簽章）
　　　　　　　　　　訴訟代理人　○○○律師

相關法條

■ 政府採購法第101條（應通知廠商並刊登公報之廠商違法情形）：

機關辦理採購，發現廠商有下列情形之一，應將其事實及理由通知廠商，並附記如未提出異議者，將刊登政府採購公報：

一、容許他人借用本人名義或證件參加投標者。

二、借用或冒用他人名義或證件，或以偽造、變造之文件參加投標、訂約或履約者。

三、擅自減省工料情節重大者。

四、偽造、變造投標、契約或履約相關文件者。

五、受停業處分期間仍參加投標者。

六、犯第八十七條至第九十二條之罪，經第一審為有罪判決者。

七、得標後無正當理由而不訂約者。

八、查驗或驗收不合格，情節重大者。

九、驗收後不履行保固責任者。

十、因可歸責於廠商之事由，致延誤履約期限，情節重大者。

十一、違反第六十五條之規定轉包者。

十二、因可歸責於廠商之事由，致解除或終止契約者。

十三、破產程序中之廠商。

十四、歧視婦女、原住民或弱勢團體人士，情節重大者。

廠商之履約連帶保證廠商經機關通知履行連帶保證責任者，適用前項之規定。

■ 政府採購法第102條（廠商得對機關認為違法之情事提出異議及申訴）：

廠商對於機關依前條所為之通知，認為違反本法或不實者，得於接獲通知之次日起二十日內，以書面向該機關提出異議。

廠商對前項異議之處理結果不服，或機關逾收受異議之次日起十五日內不為處理者，無論該案件是否逾公告金額，得於收受異議處理結果或期限屆滿之次日起十五日內，以書面向該管採購申訴審議委員會申訴。

機關依前條通知廠商後，廠商未於規定期限內提出異議或申訴，或經提出申訴結果不予受理或審議結果指明不違反本法或並無不實者，機關應即將廠商名稱及相關情形刊登政府採購公報。

第一項及第二項關於異議及申訴之處理，準用第六章之規定。

■ 政府採購法第103條（登於公報之廠商不得投標之期限）：

依前條第三項規定刊登於政府採購公報之廠商，於下列期間內，不得參加投標

或作爲決標對象或分包廠商。

一、有第一百零一條第一款至第五款情形或第六款判處有期徒刑者，自刊登之
　　次日起三年。但經判決撤銷原處分或無罪確定者，應註銷之。

二、有第一百零一條第七款至第十四款情形或第六款判處拘役、罰金或緩刑
　　者，自刊登之次日起一年。但經判決撤銷原處分或無罪確定者，應註銷
　　之。

機關採購因特殊需要，經上級機關核准者，不適用前項之規定。

(三) 工程履約爭議調解申請事件

案例事實

　　甲營造廠商承攬乙採購機關之某公共工程採購案，履約期間因非可歸責於甲廠商之事由致展延工期250天，並因此衍生出額外之管銷費用，甲廠商爰向乙採購機關請求給付展延工期管理費，但爲乙採購機關拒絕，甲廠商爰擬依政府採購法第85條之1規定向該管採購申訴審議委員會提出調解申請。

撰狀說明

(1) 依現今實務見解，政府採購事件於履約階段發生之履約爭議，屬於私法（即民事）事件，廠商如認權益受到損害，得依採購契約之約定選擇爭議處理程序（例如訴訟或仲裁），或得依政府採購法第85條之1之規定向該管採購申訴審議委員會申請調解，依法採購機關不得拒絕調解。

(2) 如經採購會調解成立，採購會會作成調解成立證明書，此調解成立證明書即與民事確定判決有相同之效力，得爲強制執行之執行名義。如調解不成立時，廠商尚得依採購契約約定之程序尋求救濟或向該管民事法院提出民事訴訟請求。另政府採購法第85條之1第2項特設規定，如經採購會出具調解建議而因機關不同意調解建議致調解不成立時，無論採購契約有無規定得交付仲裁，廠商均得選擇以仲裁解決系爭履約爭議，機關不得拒絕，是俗稱之「強制仲裁」條款。

(3) 基本上，履約爭議調解申請書之撰寫方式與民事起訴狀大致相同，僅其中若干名詞之使用略有不同，如民事訴訟時當事人稱原告與被告，但調解申請時則改以申請人與他造當事人稱之。另請注意者爲調解申請仍須繳納調解費用，至費用之計算依各該管採購會之規定定之。

書狀內容

採購履約爭議調解申請書

狀別：採購履約爭議調解申請書
案號：「○○工程第○○標」履約爭議案（採購案號：　　）
調解標的金額：新台幣500萬元

申請人　　甲營造股份有限公司　　　　（地址略）

法定代理人　A　　　　　　　　（地址略）

代理人　　　○○○律師　　　　（地址略）
　　　　　　○

他造當事人　乙採購機關　　　　（地址略）
法定代理人　B　　　　　　　　（地址略）

案由：為上揭採購履約爭議調解事件，因雙方協議不成，依法提起履約爭議
　　　調解事：

請求調解之事項

一、他造當事人應給付申請人新台幣500萬元（含稅）暨自本申請書繕本送達
　　他造當事人之翌日起至清償日止，依週年利率百分之五計算之利息。

二、申請費用由他造當事人負擔。

申請之事實及理由

一、本件事實整理如下：

　　1.緣申請人甲營造股份有限公司（下稱申請人）於民國（下同）○○年
　　　○○月○○日與他造當事人簽立「○○工程第○○標」工程契約書
　　　（請見申證1號），由申請人負責上揭工程之施作（下稱本工程），契
　　　約原訂總工程金額為新台幣（下同）100,000,000元。本件原合約工期
　　　計5○○日曆天，申請人自開工以來即依約施做，並已於○○年○○月
　　　○○日申報完工（請見申證2號），且經他造當事人完成驗收作業，申
　　　請人並無遲延，並有完工驗收證明書可稽（請見申證3號）。

　　2.惟查，本工程施作過程中，因不可歸責於申請人之事由共展延三次，
　　　合計展延天數250天，各次展延之事由、期程及天數分別說明如下：

　　　(1)第1次展延工期○○天（因用地無法及時取得展延至○○年○○月
　　　　○○日）。（請見申證4號）

　　　(2)第2次展延工期○○天（因天候因素展延至○○年○○月○○
　　　　日）。（請見申證5號）

　　　(3)第3次展延工期○○天（因變更設計展延至○○年○○月○○
　　　　日）。（請見申證6號）

二、展延工期管理費之請求於我國司法實務上咸接受係認為屬於「情事變更
　　原則」之適用：

1. 按我國民法第227條之2之規定：「契約成立後，情事變更，非當事人所得預料，而依其原有效果顯失公平者，當事人得聲請法院增減其給付或變更其他原有之效果」。而所謂「非當時所得預料」，在工程契約上，應指該情事變更情況，非承包商於締約時所能預見之風險，或承包商於締約時雖可預見，然其無法採取合理措施防止損失、損害之發生者而言。從而，在工期展延達一定程度以上，超出一般業界可能預期者，當不能期待承包商可以預見，如強令申請人須承擔因此增加之成本，顯然有失公平。

2. 查本件申請人於投標簽約當時，乃係以工期500日曆天為計算投標及簽訂合約金額之基礎，而本工程嗣既因不可歸責於原告之原因而實際展延工期250個日曆天，已達原合約工期之50%，是此自非申請人於投標或立約當時所得預料，而構成情事之變更，此際，若仍謂申請人僅能依原有合約金額請求，自係顯失公平。故本件依前揭規定，申請人實應增加合約金額之給付，以符公平。

3. 有關就承包商因工程工期延滯所增加與時間關連之成本或損失，業主應依情事變更原則調整增加給付合約金額乙節，業為目前無論 貴會調解、仲裁及法院實務所肯認，就此，台灣台北地方法院並已有判決明示：「按契約成立後，情事變更，非當時所得預料，而依其原有效果顯失公平者，當事人得聲請法院增減其給付或變更其他原有之效果，民法第227條之2第1項定有明文，此項規定，依民法債編施行法第15條之規定，於民法債編修正前發生之債，亦適用之。而民事訴訟法第397條第1項亦有相同規定……原告既因展延工期而有增加施工成本及費用，則如仍限制其僅得依契約約定請求給付，自顯失公平，故原告請求被告就其因而所增加施工成本及費用部分，於合約約定外，再為增加給付，揆諸上開規定，洵屬有據，應予准許（請見附件1）。」此外，此一見解，更為仲裁實務所普遍肯認（請見附件2），此均可供 貴會參考。

4. 另有關法院適用民法第227條之2情事變更原則判決業主應就展延工期給付承商補償之案例，亦有台灣高雄地方法院91年度834號民事判決可稽（請見附件3），另按承商因展延工期增加管理費等而提起之工程仲裁實務案例，亦在所多見（請見附件4）。

5. 再依據台灣高等法院台中分院作成之93年建上字第23號民事判決,即與本件相同之展延工期請求額外管理費之判決中,其亦明白揭示:「按民法第227條之2規定……。該條所規定之『非當時所得預料』,在工程契約上,應指該情事變更情況,非承包商於締約時所能預見之風險,或承包商於締約時殊可預見,然其無法採取合理防止損失、損害之發生,致其損害超越所得預期可期待之範圍者而言。查本件工程明面路段展延608天及高架路段展延915天,展延工期均長達2年以上,更分別達到原合約工期990天之三分之二強及一倍,上訴人於投標當時,自無從預見本工程將因原設計、匝道無法施作等情事,亦無從預見本工程將延長如此之久,從而,就原合約工期『外』608天及990天之管理成本及費用,不僅不在原合約所約定範圍,亦顯已超過一般有經驗之承包商於投標時所得合理預見之情況,是上訴人自得援引『情事變更原則』請求增加給付。」甚者,該民事判決另載,「至合約第6條第4項所定得展延工期之事由,僅係民法第230條『因不可歸責於債務人之事由,致未為給付者,債務人不負遲延責任。』之具體約定,自不得據此率謂上訴人已預見系爭工程將展延608天及915天,亦不得謂,上訴人已預先將608天及915天之成本與費用計入投標金額。被告上訴人抗辯本件合約無情事變更原則之適用,即無可採。」(見附件5)

三、實務上有關展延工期管理費之給付有依比例法及實支法等二種計算方式,申請人採第一種比例法計算後認他造當事人應給付申請人之金額為500萬元:

1. 工程實務上在請求展延工期管理費時,通常有二種方式,一為「比例法」,另一則為「實支單據法」,上揭二種計算方式均為司法及仲裁實務所肯認,申請人附表1即係採第一種方式即比例法計算(計算式略),故認他造當事人應增加給付之金額為500萬元,即為請求事項之聲明第1項所示。

2. 況依前揭附件5之台灣高等法院台中分院93年度建上字第23號民事判決亦敘明管理費之支出與工期之長短有密不可分之關聯,足見申請人確會因為展延工期產生額外管理費用,且該案判決亦認比例法為計算展延工期管理費之適當方式。

四、綜上，申請人戮力完成本工程，惟卻因不可歸責於申請人之事由致遭展
　　延工期達250天，致申請人產生額外之管銷費用，故申請人自得依政府採
　　購法第85條之1等規定提出本件調解之申請，懇請　貴會依政府採購法第
　　6條公平合理之精神惠予居間斡旋，以利雙方成立調解，以維權益。
謹　陳
行政院公共工程委員會採購申訴審議委員會　公鑒
附件：履約爭議調解委任書乙份。

證據：（略）

中　華　民　國　○　○　年　○　○　月　○　○　日

申請人　　　　　甲營造股份有限公司
法定代理人　　　A
代理人　　　　　○○○律師

相關法條

■ 政府採購法第85條之1：

機關與廠商因履約爭議未能達成協議者，得以下列方式之一處理：

一、向採購申訴審議委員會申請調解。

二、向仲裁機構提付仲裁。

前項調解屬廠商申請者，機關不得拒絕；工程採購經採購申訴審議委員會提出
調解建議或調解方案，因機關不同意致調解不成立者，廠商提付仲裁，機關不
得拒絕。

採購申訴審議委員會辦理調解之程序及其效力，除本法有特別規定者外，準用
民事訴訟法有關調解之規定。

履約爭議調解規則，由主管機關擬訂，報請行政院核定後發布之。

■ 政府採購法第85條之2：

申請調解，應繳納調解費、鑑定費及其他必要之費用；其收費標準、繳納方式
及數額之負擔，由主管機關定之。

伍、行政執行事件

一、行政執行聲明異議事件

案例事實

A公司因欠稅未繳納，遭國稅局移送行政執行分署強制執行，本件當事人甲因擔任A公司之代表人，行政執行分署以A公司顯有履行義務可能而故不履行為由，將甲限制出境，甲不服該執行處分，乃依行政執行法第9條第1項規定提起聲明異議。

撰狀說明

依行政執行法第9條第1項規定「義務人或利害關係人對執行命令、執行方法、應遵守之程序或其他侵害利益之情事，得於執行程序終結前，向執行機關聲明異議。」，故提起聲明異議者限於義務人或利害關係人，本件當事人甲雖非欠稅義務人，但為限制出境處分之相對人，此執行處分對甲而言，侵害其遷徙自由，自可以利害關係人提起聲明異議。行政執行中有眾多執行命令，聲明異議狀內應具體指摘對何種執行命令違法而為聲明異議。

書狀內容

狀別：行政執行聲明異議狀
案號：○○年度營稅執特專字第○○○○號等案件
股別：○股
義　務　人：○○○（統一編號：○○○○○○○○○○）
聲明異議人：○○○（身分證字號：○○○○○○○○○○）
　　　　　　住台中縣○○鎮○○路一段○○號
代　理　人
即送達代收人：○○○律師　設台中市○○路○○號○樓
　　　　　　電話：04-○○○○○○○○
為聲明異議事，謹具聲明異議狀：
聲明異議人（下稱異議人）為　鈞署○○年度營稅執特專字第○○○○號等案件義務人之代表人，前經　鈞署以民國○○年○月○日彰執丁○○年稅執特字第○○○○號執行命令限制出境在案。經查　鈞署上開執行處分有以下違法處，應予撤銷。理由詳述如下：

一、依法務部民國93年06月11日法律字第0930022064號函釋「行政程序法第92條所稱行政機關就公法上具體事件所為之決定等，為行政處分，限制義務人住居之公文即屬此性質，故此類公文之作成應遵照行政程序法第96條第1項規定。」。鈞署上開執行命令即為限制聲明異議人（下稱異議人）住居之行政處分，自應依行政程序法第96條第1項第2款規定，記載「主旨、事實、理由及其法令依據。」。但　鈞署上開執行命令僅記載「經查義務人之負責人○○○有行政執行法第17條第1項第1款及同法第26條準用強制執行法第22條第3項、第25條第2項第4款規定之情形，本處認有依法限制其出境之必要。」，異議人為何符合行政執行法第17條第1項第1款規定之「顯有履行義務之可能，故不履行。」之事實及理由，鈞署均未記載，上開執行命令，應有違背行政程序法第96條第1項第2款規定之瑕疵。

二、有關公法上金錢給付義務之執行，行政執行法第26條規定「關於本章之執行，<u>除本法另有規定外</u>，準用強制執行法之規定。」，但依此規定，行政執行法如已有相關之規定，即無準用強制執行法之必要。查行政執行法第17條已訂有「得限制住居」之規定，同法第24條並已明文規定「關於義務人拘提、管收及應負義務之規定」，於公司或其他法人之負責人，亦有適用。故有關公司負責人應負之義務或得否拘提、管收，甚至限制住居，自無再準用強制執行法第22條第3項、第25條第2項第4款規定之理。另查行政執行法第24條既已明文排除「限制住居」對公司負責人亦有適用，依「明示其一排除其他」之法理，自不能再依行政執行法第26條準用強制執行法第22條第3項及第25條第2項第4款規定而認得對公司負責人為「限制住居」之處分。行政執行法第24條既未規定關於「限制住居」得適用於公司負責人，鈞署對異議人為限制出境之處分，即與法律保留原則有違，應屬違法。

三、鈞署上開限制出境處分，有上開違法之處，應予撤銷。異議人雖非義務人但為受處分人，自屬利害關係人，爰依行政執行法第9條第1項規定聲明異議如上。

謹狀

法務部行政執行署○○分署　鈞鑒

具狀人：甲

相關法條及裁判要旨

■ 行政執行法第9條：

義務人或利害關係人對執行命令、執行方法、應遵守之程序或其他侵害利益之情事，得於執行程序終結前，向執行機關聲明異議。

前項聲明異議，執行機關認其有理由者，應即停止執行，並撤銷或更正已為之執行行為；認其無理由者，應於十日內加具意見，送直接上級主管機關於三十日內決定之。

行政執行，除法律另有規定外，不因聲明異議而停止執行。但執行機關因必要情形，得依職權或申請停止之。

二、行政執行申請停止執行事件

案例事實

　　A公司遭○○國稅局核課應繳納營利事業所得稅達300餘萬，提起復查後仍遭國稅局維持原處分，A公司乃提起訴願但未先繳納半數稅款或提供擔保，國稅局乃將公司之欠稅案移送行政執行署○○分署強制執行，A公司發現原核課處分之繳款書並未合法送達，經依法向行政執行分署聲明異議，為避免繼續執行將造成不可回復之損害，乃同時向行政執行分署申請停止執行。

撰狀說明

　　對行政執行之處分或措施如有不服固得依法聲明異議，但本於行政執行之迅速性原則，以避免義務人藉聲明意義以拖延執行，但有時執行程序瑕疵重大而明顯，若無停止執行之機制，將造成義務人不可回復之損害，固行政執行法第9條第3項規定「行政執行，除法律另有規定外，不因聲明異議而停止執行。但執行機關因必要情形，得依職權或申請停止之。」以本案為例，原行政處分送達不合法乃重大明顯之瑕疵，雖已聲明異議在案，但若未同時聲請停止執行，可能造成不可回復之損害，故義務人宜另向行政執行分署提出停止執行之聲請，以避免聲明異議決定期間，行政執行分署繼續執行而造成不可回復之損害。

書狀內容

狀別：行政執行申請停止執行狀
案號：○○年度營所稅執特專字第○○○○號案件
股別：○股
聲請人　A公司（統一編號：○○○）　設○○○
代表人　甲　　　　　　　　　　　　　住○○○
相對人　財政部○區國稅局　　　　　　設○○○
為行政執行事件，謹具停止執行申請狀：
按聲請人為　鈞署○○年度營所稅執特專字第○○○○號等案件義務人，惟移送機關所為之原核課處分（含復查決定）未於開始繳納期日前送達，依稅捐稽徵法第18條規定，其送達應不合法（證物1），鈞署應不得續為執行。義務人已依法向鈞署聲明異議在案，然為避免義務人不可回復之損害，請鈞署於聲明異議決定前，先依行政執行法第9條第3項規定停止執行，以維義務人權

益。

謹狀

法務部行政執行署○○分署　鈞鑒

證物1：繳款書及送達回證影本各乙件。

具狀人：Ａ公司　[印]

代表人：甲　[印]

相關法條及裁判要旨

■ 行政執行法第9條第3項：

行政執行，除法律另有規定外，不因聲明異議而停止執行。但執行機關因必要情形，得依職權或申請停止之。

■ 法務部行政執行署90年度北區署處聲明異議實務問題研討會提案十

法律問題：

義務人「聲明異議」同時「申請停止執行」，經執行機關認無停止執行之必要。試問：關於「停止執行」之申請，應如何處理？

提案十：義務人以聲明異議書「聲明異議」，並「申請停止執行」時，執行處如認為無停止執行之必要時，對「申請停止執行」之部分，應如何處理？

研討結果：

一、研擬意見(一)之部分，照案通過。（義務人僅針對停止執行為申請，而未聲明異議時：按行政執行法第9條第3項但書規定「執行機關因必要情形，得依職權或申請停止之。」，係賦予執行機關停止執行之裁量權，是執行處如認為義務人之申請，無停止執行之必要，以免影響行政效能時，參諸吳庚大法官所著「行政法之理論與實用」第五版第460頁所載：「義務人或利害關係人依前述規定，申請終止執行程序，遭執行機關『駁回』者，即可依本條聲明異議」等語，執行處宜對義務人停止執行之申請，加以回復。至於回復義務人之方式，似以「函」復方式較妥，以利義務人對該「函」復不服時，得另循新的聲明異議程序救濟。）

二、研擬意見(二)之部分—義務人以聲明異議書「聲明異議」，同時「申請停止執行」時：關於「停止執行」之申請，宜與「聲明異議」之案件一併處理，並於意見書中予以說明之。

三、行政執行申請終止執行事件

案例事實

　　A公司遭○○國稅局核課應繳納營利事業所得稅達300餘萬，提起復查後仍遭國稅局維持原處分，A公司乃提起訴願但未先繳納半數稅款或提供擔保，國稅局乃將公司之欠稅案移送○○行政執行分署強制執行，後財政部認A公司訴願有理由，撤銷國稅局之原核課處分及複查決定，A公司乃向行政執行分署申請終止執行。

撰狀說明

　　依行政執行法第條第1項第2款規定，行政執行所憑之執行名義，如為行政處分或裁定，其後該處分或裁定經撤銷或變更確定者，行政執行機關應依職權或因義務人、利害關係人之申請終止執行。

書狀內容

狀別：行政執行申請終止執行狀
案號：○○年度營所稅執特專字第○○○○號案件
股別：○股
聲請人　A公司（統一編號：○○○）　設○○○
代表人　甲　　　　　　　　　　　　住○○○
相對人　財政部○區國稅局　　　　　設○○○
為行政執行事件，謹具終止執行申請狀：
按申請人為　鈞署○○年度營所稅執特專字第○○○○號等案件義務人，查移送機關所為之原核課處分（含復查決定）業經財政部第○○○號訴願決定予以撤銷（證物1），鈞署應不得續為執行，爰依行政執行法第8條第1項第2款規定申請終止執行。
　　　　　　　　　　　謹狀
　　　法務部行政執行署○○分署　鈞鑒

證物1：財政部○○年○月○日第號訴願決定書影本乙件。
　　　　　　　　　　具狀人：A公司　印
　　　　　　　　　　代表人：甲　印

相關法條及裁判要旨

■行政執行法第8條：

行政執行有下列情形之一者，執行機關應依職權或因義務人、利害關係人之申請終止執行：

一、義務已全部履行或執行完畢者。

二、行政處分或裁定經撤銷或變更確定者。

三、義務之履行經證明為不可能者。

行政處分或裁定經部分撤銷或變更確定者，執行機關應就原處分或裁定經撤銷或變更部分終止執行。」

■行政執行法施行細則第14條：

執行機關執行時，應依職權調查有無本法第八條第一項各款所定情形。

行政執行有本法第八條第一項各款所定情形之一者，義務人或利害關係人得陳明理由並檢附有關文件，申請執行機關終止執行。

執行機關終止執行時，應通知義務人及利害關係人。

■法務部行政執行署92年度北區署處聲明異議實務問題研討會提案四

法律問題：

公司滯欠營業稅，其負責人經限制出境。若該負責人聲明異議，以移送機關移送執行之復查決定經訴願決定撤銷，執行名義已不存在，請求撤銷限制出境之處分，其異議有無理由？

提案四：甲公司之負責人乙，因甲公司滯欠營業稅經移送至行政執行處（下稱執行處）執行後，執行處以其符合強制執行法第22條第1項之情狀，依行政執行法第26條準用上開條文暨強制執行法第25條第2項第4款之規定，限制其出境。

嗣後乙具狀聲明異議稱：「原課稅之處分經復查後，移送機關以其未按復查決定繳納半數亦未提供擔保為由，以復查決定作為執行名義將該案移送執行處執行。惟該復查決定經訴願決定撤銷，移送機關亦依稅捐稽徵法第40條規定致函執行處指稱本件應停止執行，移送機關移送執行之執行名義已不存在，執行處已無限制出境之執行名義存在」；請求撤銷限制出境之處分；乙之聲明異議是否有理由？（提案機關：新竹行政執行處）

研擬意見：甲說：應認其聲明異議為有理由。

依行政法院56年判字第283號判例「原告所提起行政爭訟之原處分已因被告官署遵照 台灣省政府財政廳令予以更正而不復存在，原告仍對之為行政爭訟，顯非有理……原告如對被告官署遵照該項通令所為之更正處分有所不服，……要不

得對於已不存在之行政處分,仍為行政爭訟。」可知如移送機關之原課稅處分經復查決定後,原處分即歸於消滅,此際乃以復查決定作為課稅之唯一根據,故移送機關亦係以復查決定為執行名義移送該管執行處執行。嗣後義務人對復查決定不服提起行政爭訟,而該復查決定遭致撤銷,參照行政訴訟法民國87年10月2日修正前第26條規定「行政法院認起訴為有理由者,應以判決撤銷或變更原處分或決定」,此所謂「變更」原處分或決定,在稅捐事件,當係指行政爭訟決定或判決機關根據自己調查所認定之事實,自行確定應納稅額。從而,倘原課稅未納入爭訟程序標的,則如何為變更原課稅處分核定之應納稅額?另根據法定安定性原則,如僅認訴願決定撤銷之處分係復查決定,稅捐法律關係係遲遲無法確定,且訴願及復查制度,係為發揮行政自我監督之功能,基於行政一體之立場,復查決定撤銷後,應認執行名義已不存在,執行處自不得為任何執行程序,前為之行政程序未終結者,亦應撤銷。乙之聲明異議為有理由。

乙說:應認其聲明異議為無理由。

查財政部50年5月25日台財稅發第3497號函及67年7月29日台財稅第35047號函「查訴願決定『原處分撤銷』係指撤銷復查決定之處分而言,復查決定既因訴願決定而撤銷,則原處分之稽徵機關應依照訴願決定意旨就原核定之所得額及應納稅額『重行查核』,此項重行查核即係踐行另一『復查』程序」。則此,經訴願決定撤銷者為復查決定,原核定營業稅之處分仍屬存在,而移送機關移送執行義務人應納營業稅之處分未受影響,故移送機關致函執行處停止執行而非撤回執行,執行處對義務人為限制出境之處分自毋庸撤銷。

初步研討結果:

查行政法院45年判字第7號判例謂再訴願決定將訴願決定及原處分均撤銷,而在主文載明「其補徵稅額,應准依法復查,另為處分」,其處分之用語,顯係指「復查決定」而言,48年裁字第40號判例亦謂「查關於再審原告所得稅部分之原處分及訴願再訴願決定,業經本院原判決予以撤銷,應由再審被告官署一復查程序另為處分。」綜上所述,可見實務上之見解係認訴願決定撤銷者非原處分,原處分既未被撤銷,自無執行名義消失之問題,故宜採乙說認聲明異議為無理由。惟如認訴願決定所審查者係復查決定非原處分,則將會產生反覆爭訟之情狀,有違訴訟經濟之原則,稅捐法律關係亦遲遲無法確定。且現行執行實務係以復查決定後之繳款書為執行名義,再上述立論下,應於執行實務上予以部分修正或補充,否將產生互相矛盾之處。故仍建議財政部重行檢視其爭訟制度與效力,使其能與行政法學理及執行實務相互吻合。

本署第二組初審意見：

採乙說：本件爭點在於復查決定經訴願決定撤銷，是否即指行政執行法第8條規定行政處分經撤銷者而得申請終止執行之事由？按應審視相關文件，探求財政部訴願決定「撤銷原處分」之眞義，如其眞義係依財政部50年5月25日台財稅發第3497號函及67年7月29日台財稅第35047號函及82年7月21日台財稅第821491819號函記載「撤銷復查決定」者，是訴願決定撤銷者爲復查決定（參照本署法規及業務諮詢委員會第11會議決議），原核定營業稅之處分仍屬存在，而移送機關移送執行義務人應納稅款之處分未受影響，行政處分既未經撤銷，執行處繼續限制義務人出境，自屬適法。

研討意見：（詳附件4）

研討結論：採乙說。

四、行政執行申請分期繳納行事件

案例事實

A公司遭○○國稅局核課應繳納營利事業所得稅達300餘萬，提起復查後仍遭國稅局維持原處分，A公司乃提起訴願但未先繳納半數稅款或提供擔保，國稅局乃將公司之欠稅案移送行政執行署○○分署強制執行，A公司最終訴願及提起行政訴訟均遭駁回而確定，但A公司適逢廠房火災，導致重大損失，營運陷入困境，無法一次繳納所欠之營利事業所得稅，故而向行政執行署○○分署申請分期繳納。

撰狀說明

依行政執行法施行細則第27條規定「義務人依其經濟狀況或因天災、事變致遭受重大財產損失，無法一次完納公法上金錢給付義務者，行政執行處於徵得移送機關同意後，得酌情核准其分期繳納。經核准分期繳納，而未依限繳納者，行政執行處得廢止之。」，行政執行署因而訂有「行政執行事件核准分期繳納執行金額要點」，其中第二點規定「二、義務人有下列情形之一者，法務部行政執行署各分署（以下簡稱分署）得依職權或依義務人之申請，於徵得移送機關同意後，酌情核准分期繳納執行金額：(一)義務人依其經濟狀況，無法一次完納公法上金錢給付義務者。(二)因天災、事變，致義務人遭受重大財產損失，無法一次完納公法上金錢給付義務者。」，A公司既適逢火災之事變，如能提出證明（例如：消防機關開立之「火災證明」），自得申請分期繳納欠稅。

書狀內容

狀別：行政執行申請分期繳納狀
案號：○○年度營所稅執特專字第○○○○號案件
股別：○股
聲請人　A公司（統一編號：○○○）　設○○○
代表人　甲　　　　　　　　　　　　　住○○○
相對人　財政部○區國稅局　　　　　　設○○○
為行政執行事件，謹具申請分期繳納狀：
按聲請人為　鈞署○○年度營所稅執特專字第○○○○號等案件義務人，但

因申請人所屬廠房適逢火災（證物1），損失慘重，以致無力一次繳納所欠全部稅捐，懇請貴分署准予分六十期繳納，實感德便。

　　　　　　　謹狀
　　　　　　　　法務部行政執行署○○分署　鈞鑒

證物1：火災證明影本乙件。

　　　　　　　　　　　　　　　　具狀人：A公司　印
　　　　　　　　　　　　　　　　代表人：甲　印

相關法條及裁判要旨

■行政執行法施行細則第27條：

義務人依其經濟狀況或因天災、事變致遭受重大財產損失，無法一次完納公法上金錢給付義務者，行政執行處於徵得移送機關同意後，得酌情核准其分期繳納。經核准分期繳納，而未依限繳納者，行政執行處得廢止之。

■行政執行事件核准分期繳納執行金額要點

第二點：

義務人有下列情形之一者，法務部行政執行署各分署（以下簡稱分署）得依職權或依義務人之申請，於徵得移送機關同意後，酌情核准分期繳納執行金額：

(一) 義務人依其經濟狀況，無法一次完納公法上金錢給付義務者。

(二) 因天災、事變，致義務人遭受重大財產損失，無法一次完納公法上金錢給付義務者。

第三點：

義務人申請分期繳納執行金額時，應釋明其理由。

第四點：

行政執行事件核准分期繳納之期數，得分二至六十期。

執行金額（含累計）在新臺幣（下同）一千萬元以上之行政執行事件，經核准分六十期繳納，仍無法完納者，得經核准繼續延長期數。

前項所稱執行金額係指執行名義之本稅（或本費、罰鍰）、連同滯納金、利息及其他各項應附隨徵收之總數。

本要點所稱之分期，每一期為一個月。必要時，每一期得短於一個月。

五、行政執行申請停止管收事件

案例事實

　　A公司遭國稅局核課應繳納營利事業所得稅達300餘萬，提起復查後仍遭國稅局維持原處分，A公司乃提起訴願但未先繳納半數稅款或提供擔保，國稅局乃將公司之欠稅案移送行政執行分署強制執行，行政執行分署以A公司之代表人甲處分A公司應供執行之財產為由，向法院聲請管收甲獲准，並已移送管收所執行管收。甲於受管收前本患有糖尿病，管收期間因故受傷，傷口感染且久治不癒，經管收所特約醫生診斷，疑似患有蜂窩性組織炎，須開刀處理傷口，甲乃委由律師乙，以甲現患有疾病恐因管收而不能治療為由，具狀向行政執行分署申請停止管收。

撰狀說明

　　義務人為法人時，其代表人依行政執行法第24條第4款規定，亦得適用管收之規定。管收期間乙次為三個月，可延長乙次，固管收期限最長六個月。但為兼顧義務人人權保障，行政執行法第21條訂有不得管收之情事，如該情形發生於管收後，受管收人自得依法向行政執行分署申請停止管收。因受管收處分者為義務人之代表人，故應以代表人自己之名義而非義務人之名義，具狀向行政執行分署提出申請。

書狀內容

狀別：行政執行申請停止管收狀
案號：○○年度營所稅執特專字第○○○○號案件
股別：○股
聲請人　甲　　　　　　　　住○○○
代理人　乙　　　　　　　　住○○○
相對人　財政部○區國稅局　設○○○
為行政執行事件，謹具停止執行申請狀：
按申請人為　鈞署○○年度營所稅執特專字第○○○○號等案件義務人之代表人，並於民國○○年○月○日經鈞分署管收於○○看守所附設管收所。日前申請人因傷口感染經所方醫師診治疑似患有蜂窩性組織炎，須住院接受開

刀診治（聲證1），故聲請人應有行政執行法第21條第3款「現罹疾病恐因管收而不能治療」之情事，請鈞署准予停止管收。
謹狀
法務部行政執行署○○分署　鈞鑒

聲證1：○○看守所附設管收所醫師診斷報告影本乙件。
具狀人：甲　印
代理人：乙　印

相關法條及裁判要旨
■行政執行法第21條：
義務人或其他依法得管收之人有下列情形之一者，不得管收；其情形發生管收後者，行政執行處應以書面通知管收所停止管收：
一、因管收而其一家生計有難以維持之虞者。
二、懷胎五月以上或生產後二月未滿者。
三、現罹疾病，恐因管收而不能治療者。

國家圖書館出版品預行編目資料

訴訟文書撰寫範例：行政救濟編／吳光陸主
編.簡祥紋等著. — 初版. — 臺北市：五
南, 2014.03
　　面；　　公分.
ISBN 978-957-11-7442-6（平裝）

1.書狀　2.行政救濟

586.34　　　　　　　　102023948

1V67

訴訟文書撰寫範例
—行政救濟編

主　　編— 吳光陸(57)

作　　者— 簡祥紋(403.5)　黃明看(303.7)

　　　　　　胡宜如(169.4)　涂榆政(471)

發 行 人— 楊榮川

總 經 理— 楊士清

副總編輯— 劉靜芬

責任編輯— 宋肇昌

封面設計— P.Design視覺企劃

出 版 者— 五南圖書出版股份有限公司

地　　址：106台北市大安區和平東路二段339號4樓

電　　話：(02)2705-5066　　傳　　真：(02)2706-6100

網　　址：http://www.wunan.com.tw

電子郵件：wunan@wunan.com.tw

劃撥帳號：01068953

戶　　名：五南圖書出版股份有限公司

法律顧問　林勝安律師事務所　林勝安律師

出版日期　2014年3月初版一刷

　　　　　2018年3月初版二刷

定　　價　新臺幣480元